Rudolf von Ihering

Zivilrechtsfälle ohne Entscheidungen

Rudolf von Ihering

Zivilrechtsfälle ohne Entscheidungen

ISBN/EAN: 9783743625112

Hergestellt in Europa, USA, Kanada, Australien, Japan

Cover: Foto ©Suzi / pixelio.de

Weitere Bücher finden Sie auf **www.hansebooks.com**

Civilrechtsfälle

ohne Entscheidungen.

Zum akademischen Gebrauch

bearbeitet und herausgegeben

von

Dr. Rudolph von Jhering,

Geh. Justizrath u. ordentlichem Professor der Rechte zu Göttingen.

—

Sechste Auflage.

—:•:—

Jena,
Verlag von Gustav Fischer.
1892.

Vorrede
zur sechsten Auflage.*)

Die gegenwärtige Sammlung ist um 25 Fälle (101—125) vermehrt worden, von benen die drei ersten von mir, die sechs folgenden von meinem hiesigen Collegen, Herrn Geheimen Justizrath Professor Regelsberger, die vier barauf folgenden von Herrn Professor Kipp in Kiel, die letzten zwölf von Herrn Assessor Goldschmidt, Privatbocenten bei der hiesigen juristischen Facultät (jetzt Amtsrichter in Gelsenkirchen), herrühren. Indem ich den drei genannten Herren für diese freundliche Beisteuer zu dem Werk hiermit meinen Dank abstatte, verbinde ich bamit die öffentliche Aufforderung an alle meine Fachgenossen, akabemische Lehrer wie Praktiker, Fälle die ihnen für den bibaktischen Zweck geeignet erscheinen, zu meiner Kunde zu bringen, um sie einer etwaigen späteren Auflage einzuverleiben und baburch den Nutzen, ben bas Werk bisher für ben akabemischen Unterricht gestiftet hat, zu steigern. Auch im Auslande bebient man sich bieser Sammlung, es sinb bavon zwei Uebersetzungen veranstaltet: eine russische und eine ungarische. Ein mir befreunbeter

*) Ich lasse mit wenigen Auslassungen bie zur fünften abbrucken. In dem Werk selber ist nur die Fassung einiger weniger Fälle etwas verändert.

französischer Jurist beabsichtigte eine französische Ueberjetzung unter Hinzufügung der Entscheidungen zu veranstalten. Auf meinen Wunsch ist er davon abgestanden, da der akademische Werth des Werkes durch das Erscheinen eines Schlüssels zu demselben, der sicherlich bald in's Deutsche übersetzt werden würde, ebenso hinfällig werden würde, wie ein Räthsel seinen Zweck verfehlen würde, dem sofort die Lösung hinzugefügt wäre. Um als Grundlage zu akademischen Uebungen zu dienen, darf zu diesen Rechtsfällen kein Schlüssel existiren, der Studirende soll sich selber abmühen, die Entscheidung zu finden, und darum habe ich selber ihn nicht gegeben und werde es auch nicht thun, und ich darf hier wohl öffentlich der Bitte und Erwartung Ausdruck geben, daß dies auch von anderer Seite nicht geschehe.

Aus der Vorrede der früheren Auflagen lasse ich das Folgende abdrucken, worin ich mich über den Nutzen der praktischen Uebungen im akademischen Unterricht ausgesprochen habe.

Ich glaube mich nicht erst gegen die Unterstellung verwahren zu sollen, als wollte ich einer ausschließlich praktischen Bearbeitung der Jurisprudenz das Wort reden — wer etwas von mir weiß, weiß, daß ein beträchtliches Stück meiner wissenschaftlichen Thätigkeit sich in völlig anderen Regionen bewegt, als in denen der praktischen Jurisprudenz. Gleichwohl aber nehme ich keinen Anstand, zu erklären, daß eine Theorie, die nicht unausgesetzt aus der Quelle praktischer Anregungen schöpft, in meinen Augen um nichts besser ist, als die Naturwissenschaften es zu jenen Zeiten waren, da sie, statt bei der Natur, bei Aristoteles und Plinius in die Lehre gingen. In dieser Ueberzeugung habe ich nicht bloß für mich selber von jeher den größten Werth darauf gelegt, jede Gelegenheit, die sich mir darbot, zu suchen und zu benutzen, um meine theoretischen

Kenntniſſe und Anſichten am einzelnen Fall zu verwerthen und zu erproben, ſondern ich habe auch die mir obliegende Aufgabe, die Jugend in die Jurisprudenz einzuführen, nicht erfolgreicher löſen zu können geglaubt, als indem ich in meinen Vorleſungen dem caſuiſtiſchen Element eine unausgeſetzte Be⸗ rückſichtigung ſchenkte.

Daß der Studirende nur diejenigen Begriffe wirklich er⸗ faßt, die ihm zugleich in concreter Geſtalt an einem Rechtsfall vergegenwärtigt werden, darüber wird Niemand, der eine längere Erfahrung als Examinator hat, im Zweifel ſein können. Aber die bloße Mittheilung von Rechtsfällen im Pandektencolleg iſt mir nie als ausreichend erſchienen, vielmehr habe ich von meinem erſten Auftreten als Privatdocent an ſtets noch eine andere Form der Benutzung derſelben damit verbunden, nämlich die der eigenen Bearbeitung der Rechtsfälle von Seiten der Zuhörer, m. a. W. die des Pandekten⸗Praktikums. Auch während meiner vier⸗ jährigen akademiſchen Wirkſamkeit in Wien habe ich nicht davon gelaſſen, trotzdem daß das römiſche Recht für meine Zuhörer keinen unmittelbaren Werth hatte, und trotzdem daß die große Maſſe von Zuhörern, welche ſich zu demſelben einfand (ſie ſtieg bis nahe auf 200), die Beibehaltung der bis dahin gewahrten Form deſſelben: der ſchriftlichen Correctur der ſämmtlichen ein⸗ gegangenen Arbeiten zur Unmöglichkeit machte. Ich wählte da⸗ mals eine Form, die, wenn auch in minderem Grade, doch die Zuhörer des weſentlichen Nutzens einer ſolchen Vorleſung theilhaftig machte. Ich ließ meine Zuhörer Sectionen bilden, jede Section hatte ſich die von ihren Mitgliedern verfaßten Arbeiten vortragen zu laſſen und darüber abzuſtimmen, welche von ihnen als die beſten mir zugeſtellt werden ſollten, um von mir durchgeſehen und in der Vorleſung beſprochen zu werden.

Auch in Göttingen habe ich unter meinen Vorleſungen das

Pandekten-Praktikum beibehalten, und der höchst wirksame Einfluß,
den dasselbe auf die Förderung der juristischen Bildung ausübt,
hat sich mir auch hier bewährt. In Göttingen gehören die
Praktika zu den alten Traditionen des juristischen Studiums,
und nach meinen persönlichen Erfahrungen gibt es keine deutsche
Universität, wo sie von den Studirenden mit dem Eifer — und
ich glaube hinzusetzen zu dürfen: auch mit dem Erfolg — besucht
werden wie hier.

Bestände die Aufgabe dieser Uebungen darin, auf Kosten
der eigentlichen Bestimmung der Universitätsstudien einen Zweck
zu verfolgen, der erst dem späteren praktischen Leben angehört
und auf der Universität weder erreicht werden kann, noch soll,
nämlich Geschäftsmänner zu bilden, so würde man sich gegen sie
erklären müssen. Allein weit entfernt von den theoretischen
Studien abzuleiten, führen die bezeichneten Uebungen vielmehr
erst recht in dieselben ein und fördern sie in mannigfaltigster
Weise. Dem Lehrer geben sie die Gelegenheit, mit seinen Zu=
hörern in einen für beide Theile gleich vortheilhaften Verkehr zu
treten, den Erfolg seiner theoretischen Vorlesungen kennen zu lernen,
Mißverständnisse zu berichtigen, Lücken zu ergänzen u. s. w. Den
Zuhörer zwingen sie, sich über den Standpunkt seines Wissens
klar zu werden, indem sie ihm den Umfang und die Festigkeit
seiner Kenntnisse veranschaulichen; sie nöthigen ihn, gleichzeitig die
verschiedenartigsten Lehren zu recapituliren, sich überall zu orien=
tiren und eine Uebersicht über das System zu gewinnen, da die
entlegensten Rechtssätze sich bekanntlich oft in einem einzigen
Rechtsfall schneiden; sie erhöhen das Interesse, mit dem er die
Lehren der Theorie auffaßt und sich aneignet, schärfen sein Auge
für dieselben, namentlich für die feineren Nüancen der Begriffe,
stärken und bereichern sein Gedächtniß, indem die abstracten
Rechtssätze dem Anfänger bekanntlich nicht leichter zugänglich

werden, nicht fester sich einprägen, als gerade in und an dem concreten Fall. Kein Studium, etwa das der Mathematik und reinen Philosophie ausgenommen, ist wegen der Anforderung, die es an das abstracte Denken macht, bei seinem Beginn so schwierig und darum so wenig anziehend, als das der Juris= prudenz. Der Anfänger sieht sich in eine fremde Begriffswelt versetzt, für die er keine Anknüpfungspunkte mitbringt, eine höchst unbehagliche Lage, da er die Sprache, deren man sich bedient, um ihn in diesen neuen Kreis einzuführen und einzubürgern, nicht versteht, sich dieselbe vielmehr erst nach und nach mit vieler Mühe aneignen muß. Es wird die Anforderung an ihn gestellt, mit den Rechtsbegriffen zu verkehren und zu operiren, als wären es concrete Gegenstände, und doch fehlt es ihm gerade an der wesentlichsten Voraussetzung: an dem Auge, um die Dinge, die man ihm zeigt, wahrzunehmen, der Fähigkeit des abstracten Denkens. Die Hauptaufgabe des Lehrers muß aus diesem Grunde darauf gerichtet sein, ihm erst diese Anschauungsweise zu verschaffen. Dieser Zweck wird aber am sichersten dadurch er= reicht, daß man dem Anfänger das Abstracte anfänglich nicht in seiner reinen Form vorführt, sondern in seiner Verkörperung im Rechtsfall, den für sein Auge kaum sichtbaren oder ver= schwimmenden Umrissen einen concreten, leicht zu fassenden Inhalt gibt. Dieser scheinbare Abweg ist in Wirklichkeit der kürzeste und sicherste Weg zum Ziel, denn das benutzte Hülfsmittel setzt ihn am ersten in den Stand, mit den Rechtsbegriffen in ihrer abstracten Gestalt zu verkehren.

Allerdings bedient man sich dieses Mittels regelmäßig auch bei den theoretischen Vorträgen, indem man durch eingestreute Beispiele das Verständniß derselben zu erleichtern sucht. Allein daneben muß dem Zuhörer auch die Gelegenheit geboten werden, selbstthätig jenes Mittel zu benutzen, und dies geschieht dadurch, daß ihm Rechtsfälle zur Entscheidung mitgetheilt werden, sei es in Verbindung mit Pandektenvorlesungen, sei es nachher in einem selbständigen Pandektenpracticum. In die Erreichung dieses Zweckes setze ich den eigenthümlichen Nutzen dieser Uebungen. Dadurch unterscheiden sie sich von den exegetischen Uebungen, den Examinatorien, Conversatorien u. s. w. — wissen= schaftliche Bildungsmittel, die im rechten Geist in Anwendung gebracht, bekanntlich einen höchst vortheilhaften Einfluß ausüben. Dadurch erhalten jene praktischen Uebungen ihre akademische Be= rechtigung und ihre Stellung im juristischen Studienplan. Ihr Nutzen ist nicht auf das spätere praktische Leben berechnet, sondern auf die Universität; anstatt über die Theorie hinauszuführen, sollen sie umgekehrt das Studium derselben fördern, befruchten.

Daß die Erfolge eines solchen Practicums wie einerseits durch die Individualität des Lehrers und den Eifer und Fleiß der Studirenden, so andererseits auch durch die Beschaffenheit der dargebotenen Rechtsfälle bedingt sind, wird Jeder, der einige Erfahrungen in diesen Dingen hat, wissen, und ich habe daher sowohl auf die Wahl der Rechtsfälle als auf deren zweckentsprechende Darstellung ein Hauptaugenmerk gerichtet. Der Rechtsfall muß schon als solcher dem Studirenden ein gewisses Interesse abnöthigen, d. h. das Faktische desselben muß so beschaffen sein, daß es auch unabhängig von den anzuwendenden Rechtssätzen, also auch für den Unkundigen, einen gewissen Reiz darbietet, daß der Fall sich dazu eignet erzählt und besprochen zu werden und durch seine Anschaulichkeit und individuelle Gestaltung sich dauernd dem Ge= dächtniß einprägt. An einen solchen Fall knüpft sich in der Erinnerung leicht das ganze Rechtsmaterial, welches zum Zwecke seiner Entscheidung in Bewegung gesetzt worden ist — für den Juristen ein mnemotechnisches Hülfsmittel, wie kein anderes — während Rechtsfälle, denen man es sofort ansieht, daß sie nichts sind als Paragraphen eines Compendiums in casuistischer Fassung — Haubenstockrechtsfälle — dieses Vortheils völlig entbehren und sich ebenso schnell vergessen, wie die betreffenden Paragraphen selber. Daß ich auch durch die Art der Darstellung oder richtiger durch den Ton derselben, wo der Fall dazu nur irgend Gelegenheit darbot, das Interesse an denselben zu erhöhen bemüht gewesen bin, wird dem kundigen Leser nicht entgehen. Die Mühe, die ich darauf verwandt habe, halte ich für eine der am besten angewandten meines Lebens — ich kann mir kein schöneres Ziel meines ganzen Wirkens denken, als den demnächstigen Juristen schon auf der Universität innerlich für die Jurisprudenz zu gewinnen, und daß dies durch nichts so leicht und so sicher geschehen kann als dadurch, daß man ihm dieselbe nicht bloß in ihrer abstracten, sondern zugleich in einer concreten Gestalt vorführt, die im Stande ist, sein Interesse zu fesseln, ist eine Ueberzeugung, die sich bei mir auf eine mehr als 40jährige Erfahrung stützt.

Göttingen, den 20. April 1892.

Rudolf von Jhering.

I.

A. In einem Lande, wo der Satz gilt: Kauf bricht nicht Miethe, wo also der Käufer in die Verpflichtung des Verkäufers aus dem Miethcontract succedirt, hat der Professor Braun vom Maurermeister Niemann den ersten Stock seines Hauses auf 5 Jahre gemiethet, jedoch ist beiden Theilen eine frühere Kündigung des Miethsverhältnisses vorbehalten und zwar dem Miether für den Fall „eines Rufes nach einer andern Universität", dem Vermiether für den Fall des „Hausverkaufes", nur soll dann die Kündigung ein halbes Jahr vorher zu der üblichen Umzugszeit erfolgen. Braun hat bald nachher einen Ruf erhalten, denselben aber abgelehnt. Er hat darauf hin die Wohnung gekündigt, später jedoch, da der Vermiether ihm das Recht dazu bestritt, und er es auf einen Proceß nicht ankommen lassen wollte, die Kündigung zurückgenommen. Hat er wohl daran gethan?

In § 6 des Miethsvertrags heißt es: „Zur ersten Etage gehört der Stall auf dem Hofe, jedoch darf Miether den Stall nicht an Andere vermiethen." Braun hält zwar selber keine Equipage, wünscht aber den Stall in einer Weise zu verwerthen, welche dieser Bestimmung nicht direct widerstreitet, und verlangt zu wissen, ob er den Stall wenn auch nicht für Geld, so doch gegen Einräumung sonstiger Vortheile einem Andern überlassen dürfe, z. B. einem Lohnkutscher, wenn derselbe ihm ab und zu dafür sein Fuhrwerk zur Verfügung stelle?

In § 9 des Miethcontractes heißt es: „Miether hat die Wohnung in demselben Stand abzuliefern, in dem er sie erhalten hat." Dem Wortlaute nach würde diese Bestimmung selbst in dem Fall Platz greifen, wenn die Etage bei einer Feuersbrunst völlig abgebrannt oder verwüstet worden wäre. Wie verhält es sich damit?

Kann der Vermiether von seinem Kündigungsrecht Gebrauch machen, wenn ein von ihm abgeschlossener Verkauf späterhin wieder rückgängig gemacht wird?

Können es im Fall seines Todes seine Erben, wenn das Haus bei der Erbtheilung einem von ihnen durch Vereinbarung zu einem bestimmten Ansatz überlassen worden ist? Läßt sich ihre Vereinbarung nicht unter dem Gesichtspunkte des „Hausverkaufs" an die Miterben bringen? Müßte dann nicht auch der Fall der Abjudication durch den Richter gleichgestellt werden?

Haben sie das Kündigungsrecht in dem Fall, wenn das Haus einem von ihnen prälegirt ist? Das Kündigungsrecht ist von dem Testator zu dem Zwecke vorbehalten worden, damit der Singularsuccessor an den Miethcontract nicht gebunden sei, in allen obigen Fällen liegt aber eine Singularsuccession vor, was von dem Fall des Verkaufs gilt, hat auch von ihnen zu gelten, die Bestimmung muß demnach im Sinne ihres Urhebers extensiv interpretirt werden.

Kann der Singularsuccessor in allen diesen Fällen vom Miether den Miethzins für die noch übrige Dauer der Miethzeit beanspruchen?

Ist die Kündigung eine gültige, wenn sie vom Vormund der minderjährigen Erben ausgeht, der das Haus verkauft, die Genehmigung der Obervormundschaft aber noch nicht erlangt hat?

Angenommen, er kündigt im Juni zum nächsten Januar, das decretum de alienando der Obervormundschaft trifft aber erst im August ein, würde nicht zufolge des Grundsatzes der rückwirkenden Kraft der Ratihabition die durch das Decret ertheilte Genehmigung des Verkaufs auf den Juni zurückzubeziehen sein und dadurch die Kündigung wenigstens hinterher noch convalesciren?

B. Ein Hauseigenthümer verkauft von seinen neben einander gelegenen Häusern das eine und behält sich an dem auf dem Hofe stehenden Apfelbaum das „Eigenthum", an der (in das Haus hineingebauten) Pumpe das „Mietheigenthum" vor. Ist dieser Vorbehalt in dieser Form juristisch gültig oder, wenn nicht, ist er völlig wirkungslos, oder läßt sich eine Auffassung für ihn finden, welche ihn aufrecht erhält, ohne der wahren Intention der Parteien Eintrag zu thun? Hat er im ersten Fall bloß Anspruch auf die Aepfel oder auch auf das Holz, wenn der Baum abgängig geworden ist? Darf er in letzterem Fall einen neuen pflanzen? Geht das Recht auf den Erben und den Käufer des von ihm zurückbehaltenen Hauses über? Wer hat im zweiten Fall die Reparaturkosten der Pumpe zu tragen? Wie verhält es sich hier mit dem Uebergang des Rechts?

C. Das Testament des X lautet: „Dem A vermache ich mein ganzes Vermögen, jedoch soll B meine Bibliothek erben. Wie ist das Rechtsverhältniß beider Personen zu bestimmen?

D. Hamburger Schiffe, d. h. solche, die in Hamburg gebaut sind und ein darüber ausgestelltes Ursprungscertificat (Kielbrief) besitzen, genießen in englischen Häfen Freiheit von gewissen Exportabgaben für die Ladung. Mit Rücksicht darauf hatte der A, welcher von einem in Hamburg wohnenden Rheder B ein Schiff zu einem Waarentransport von England gemiethet hatte,

letzterem vorher die Frage vorgelegt, ob das Schiff ein Ham=
burger Schiff sei, und darauf eine bejahende Antwort erhalten.
Später zeigte es sich, daß es nicht in Hamburg erbaut war, und
der Befragte mußte im englischen Hafen den Exportzoll zahlen.
Er fordert denselben vom B wegen nicht prästirter dicta promissa zurück, letzterer vertheidigt sich jedoch damit, daß sein
Schiff in der That ein Hamburger Schiff sei, denn es gehöre
einem Hamburger Bürger und fahre unter Hamburger Flagge.

E. Zwei Freunde A und B haben bisher ein Loos in
der Lotterie gespielt und für die drei ersten Classen hat A, der
das Loos in Händen hatte, den Einsatz besorgt. Zur vierten
hat B es gethan und sich zu dem Zwecke das Loos ausgebeten.
Einige Tage später begegnet er dem A auf der Straße und
theilt ihm mit, daß er den Einsatz besorgt habe, indem er ihm
zugleich das Loos, das er bei sich hat, offerirt. Letzterer er=
widert: „Behalte es nur, was liegt mir daran?" Auf Grund
dieser Aeußerung behauptet B, daß ihm das Loos, welches mit
einem bedeutenden Gewinn herausgekommen ist, geschenkt worden
sei, während A seine Aeußerung nur auf die Aufbewahrung
des Looses bezogen wissen will.

F. Zu dem X kommt ein Lotteriecollecteur, bei dem er
bisher zu spielen pflegte, und bietet ihm ein Loos zu einer
neuen Serie an. X lehnt für sich ab, richtet aber an die in
seinem Zimmer gegenwärtige Erzieherin seiner Kinder die Frage:
Haben Sie einmal Lust, Ihr Glück zu versuchen, Fräulein, so
behalte ich es. Letztere nimmt das Anerbieten mit Dank an,
und X entrichtet den Einsatz zur ersten Classe und überreicht ihr
das Loos. Zu den folgenden beiden Classen händigte er ihr
selber den Betrag ein, zur vierten entrichtete er ihn direct
bei dem Lotteriecollecteur. Das Loos gewinnt in der vierten
Classe, und X nimmt den Gewinn für sich in Anspruch,

weil er von der vierten Classe an, wie aus der Zahlung des Einsatzes hervorgehe, für sich gespielt habe.

II.

In einem deutschen Badeort ereignete sich vor mehreren Jahren folgender Fall. Ein Badegast, der pensionirte Hauptmann v. Z., spielte an dem dort von dem öffentlichen Spielpächter X gehaltenen Roulett mit großem Glück und sprengte zuletzt die Bank. Es zeigte sich aber, daß er während des Spiels vor zu großer Gemüthsaufregung vom Schlagfluß getroffen war. X weigerte sich aus diesem Grunde, den Erben des v. Z. den Gewinn herauszugeben, indem, wie er sagte, ein Todter nicht spielen, mithin auch nicht gewinnen könne. Ist er im Recht? Es läßt sich nicht beweisen, in welchem Augenblick v. Z. verstarb, allein allen Gegenwärtigen war schon in den letzten Minuten vor Sprengung der Bank die eiserne Unbeweglichkeit und der stiere Blick desselben aufgefallen. Zur Entscheidung dieses Falles wird eine nähere Kenntniß des Roulettspieles nicht erfordert; nur so viel möge hier für den Nothfall bemerkt werden, daß es aus einzelnen Zügen besteht, und daß es vom Spieler abhängt, ob er das durch einen Zug Gewonnene einziehen oder für den nächsten Zug stehen lassen will; wird es nicht fortgenommen, so gilt es als von Neuem gesetzt. Der v. Z. hatte seinen Gewinn auf rouge stehen lassen, und so hatte sich derselbe mit jedem Zuge verdoppelt. Es sind zwei Fragen zu entscheiden:

1. Kommt es darauf an, daß v. Z. bis zur Sprengung der Bank gelebt hat? Die Erben desselben verneinen dies, weil die Sprengung der Bank und alle vorgehenden Gewinne nur eine weitere Folge des ursprünglichen von ihrem Erblasser gemachten Einsatzes gewesen seien. Für den weiteren Fortgang

des Spiels sei nicht jedes Mal ein neuer Willensact erforderlich gewesen, sondern nur, daß der Spieler den Einsatz und
Gewinn nicht zurücknahm, also ein Nicht=Wollen. Es sei
derselbe Fall, wie wenn Jemand unter Hinzufügung des pactum
displicentiae oder einer andern Bedingung einen Vertrag schließe.
Im Augenblick des Abschlusses des Vertrags müsse er allerdings
willensfähig sein; ob er diese Fähigkeit später verliere, sei
gleichgültig.

2. Wenn der Umstand, ob der v. Z. bis zur Sprengung
der Bank gelebt hat, von Einfluß sein sollte, welche von beiden
Parteien trifft die Beweislast? Müssen seine Erben beweisen,
daß, oder der Spielpächter, daß er nicht bis zur Sprengung
der Bank gelebt hat? Kann unter der ersteren Annahme der
Umstand, daß v. Z. bis zum entscheidenden Moment aufrecht
gestanden hat, als Beweis des Lebens gelten?

III.

Die verwittwete Werner hatte von dem Tröbler Plagge ein
Dutzend Stühle und ein Sopha für 36 Thaler gekauft, später
aber die Annahme dieser Sachen und die Zahlung des Kaufpreises unter dem Vorwand verweigert, daß Plagge sie damit
angeführt habe. Letzterer hatte ihr zwar mehrmals mit einem
Proceß gedroht, allein sie hatte sich dadurch nicht irre machen
lassen und betrachtete die Sache als abgemacht. Ein halbes Jahr
später kam sie wieder zu Plagge, um einen Spiegel zu kaufen;
er zeigte ihr mehrere, und sie suchte sich einen aus, den er ihr
gegen baare Bezahlung von 6 Thlrn. überließ. Sie zahlte ihm
das Geld aus, nahm den Spiegel in die Hand und wollte sich
mit ihm entfernen, allein er nahm ihr den Spiegel wieder aus
der Hand, indem er ihr erklärte, daß er die 6 Thlr. auf ihren

früheren Einkauf abrechne, und daß sie den Spiegel nicht eher bekomme, bis sie von Neuem 6 Thlr. zahle.

Die Werner hat in Folge dieses Vorfalls eine Klage gegen ihn erhoben, worin sie die Vollziehung der beiden von ihr ab=geschlossenen Verträge ohne Gegenleistung ihrerseits verlangt, da der Anspruch des Beklagten auf Gegenleistung durch die von ihm verübte Selbsthülfe nach Grundsätzen des Decretum Divi Marci verwirkt sei.

Plagge erwidert hierauf:

1. Daß wenn hier eine Selbsthülfe anzunehmen sei, das Decretum Divi Marci in gänzlich anderer Weise zur An=wendung zu bringen sei, als es von der Klägerin geschehen sei. Dasselbe schreibe die Verwirkung des Anspruchs des Gläubigers vor (jus crediti non habebit), damit sei für einen zwei=seitigen Contract, bei dem Anspruch und Gegenanspruch sich gegen=seitig bedingen, die Hinfälligkeit des ganzen Obligations=verhältnisses ausgesprochen. Im gegenwärtigen seien zwei Kaufcontracte abgeschlossen worden, von denen selbstverständlich nur der eine hinfällig werden könne. Sei dies der erste, so behalte es mit dem zweiten sein Bewenden, er müsse dann den Spiegel herausgeben, während er die 6 Thlr. behalte. Sei dies der zweite, so behalte er seinen Spiegel, die Klägerin sei berechtigt, die gezahlten 6 Thlr. zurückzufordern. Dieser Forderung setze er jedoch die Compensationseinrede aus dem ersten Kauf=contract entgegen, aus dem sie ihm noch 36 Thlr. schulde. Die erste Alternative sei aus zwei Gründen ausgeschlossen, erstens, weil die angebliche Selbsthülfe beim zweiten Contract vorgekommen sei, und zweitens, weil die Klägerin selber den ersten Kaufcontract für unverbindlich erklärt habe.

2. Eine Selbsthülfe sei nicht anzunehmen, da der Spiegel noch nicht tradirt worden sei.

Die Klägerin setzt dem entgegen, daß die Tradition dadurch erfolgt sei, daß sie ihn ergriffen habe, was bekanntlich zur Tradition genüge. Die Frage von der Tradition könne übrigens auf sich beruhen bleiben, der Beklagte habe sich jedenfalls dadurch einer Selbhülfe schuldig gemacht, daß er die ihn für den Spiegel gezahlten 6 Thlr. wider den Willen der Klägerin auf seine frühere Forderung abgerechnet, sich damit also einseitig befriedigt habe, seine Handlungsweise falle unter die Worte des Decretum Divi Marci: pecuniam non ab ipso sponte sibi datam sine ullo judice temere possidere vel accepisse isque sibi jus in eam rem dixisse (13 Quod met. 4. 2).

IV.

Der Bierbrauer Behrens zu Z. hat als Universalerbe seines im Jahre 1807 verstorbenen Vaters, eines dortigen Schlächters, im Jahre 1820 eine Klage angestellt gegen fünf dort lebende Schlächter, die wir A, D, F, G, H nennen wollen. Er theilt in dieser Klage Folgendes mit.

Im Jahre 1806 sei bei dem Aufenthalte einer N. N.'schen Truppenabtheilung in Z. an die sämmtlichen Mitglieder der dortigen Schlächterzunft von dem General-Quartiermeister die Aufforderung ergangen, sich zu erklären, unter welchen Bedingungen sie die Lieferung einer bestimmten Quantität Fleisch für die Truppen übernehmen wollten. Es hätten nun anfänglich einige Mitglieder der Zunft einseitig unterhandeln wollen, allein nach manchen Vorstellungen sei es seinem, des Klägers Vater gelungen, die sämmtlichen Mitglieder zu dem Entschlusse zu vereinigen, jene Lieferung in Gemeinschaft zu übernehmen und von dem Gewinn, den sie abwerfe, ein Drittel der völlig entblößten und verschuldeten Zunftkasse zuzuweisen, die übrigen

zwei Drittel aber zu gleichen Theilen unter sämmtliche Mitglieder zu vertheilen. Sein Vater als damaliger Aeltermann
der Zunft habe darauf im Auftrage der übrigen dem Quartier-
meister die Anzeige gemacht, daß die Zunft unter den und den
Bedingungen die Lieferung übernehmen wolle, worauf er nach
einigen auf beiden Seiten genehmigten Modificationen den Vertrag im Namen der Zunft zu Stande gebracht habe. Es sei
aber damals unter sämmtlichen Mitgliedern ausgemacht, daß die
vier Bemittelteren unter ihnen, nämlich sein Vater und A, B und C
das zum Ankauf des Viehes erforderliche Geld zu $^3/_4$ vorschießen,
die weniger Bemittelten, D, E und F hingegen nur zu $^1/_4$,
diese dagegen das Auftreiben und Einhandeln des Viehes übernehmen sollten.

Nachdem E und F bereits zu diesem Zweck auf's Land
gegangen seien, hätten die übrigen Mitglieder es sich überlegt,
daß es am rathsamsten sei, das Schlachten des Viehes gleichfalls in Gemeinschaft zu betreiben, und sie hätten seinen Vater,
der von allen das größte Schlachthaus gehabt, ersucht, dies Local
gegen eine a n g e m e s s e n e Vergütung zu dem angegebenen Zweck
herzugeben. Ob E und F nach ihrer Zurückkunft gleichfalls eine
Vergütung versprochen hätten, könne er nicht behaupten; vielleicht habe sein Vater es vergessen, ihnen ein besonderes Versprechen abzunehmen, vielleicht habe er es auch nicht für nöthig
gehalten, da die Majorität der Zunft bereits für ihn gewesen
sei. Sein Vater habe nun sein Local zu jenem Zweck hergegeben;
dasselbe sei 7 Monate zu dem angegebenen Zweck benutzt worden
und habe viel gelitten, ohne daß bis jetzt eine Vergütung dafür geleistet sei. Sein Vater sei nämlich vor der im Jahre 1807
erfolgten Rechnungsablage verstorben, und sein, des damals minderjährigen Klägers, Vormund habe um jenen Anspruch auf Vergütung nicht gewußt. Im Jahre 1810 seien alle Zünfte auf-

gehoben, und das Vermögen unter ihre Mitglieder vertheilt, das der Schlächterzunft in Z. unter die damals noch lebenden A, B, D, F und zwei später neu hinzugekommene G und H.

Gegenwärtig leben von diesen Personen noch A, D, F, G und H, und gegen sie, als die noch lebenden Mitglieder der Zunft und Innehaber ihres Vermögens, macht jetzt der Kläger seinen Anspruch auf die oben bezeichnete Entschädigung geltend.

Die Beklagten setzen der Klage Folgendes entgegen. Das Subject, welches der Kläger in Anspruch nehme, nämlich die ehemalige Schlächterzunft, existire nicht mehr. Daß die ehemaligen Mitglieder derselben nicht als solche wegen einer Zunftschuld in Anspruch genommen werden könnten, bedürfe nicht der Bemerkung. Daß sie es nicht könnten als Innehaber ihres Vermögens, sei gleichfalls klar. Denn man succedire dadurch ja nicht in fremde Schulden, daß man Sachen inne habe, die früher dem Schuldner gehört hätten. Eine solche Succession erfolge vielmehr nur durch Beerbung, daß aber eine juristische Person keinen Erben hinterlassen könne, brauche nicht gesagt zu werden. Der Kläger hätte sich zur rechten Zeit, als nämlich die Zunft noch existirte, melden sollen. Vor Auflösung der Zünfte auf Grund gesetzlicher Bestimmung seien alle Personen, die Ansprüche an dieselben zu haben glaubten, sub poena praeclusi aufgefordert worden, dieselben innerhalb eines bestimmten Termins anzumelden. Da der Kläger dies versäumt habe, so habe er stillschweigend auf die Geltendmachung seiner Forderung verzichtet, könne dieselbe mithin jetzt nicht mehr erheben. G und H führen speciell für sich noch an, daß sie an jener Lieferung gar nicht participirt hätten; F, daß er keine Vergütung versprochen habe, und daß er durch die Versprechungen der übrigen Zunftmitglieder nicht habe verpflichtet werden können.

Was ist über die Klage und Vernehmlassung zu urtheilen?

Gegen welche Personen hat der Vater des Klägers einen Anspruch erworben gehabt, und wie hätte er denselben juristisch begründen müssen? Gegen wen ist derselbe jetzt vom Kläger geltend zu machen? Ist derselbe dadurch verwirkt, daß die Geltendmachung desselben nicht bloß bei der Rechnungsablage im Jahre 1807, sondern auch bei Aufhebung der Zunft unterblieb? Schadet es dem Kläger, daß er ihn erst jetzt erhebt, ungeachtet er schon seit 11 Jahren volljährig geworden ist?

V.

Bei der 1806 in Wien stattfindenden Versteigerung der vom Grafen Mazochi nachgelassenen Gemäldesammlung erstand der Hofrath Künze, Beamter der königlichen Gemäldegallerie zu Z., im Auftrage der Direction derselben unter anderen Gemälden auch einen Rubens für 10,000 fl. Von demselben Gemälde befand sich in dieser Sammlung eine sehr täuschende Kopie von einem unbekannten Meister, auf welche Herr von Jung in X hatte bieten lassen, und welche ihm für 350 fl. zugeschlagen ward. Bei Absendung der außerhalb erstandenen Gemälde ward aber das Original mit der Copie verwechselt; der Herr von Jung erhielt das Original und besaß es 8 Jahre lang, ohne daß weder er noch die Direction der königl. Gemäldegallerie diese Verwechselung entdeckt hätten. Es waren nämlich die Kisten, in welchen sich die für diese bestimmten Gemälde befanden, bei ihrer Ankunft in Z. nicht geöffnet, vielmehr bei dem siegreichen Andringen der Franzosen nebst anderen werthvollen Schätzen der Sammlung nach D. transportirt, woselbst die meisten Kisten mehrere Jahre unausgepackt stehen blieben, bis sie nach Beendigung der Freiheitskriege nach Z. zurückkamen und ausgepackt wurden. Jetzt entdeckte man jene Verwechselung, zugleich aber auch, daß, wie manche andere Gemälde, so auch die Rubens'sche Copie durch Feuchtigkeit und Transport sehr gelitten hatte.

Die Direction der Gemälbegallerie setzte sich, nachdem sie den jetzigen Besitzer des Originals in Erfahrung gebracht, mit ihm in Correspondenz, um die Herausgabe desselben zu erwirken. Letzterer weigerte sich jedoch beharrlich. Ein Rechtsgelehrter, den er zu Rathe gezogen, hat ihm die Versicherung gegeben, daß die Direction ihn mit Erfolg nicht werde in Anspruch nehmen können, indem

1. sie nie das Eigenthum an dem Original erlangt habe, also mit einer Vindication auch dann abzuweisen sei, wenn ihm, dem Quärenten, das Eigenthum des Originals abzusprechen sei.

2. Letzteres sei aber unmöglich. Denn durch die Tradition sei dies Eigenthum auf ihn übertragen. Daß er nicht berechtigt gewesen sei, das Original zu fordern, stehe dem nicht im Wege, denn der Eigenthumsübergang sei nicht bedingt durch eine persön= liche Forderung des Empfängers gegen den Trabenten, er werde durch die irrthümliche Annahme einer solchen von Seiten des letzteren nicht ausgeschlossen. Deßwegen könne sich der, welcher ein indebitum gezahlt habe, nicht der reivindicatio bedienen, sondern nur einer condictio, einer Klage, die bekannt= lich gerade den erfolgten Eigenthumsübergang zur Voraussetzung habe. Wenn es sich frage, ob der Eigenthumsübergang erfolgt sei, so komme es bloß darauf an, ob der Eigenthümer trabirt habe; die Irrthümlichkeit der Motive, durch welche die Tradition bei ihm veranlaßt sei, schade durchaus nichts.

3. Wenn er, der Quärent, nicht schon durch Tradition Eigenthümer geworden wäre, so hätte er es nothwendig durch Usucapion werden müssen, indem die Requisite derselben: justus titulus, bona fides und dreijähriger Besitz hier sämmtlich vor= handen gewesen seien.

Wegen dieser Gründe hat denn der Herr von Jung der Galleriedirection erklärt, er werde es auf einen Proceß ankommen lassen. Derselbe ist auch erhoben und hat in erster Instanz mit der Verurtheilung des Beklagten geendet. Aus den Parteiverhandlungen theilen wir nur das factisch Relevante mit. Es betrifft dies namentlich die Frage, ob das Originalgemälde der Direction bereits tradirt worden war oder nicht. Während der Versteigerung war kein Gemälde verabfolgt, vielmehr waren dieselben nach den Namen der Käufer in der Gallerie zusammengestellt. Nach Beendigung derselben ward eine Zeit zur Empfangnahme der erstandenen Gemälde und zur Leistung der Zahlung angesetzt. Der Hofrath Künze kam gleich in den ersten Tagen mit einigen Trägern an; er leistete dem Auctionscommissar Maller, der von den Mazochi'schen Erben mit Abhaltung der Versteigerung und Empfangnahme der Zahlungen beauftragt worden war, Zahlung und ersuchte ihn, sich mit ihm und den anwesenden Trägern in die Gallerie zu begeben und ihm die erstandenen Gemälde einzuhändigen. Letzterer erwiderte ihm, er habe im Augenblick keine Zeit, werde jedoch in wenigen Minuten zu Diensten stehen, der Herr Hofrath möge nur vorausgehen, er kenne ja die von ihm erstandenen Gemälde und solle sie sich nur selber nehmen. Letzterer ging darauf mit seinen Leuten in die Gallerie und ließ durch dieselben die von ihm erkauften Gemälde, welche an einer Stelle zusammenhingen, von der Wand nehmen. Er hatte seinen Leuten gerade den Auftrag gegeben, sie nach seiner Wohnung zu schaffen, als Maller hineintrat und dem Künze sagte: „es sei ihm eben eingefallen, daß dem Herrn Hofrath vielleicht damit gedient sei, wenn er, Maller, die Versendung der Gemälde besorge. Es seien in Z. sehr viele Gemälde erstanden, und er, Maller, sei von allen Privatkäufern mit der Verpackung und Versendung beauftragt (dasselbe ist auch von Herrn von Jung als geschehen anzunehmen); für eine kleine Vergütung würde er sie auch für die königliche Gemälbegallerie besorgen. Es sei dem Herrn Hofrath vielleicht sehr angenehm, wenn er selber sich diese Arbeit vom Halse schaffen könne." Dieser nahm die Propo= sition bereitwillig an, indem er die Erwartung aussprach, es werde die Verpackung unter der Aufsicht des Herrn Commissars stattfinden, was letzterer ihm bestätigte. Künze ließ darauf die Gemälde durch seine Leute wieder an ihren alten Ort hängen und entfernte sich. Maller übertrug dann einem Tischler die An= fertigung der Kisten und ließ durch ihn in der Gemälbegallerie die Verpackung vornehmen, bei der er hin und wieder selbst erschien und namentlich bei der Signatur der Kisten selbst mit Hand an= legte. Hierbei ereignete sich nun jene Verwechselung; die Kiste, welches das Rubens'sche Original enthielt, ward mit der Signatur des Herrn von Jung versehen, und die, welche die Copie enthielt, mit der der königlichen Gemälbegallerie zu Z. Wer an jener Verwechselung Schuld war, läßt sich nicht mehr ermitteln, ja nicht einmal, wer die beiden Signaturen vornahm.

Es ist in dem Urtheile der ersten Instanz angenommen, daß dem Hofrath Künze die Gemälde tradirt worden seien, er mithin auch an dem Ruben'schen Original für seine Committentin das Eigenthum erworben habe. Herr von Jung wünscht nun von uns ein Gutachten über folgende Fragen:

I. Ob die königliche Gemälbegallerie an dem in Rede stehenden Gemälbe das Eigenthum je erworben gehabt habe? Er ist der Ansicht, daß dem Hofrath Künze die von ihm erstandenen Gemälde gar nicht tradirt worden seien, denn

a) habe der Maller gar nicht tradiren können, sondern nur die Mazochi'schen Erben.

b) liege kein Act der Tradition vor. Der Hofrath sei ohne den Maller in die Gemälbegallerie gegangen und habe, als dieser gekommen, die Gemälde wieder an die Wand hängen lassen, er habe also nicht den animus possidendi gehabt.

c) Wäre aber auch eine Tradition anzunehmen, so sei sie doch hinterher dadurch wieder aufgehoben, daß der Hofrath Künze die Gemälde habe weg hängen lassen.

Nehme man aber auch eine wirksame Tradition an, so scheine ihm doch das Verhältniß hier nicht von der Art zu sein, daß die Klägerin auf Grund derselben Eigenthum habe erwerben können. Denn zum Erwerb des Besitzes durch einen Stellvertreter gehöre bekanntlich auf Seiten des Herrn der animus. An diesem habe es aber im fraglichen Falle gefehlt, denn

1. habe die Klägerin gar nicht vorher wissen können, ob die von ihr gewünschten Gemälde ihrem Mandatar auch wirklich würden zugeschlagen werden, und ob nicht vielmehr ein Anderer ein höheres Gebot thun werde. Sie habe mithin nicht das Bewußtsein der speciellen Sache gehabt, an der ihr der Besitz habe erworben werden sollen;

2. habe sie aus diesem Grunde auch nicht den Willen haben können, den Besitz an dieser bestimmten Sache zu erwerben. In dem Augenblick, als der Mandatar den Besitz erworben, habe es auf Seiten der Mandantin am animus possidendi gefehlt. Dies Requisit sei nun zwar später ergänzt, allein damals sei es bereits zu spät gewesen, denn der Mandatar selbst habe den Besitz nicht mehr gehabt, eine Ratihabition sei also mit Erfolg nicht mehr möglich gewesen, da dieselbe beim Besitz bekanntlich keine rückwirkende Kraft ausübe, Alles müsse hier vielmehr nach dem Augenblick ihrer Vornahme beurtheilt werden.

II. Ob er, Beklagter, nicht das Eigenthum erworben habe, sei es durch Tradition oder Usurpation?

III. Gegen wen er, wenn er zur Herausgabe des Origi-

nals rechtskräftig verurtheilt werbe, sich schablos halten könne?
Die Copie sei so sehr beschädigt, daß sie für ihn gar keinen
Werth mehr habe. Gegen den Maler klage er nicht gern, weil
er mittellos sei; am liebsten richte er seine Klage gegen die
Mazochi'schen Erben, habe aber nur das Bedenken, daß die Be=
schädigung seines Gemäldes durch einen casus erfolgt sei, nach
Abschluß des Kaufes aber bekanntlich der Käufer ben casus
tragen müsse.

Bei der Entscheidung des vorstehenden Falles läßt sich die
l. 57 mand. (17. 1) mit Erfolg benutzen.

VI.

Der Buchhändler X in Leipzig verstarb 1820 daselbst ohne
Testament, und sein Schwestersohn August Fischer, Commis in
seinem Geschäft, setzte sich in Besitz des Nachlasses und veräußerte,
um sich schnell baares Geld zu verschaffen, von einem Verlags=
werke seines Oheims, von dem der Ladenpreis 6 Thlr. betrug,
und von dem sich noch 360 Exemplare auf dem Lager befanden,
120 an den bortigen Antiquar Schömann gegen Baarzahlung
von 240 Thlrn. Dieser verpfändete, nachdem er dieselben
beinahe zwei Jahre besessen und einen Theil veräußert hatte,
80 Exemplare an den Lewi für ein Anlehen von 100 Thlrn.
und zwar unter Hinzufügung der lex commissoria. Als am
Verfalltage, dem 1. Januar 1824, das Pfand nicht eingelöst
war, zeigte der Gläubiger dem Schuldner an, daß es jetzt mit
der Auslösung des Pfandes vorbei sei, und bot dasselbe zum
Preise von 140 Thlrn. der X'schen Verlagsbuchhandlung an.
Diese acceptirte die Offerte, zahlte dem Lewi den Preis und
erhielt die 80 Exemplare ausgeliefert. Wenig Wochen nachher
trat aber Schömann gegen die X'sche Verlagsbuchhandlung mit

einer reivindicatio auf, worin er Folgendes vortrug. Die Hinzu=
fügung der lex commissoria beim Pfandvertrage sei bekanntlich
unstatthaft, mithin habe er durch den Verkauf des Lewi sein
Eigenthum nicht verloren, könne also auch jetzt noch die rei=
vindicatio anstellen. Dagegen wird von gegnerischer Seite
Folgendes geltend gemacht. Zur Zeit, als der X gestorben, sei
es noch ungewiß gewesen, wer ihn beerben würde. Die nächsten
Intestaterben seien die Kinder seiner drei verstorbenen Schwestern
gewesen, nämlich A. Fischer, gegenwärtig Buchhändler in Wien,
dann G. Stähelin, gegenwärtig Messerschmied in Prag, und
W. Vogel, gegenwärtig vermöge eines mit seinen Miterben ge=
schlossenen Kaufes Inhaber der X'schen Buchhandlung. Beim
Tode des Testators sei Stähelin als Geselle auf Reisen gewesen;
man habe aber so lange nichts von ihm gehört, daß man ihn
für todt gehalten habe. Erst 1822 sei es gelungen, seinen
Aufenthalt in Erfahrung zu bringen und ihm Nachricht von der
ihm zugefallenen Erbschaft zu geben, worauf er dann dieselbe
zu seinem Theile angetreten habe, wie dies die beiden andern
Erben bereits kurz nach dem Tode des Erblassers gethan hätten.
Frage man nun,

1. ob einer der Erben durch Veräußerung einer erb=
schaftlichen Sache das Eigenthum auf den Käufer übertragen
könne, so brauche man hierauf kaum zu antworten. Es verstehe
sich von selbst, daß ein Miterbe nur über das Eigenthum seines
Theils disponiren könne, mithin sei durch die Veräußerung der
120 Exemplare das dem Beklagten und seinem Vetter G. Stähe=
lin an denselben zustehende Eigenthum nicht aufgehoben. Frage
man aber,

2. ob denn der Kläger nicht durch Usucapion das Eigen=
thum erworben habe, so müsse man dies aus mehreren Gründen
läugnen. Von den drei Requisiten der Usucapion fehle hier zunächst

a) die bona fides. Der Kläger habe wissen müssen, daß der A. Fischer zum Verkauf nicht berechtigt gewesen sei, wenigstens würde er bei näherer Erkundigung es haben in Erfahrung bringen können. Wenn er aber geglaubt habe, daß ein Commis zu derartigen Alienationen berechtigt sei, noch dazu nach dem Tode des Prinzipals, so sei dies ein error juris, der bekanntlich bei der Usucapion nicht nütze.

b) Der ihm übertragene Besitz sei zur Usucapion nicht geeignet gewesen. Es sei ein bekannter Grundsatz des römischen Rechts, daß eine incerta pars nicht tradirt werden könne.

L. 26 de A. P. (41. 2) . . . . Incerta autem pars nec tradi nec capi potest, veluti si ita tibi tradam: quidquid mei juris in eo fundo est; nam qui ignorat, nec tradere, nec accipere id, quod incertum est, potest.

Zur Zeit des fraglichen Verkaufs habe aber der Verkäufer nicht gewußt, ob er zu $\frac{1}{8}$ oder zu $\frac{1}{2}$ Erbe sei, indem man ja darüber in Zweifel gewesen sei, ob der G. Stähelin noch lebe. Es habe hier mithin der zur Usucapion nöthige Besitz dem Kläger gefehlt. Allein selbst wenn er ihn gehabt haben würde, so habe

3. derselbe nicht zur Usucapion führen können, weil er ihn nicht die nöthige Zeit hindurch behalten, vielmehr durch Verpfändung der Sache aufgegeben habe. Es könne nun zwar die Zeit, welche der Pfandgläubiger besessen, dem Pfandschuldner angerechnet werden, allein die Voraussetzung einer solchen accessio possessionis sei bekanntlich, daß der, welcher von ihr Gebrauch machen wolle, selber besitze. Wären die 80 Exemplare von dem Lewi dem Kläger wieder zurückgegeben worden, so würde dieser sich allerdings auch den Besitz des Lewi haben anrechnen dürfen, und damit wäre dann dem Requisit eines dreijährigen Besitzes Genüge geleistet worden, allein da der Kläger

ben Besitz nicht wieder erlangt habe, so könne demselben auch nichts accebiren.

L. 13 § 12 de A. P. (41. 2).

L. 16 de div. temp. praescr. (44. 3).

Aus der Replik heben wir Folgendes hervor. Der Kläger meint, es bedürfe kaum der Untersuchung, ob im gegenwärtigen Fall die Requisite der Usucapion vorhanden seien, indem er schon durch die Veräußerung von Seiten des A. Fischer Eigen= thümer geworden sei. Denn wenn man auch annehme, daß dieser bloß zu einem Drittel Eigenthum an den bewußten Exemplaren gehabt habe, so sei dennoch die Uebertragung des gesammten Eigenthums an jenen 120 Exemplaren durch seine Qualität als Commis möglich geworden. Als solcher habe er die Befugniß, zu veräußern, ja er sei dazu gerade angestellt. Wenn Beklagter behaupten wolle, daß, weil Fischer nur zu $\frac{1}{3}$ Erbe gewesen, er auch nur zu $\frac{1}{3}$ das Eigenthum dieser und anderer Bücher habe veräußern können, so führe dies zu wahren Absurditäten. Beklagter müsse dann von allen Personen, welche von der X'schen Buchhandlung nach dem Tode des X Bücher gekauft hätten, sein Drittel Eigenthum vindiciren. Könne bei solchen Grundsätzen irgend ein Geschäft bestehen? Müsse man dann nicht, wenn man in irgend einem Kaufmannsladen auch nur das Geringste kaufe, immer erst den Eigenthümer fragen, ob er mit dem Verkauf und der Eigenthumsübertragung ein= verstanden sei?

Doch Kläger könne sich der Mühe, diesen Punkt weiter aus= zuführen, gänzlich überheben. Denn der A. Fischer sei in der That Eigenthümer der 120 Exemplare gewesen. Da sich in dem Nachlasse 360 Exemplare des fraglichen Werkes gefunden hätten, so habe Fischer als Erbe zu einem Drittel auf 120 der= selben Anspruch gehabt. Bücher seien fungible Sachen, eins sei

2*

so gut oder so schlecht wie das andere; daß aber fungible Sachen zwischen den Miterben ipso jure getheilt sein sollten, habe schon das älteste römische Recht bestimmt.

Allein selbst wenn der A. Fischer weder als Commis noch als Miterbe die 120 Exemplare zum vollen Eigenthum habe veräußern können, so greife hier eine andere Rechtsbestimmung ein, welche in L. 5 pr. de her. pet. (5. 3) und L. 12 § 6, L. 13. L. 14 pr. de relig. (11. 7) enthalten sei, wonach der Besitzer einer fremden Erbschaft Stücke davon mit der Wirkung veräußern könne, daß sie dadurch dem Eigenthum des wahren Erben entzogen würden. Dies sei da der Fall, wo die Veräußerung im Interesse der Erbschaft selbst liege, z. B. bei leicht verderblichen Sachen, oder wenn es sich darum handle, baares Geld aufzutreiben zur Bestreitung der Leichenkosten oder zur Abtragung drückender Schulden. Diese Voraussetzung sei in concreto begründet gewesen, indem A. Fischer gegen ihn, den Kläger, geäußert habe, er bedürfe baares Geld, weil ein vom Verstorbenen ausgestellter Wechsel fällig geworden sei. Ob das Geld wirklich dazu verwandt sei, darauf komme es nicht an, denn unmöglich könne man hier dem Käufer die Pflicht auferlegen, sich darum zu bekümmern oder wohl gar den Verkäufer anzuhalten, das Geld auch wirklich zu dem angegebenen Zwecke zu verwenden; der Käufer müsse hier nach der Regel: quicunque praesumitur bonus u. s. w. seinen Worten trauen.

VII.

Der Gutsbesitzer von Falk will auf seinem Gute eine Ziegelbrennerei anlegen. Um den nöthigen Bauplatz zu gewinnen, sieht er sich gezwungen, einen Theil seines Grundstückes, der bisher zu einer Buchenpflanzung diente, dazu zu verwenden. Er

verkauft zu bem Zweck im Jahre 1820 bie auf bemselben be=
finblichen Baumstämme für 1000 Thlr. bem Holzhändler Brandt.
Es ist festgesetzt, baß bie Hälfte bes Kaufpreises sofort, bie übrige
Hälfte am 1. April 1821 gezahlt werbe, unb baß gegen biese
Zeit sämmtliche Bäume abgehauen unb fortgeschafft sein sollen;
bie noch stehenben verfallen zur Strafe bem Verkäufer. Die
Hälfte bes Kaufpreises ist gezahlt, unb ber Käufer hat in Gegen=
wart bes Käufers sämmtliche Bäume einkerben, einen Theil
fällen unb holen lassen. Im Anfang bes folgenben Jahres
bricht Concurs über ihn aus. Der Curator ber Masse hat
einige von ben Arbeitsleuten bes Cribars auf bas Gut bes
Herrn von Falk geschickt, um bie noch stehenben Bäume contrakt=
mäßig gegen ben 1. April abhauen zu lassen, allein ber Herr
von Falk hat sie mit ber Bemerkung zurückgewiesen, sie sollten
ihm erst bie schulbigen 500 Thaler bringen.

Es ist jetzt ein Gutachten abzugeben über folgenbe Fragen:

1. Sinb bie Bäume, welche am 1. April noch nicht gefällt
waren, bem Verkäufer verfallen?

2. Welche Klage steht ber Masse zu, um ben Verkäufer zu
zwingen, bas Abhauen ber Bäume zu gestatten? Der Curator
entsinnt sich, von einem interdictum de arboribus caedendis
gehört zu haben: es schiene ihm vortrefflich zu biesem Zweck
gebraucht werben zu können. Außer bieser Klage, meint er,
würben noch possessorische unb petitorische Rechtsmittel möglich
sein. Es sei nämlich ber Besitz ber Bäume bem Käufer trabirt,
inbem letzterer sie mit Einwilligung unb in Gegenwart bes Ver=
käufers eingekerbt habe.

L. 14 § 1 de per. et com. (18. 6) videri autem
trabes traditas, ques emtor signasset.

Mit ber Trabition sei nun außer bem Besitz auch bas
Eigenthum auf ben Käufer übergegangen, er habe also außer

ben possessorischen Interdicten, die gerade für einen solchen Fall der Besitzesstörung berechnet wären, noch die reivindicatio oder Publiciana.

Der Verkäufer meint, der Uebergang des Besitzes sei nicht erfolgt, geschweige der des Eigenthums. Er, der Verkäufer, habe gar nicht die Absicht gehabt, den Besitz auf den Käufer zu übertragen, und daß man dieselbe aus der Gestattung des Einkerbens nicht entnehmen dürfe, sage ausdrücklich eine andere Stelle desselben Titels, die L. 1 § 2:

Si dolium signatum sit ab emtore, Trebatius ait traditum id videri, Labeo contra. Quod et verum est. Magis enim ne summutetur, signari solere, quam ut traditum videatur.

Uebrigens könne vom Uebergang des Eigenthums schon aus dem Grunde nicht die Rede sein, weil der Kaufpreis noch nicht vollständig gezahlt sei.

3. Welche Klage nun auch dem Käufer zustehen möge: hat der Verkäufer dagegen nicht eine Einrede, und würde der Concurs seines Schuldners auf die Zuständigkeit derselben einen Einfluß äußern. Der 1. April ist gekommen, ohne daß die restirende Hälfte des Kaufpreises abgetragen ist. Würde der Verkäufer eine Einrede haben vorschützen können, auch wenn die Klage vor dem ersten April erhoben worden wäre?

Der Verkäufer wünscht zu wissen, ob ihm außer seiner persön=lichen Forderung gegen den Käufer nicht auch das Eigenthum an den bereits abgehauenen Bäumen zustehe, ob er also dieselben vindiciren könne? Wie es sich mit der Eigenthumsfrage im vorliegenden Fall auch verhalten möge, jedenfalls aber stehe ihm ein Pfandrecht an den bereits tradirten Baumstämmen zu, das er hiermit geltend machen wolle.

l. 13 § 8 de act. emti (19. 1) ... et ideo si p a r t e m pretii offerat, nondum est ex emto actio. Venditor enim quasi p i g n u s retinere potest eam rem, quam vendidit.

Der Concurscurator setzt dem entgegen: daß jedenfalls an der Hälfte aller verkauften Bäume dem Käufer das Eigenthum zustehe, weil die Hälfte des Kaufpreises bezahlt sei. Dazu komme noch ein anderer Erwerbsgrund des Eigenthums, nämlich die Specification. Der Käufer habe die meisten der erhaltenen Baumstämme auf seiner Sägemühle bereits zu Dielen verarbeiten lassen. Da diese nicht wieder in Baumstämme verwandelt werden könnten, so habe er nach Justinian's bekannter Bestimmung in § 25 J. de Rer. Div. (2. 1) an ihnen das Eigenthum erworben.

VIII.

Im Großherzogthum X. steht den Eigenthümern von Rittergütern die Jagdgerechtigkeit auf denselben zu. Der Freiherr von Dohna hatte 1820 durch Erbschaft das dort gelegene Rittergut Hammerstein erworben. Er glaubte aus den im Nachlaß sich findenden Documenten zu entnehmen, daß diesem Gute die Jagdgerechtigkeit über das benachbarte damals im Eigenthum des Kammerherrn von Falkenstein in Z. befindliche Rittergut Falkenburg zustehe, aber innerhalb der letzten 20 bis 30 Jahre von seinem Vorgänger, der kein Jagdfreund war, nicht ausgeübt worden sei. Bei einem Besuche in Z. wandte er sich dieserhalb an Herrn von Falkenstein, und letzterer entgegnete ihm: er habe nie von einer solchen Gerechtigkeit etwas gehört, bezweifle auch die Existenz derselben; „allein," fügte er hinzu, „dieser Punkt soll unser altes freundschaftliches Verhältniß nicht stören. Jagen Sie immerhin, so viel Sie Lust haben; ich bin gar nicht interessirt dabei, indem ich mich nie zur Jagdzeit auf diesem meinem Gute aufgehalten habe und aufhalten werde." Der Freiherr von Dohna äußerte sein Vergnügen darüber, daß diese Differenz sich so leicht habe beseitigen lassen, und machte von jener Einwilligung jährlich mehrmals Gebrauch. Auch nachdem 8 Jahre später der Kammerherr von Falkenstein verstorben war, setzte er ohne Widerspruch von Seiten seines Sohnes und Erben jene Benutzung noch 3 Jahre fort, worauf er sein Gut dem Landrath von Platen verkaufte. Im Kaufcontract war diesem namentlich auch die Jagdgerechtigkeit auf dem Gute Falkenburg garantirt und in Folge davon zweimal von ihm ausgeübt worden. Der jetzige Eigenthümer desselben, der Major von Falkenstein, ein persönlicher Gegner des Landrathes, ward von seinem Pächter hiervon in Kenntniß gesetzt und schrieb dem Landrath einen Brief, worin er ihm anzeigte: „daß die angebliche Jagdgerechtigkeit nie existirt habe, und daß sein Vater nur, um das freundschaftliche Verhältniß mit dem Freiherrn von Dohna nicht zu stören, einen Streit über dieselbe vermieden und demselben aus persönlichem Wohlwollen und als persönliches Recht die Ausübung jener Jagdgerechtigkeit verstattet habe. Mit ihnen Beiden stehe die Sache natürlich ganz anders; ihr Verhältniß sei nicht von der Art, daß von Gefälligkeiten die Rede sein könne, und darum mache er ihn darauf aufmerksam, daß er bei seinen ferneren Jagden das Gut Falkenburg nicht zu betreten habe, widrigenfalls seine, des Briefstellers, Leute Befehl hätten, ihn mit Gewalt davon zu vertreiben." Der Landrath protestirt brieflich gegen dies Verbot und machte einen Versuch, sein vermeintliches Recht auszuüben, ward aber von den Leuten des Majors daran verhindert. Derselbe stellte sofort eine Klage an wegen Störung im Besitz und zog inzwischen für den Fall, daß es zur act. confessoria oder negatoria kommen sollte, die nöthigen Erkunbigungen bei seinem Autor ein. Dieselben ergaben Folgendes. Im Jahre 1760 befand sich das Gut Falkenburg im Eigenthum des Urgroßvaters von dem jetzigen Besitzer und war mit Hypotheken überlastet. Der damalige noch minorenne Eigenthümer veräußerte in seiner Geldnoth, was noch zu veräußern war, und so unter andern auch mit Einwilligung seines Vormundes an den damaligen Eigenthümer des Gutes Hammerstein die Jagdgerechtigkeit. Letzterer übte dieselbe in jüngeren Jahren häufig aus, bei herannahendem Alter unterließ er es. Sein Erbe hatte das Gut verpachtet, ohne daß er oder der Pächter um jene Gerechtigkeit wußten, und so verstrich ein Zeitraum von 20 bis 30 Jahren, bis der Freiherr von Dohna, an den das Gut jetzt gekommen war, jenen Anspruch in der angegebenen Weise geltend machte.

Die gegenwärtige Lage des Rechtsstreites ist nun folgende:

I. Der Landrath von Platen hat wegen Störung im Quasi-Besitz geklagt und ein obsiegliches Urtheil davon getragen. Dagegen appellirt der Beklagte, indem er

a) jeden Besitz hier bestreitet. Damit Jemand im Quasi-Besitz geschützt werde, genüge nicht eine ein- oder zweimalige Ausübung des Rechtes, sondern nach Analogie des Interdictum de itinere sei eine breißigmalige erforderlich.

Puchta, Pandekten § 139.

b) Auch wenn hier ein wirklicher Besitz angenommen werden könnte, sei derselbe doch aus dem Grunde nicht zu schützen, weil die exceptio vitiosae possessionis entgegenstehe, indem die Jagd auf dem Gute Falkenburg dem Freiherrn von Dohna nur precario eingeräumt worden sei, der jetzige Besitzer aber in die Besitzfehler (vitia) seines Vorgängers succebire.

II. Der Beklagte will eventualiter die act. negatoria anstellen und hat sich über die Zuständigkeit derselben ein Gutachten geben lassen, worin die Existenz der Servitut mit folgenden Gründen bestritten wird. Der Urgroßvater des Majors habe die Servitut nicht bestellen können, weil er minderjährig gewesen, und mithin zur Constituirung derselben ein obrigkeitliches Detret erforderlich gewesen sei. Der Kammerherr habe sie nicht bestellt, weil er nicht die Absicht gehabt habe. Anerkannt habe er sie auch nicht und, wenn dies auch der Fall gewesen, so komme darauf nichts an, denn eine irrige Anerkennung sei noch keine Constituirung eines Rechts. Die Erlaubniß, die er dem Freiherrn von Dohna ertheilt habe, sei eine bloß persönliche gewesen, der Quasi-Besitz also, den der Freiherr auf Grund derselben erworben habe, eine precario possessio, mithin weder zur Ersitzung noch zum Interdiktenschutz qualificirt. Es sei hier also die Servitut weder bestellt, noch ersessen. Auch ließe sich nach den Grundsätzen der römischen Servitutenlehre die Jagdgerechtigkeit gar nicht als Realservitut bestellen, indem diese bekanntlich dem herrschenden Grundstück als solchem, nicht bloß dem jeweiligen Besitzer vortheilhaft sein müsse. Eine Jagdgerechtigkeit habe er mit den Bedürfnissen des Grundstückes als solchen nichts zu schaffen.

Was läßt sich über die Gründe und außerdem noch für und gegen sagen? Muß der Kläger bei der act. negat. den Beweis führen, daß die Servitut nicht existirt? Mit welcher Klage würde der Landrath seinen Regreß gegen seinen Autor nehmen können?

IX.

Der Oekonom Caspar besaß das Landgut Neuhaus, dem die Weidegerechtigkeit an der gemeinen Weide der Dorfschaft X zuſtand. Er hatte auf ſeinem Gute in den letzten 12 Jahren nur 20 Kühe gehalten, obgleich daſſelbe nach ökonomiſchen Grundſätzen für 30 ausgereicht hätte, und er auch dieſe Zahl auf die gemeine Weide zu treiben berechtigt war. Kurz vor ſeinem Tode vertheilte er ſein Gut unter ſeine 3 Söhne A, B, C zu gleichen Theilen, und zwar bekam A den Theil, worauf ſich das Wirthſchaftsgebäude befand, nebſt ſämmtlichem Inventar, mußte dafür aber ſeine beiden Brüder entſchädigen. Der A ließ nun wie bisher die 20 Kühe auf die gemeine Weide treiben, und die Gemeinde verwehrte ihm dies anfänglich nicht. Als aber ſeine Brüder auf ihren Theilen Häuſer und Ställe geſetzt und den abgeſonderten landwirthſchaftlichen Betrieb ihrer Parcellen begonnen hatten, ſchickten auch ſie ihre Kühe auf die gemeine Weide, nämlich der B 10 und der C 15. Die Gemeinde X erhob dagegen Widerſpruch und ließ, als derſelbe unbeachtet blieb, ſowohl das Vieh des A, als des B und C von der gemeinen Weide treiben. Die beiden letzteren forderten jetzt ihren Bruder auf, gemeinſchaftlich mit ihnen zu klagen, allein er weigerte ſich, indem er behauptete: er allein ſei zur Ausübung der Servitut berechtigt, denn er habe ſowohl b e n Theil des Grundſtückes, auf dem die väterlichen Gebäude ſtänden, erhalten, als auch die Kühe, welche ihr Vater bis dahin auf die gemeine Weide getrieben hätte. Da dieſer ihnen keinen Antheil an der Servitut eingeräumt habe, ſie ſelbſt auch kein Wort darüber verloren hätten, ſo ſtehe ſie ihm allein zu. Es entſtehen jetzt verſchiedene Fragen nämlich:

1. Sollen wir dem B und C rathen, gegen den A zu klagen, etwa mit der act. communi dividundo? Sie ſind nämlich der Meinung, daß vorher zwiſchen ihnen und ihrem Bruder jene Streitfrage entſchieden werden müſſe, bevor ſie gegen die Gemeinde klagend auftreten dürften. Wie verhält es ſich mit dieſer Meinung?

2. Wenn sie gegen die Gemeinde klagen, sei es zusammen oder jeder allein, wie ist zu entscheiden? Der Rechtsconsulent der Gemeinde behauptet: im günstigsten Fall sei bloß der A. zur Ausübung der Servitut berechtigt, da er b e n Theil des prae-dium dominans erworben habe, für den die Servitut bestellt sei,

L. 24 de S. P. R. (8, 3)

und zwar dürfe er höchstens 20 Kühe auf die gemeine Weide schicken, denn wenn auch die Servitut auf 30 bestellt worden sei, so liege doch hinsichtlich der 10 ein non-usus vor. Allein es lasse sich sogar barthun, daß keiner von den Brüdern fernerhin zur Ausübung der Servitut berechtigt sei, denn das Subjekt, dem dieselbe zugestanden habe, nämlich das Gut Neuhaus, sei untergegangen, indem es in drei besondere Güter parcellirt sei. Diese seien nun zwar an die Stelle des ursprünglichen getreten, allein daraus folge der Uebergang der Servitut auf dieselben durchaus nicht; auch der Ususfructus gehe bekanntlich nicht auf die Erben des Ususfructuars über. Eine Servitut sei streng an das Subject gebunden, dem sie von Anfang an bestellt sei. Daß aber im gegenwärtigen Fall das ehemalige praedium dominans untergegangen sei, bedürfe keiner Ausführung; statt des Gutes Neuhaus existirten drei abgesonderte Güter, jedes völlig selbständig, so daß dem einen eine andere Servitut zustehen könne als dem andern, das eine die ihm zustehende Servitut durch Nichtgebrauch verlieren, des andern sie durch Ausübung behalten könne. Die Annahme des Gegentheils schließe die größten Widersprüche in sich. Wenn nämlich die 3 Güter gewissermaßen als Erben des ursprünglichen Subjects, des Gutes Neuhaus, zu betrachten wären, so müßte die Servitut ihnen entweder getheilt, oder in Gemeinschaft zustehen. Beides sei undenkbar. Eine Ser-vitut könne nicht getheilt werden, weder in der Art, daß dem $1/3$ des praedium dominans $1/3$ der Servitut zustehe, noch so, daß dieselbe in solidum dem $^1/_3$ des praed. dom. zukomme. Denn dann dürften A, B und C jeder 20 Kühe schicken, und wenn sie ihre Güter wieder parcellirten, jeder Besitzer der einzelnen Parcelle ebensoviel. Also bleibe nur der Fall denkbar, daß die ehemalige Weidegerechtigkeit den 3 Gütern des A, B und C in Gemeinschaft zustehe, daß dieselben m. a. W. als ein Subject, nämlich als das ursprüngliche Gut Neuhaus angesehen würden — eine Annahme, bei der man mit sich selber in Widerspruch gerathe, indem man dieselbe Sache (dem Eigenthum gegenüber) als drei und (der Servitut gegenüber) als eine behandle.

Es sollen folgende Fragen beantwortet werden:

a) Ist die Servitut durch die Theilung des Gutes untergegangen? oder

b) wenn dies nicht der Fall ist, wer ist zur jetzigen Ausübung berechtigt, der A allein oder auch der B und C, und wie hat man sich das Verhältniß zu denken, etwa drei besondere Servituten oder eine einzige, in solidum oder pro parte indivisa gemeinschaftliche?

c) wie viel Kühe darf jeder auf die Weide schicken? und

d) mit welcher Klage kann jeder sein Recht verfolgen?

3. Die Gemeinde X hat kürzlich ihre Gemeindeweide um ein beträchtliches Stück vermehrt. Erstreckt sich die Servitut auch auf dieses? Die Kläger behaupten es, weil ihnen die Servitut an der Gemeindeweide zustehe, d. h. an jedem Grund und Boden, der zu diesem Zweck, sei es jetzt oder künftig, benutzt werde. Die jetzige Gemeindeweide sei trotz ihrer Vergrößerung dasselbe Subject, dasselbe praedium serviens, wie früher. Die Accession nehme die Natur der Hauptsache an, oder vielmehr sie existire gar nicht selbständig ihr gegenüber, sondern gehe ganz in ihr auf.

X.

Der Maurermeister Neumann zu X hatte zwei an einander
grenzende Baustellen gekauft und darauf zwei Häuser gebaut,
Nr. 1190 und Nr. 1191. Es gelang ihm, beide vortheilhaft
zu verkaufen und zwar jenes dem Kaufmann Peters, dieses dem
Schulrath Mager. Nachdem beide den Kaufpreis gezahlt und
ihre Häuser eine Zeit lang bewohnt hatten, brannte das Peters'sche
Hinterhaus ab. Peters benutzte fortan den Platz zu einem
großen Steinkohlenschuppen. Da inzwischen seine Familie sich
vermehrt hatte, und er eines größeren Wohnhauses bedurfte, so
führte er ungefähr 11 Jahre nach dem Brande den schon längst
gefaßten Vorsatz aus, das Hintergebäude wieder herzustellen, und
zwar legte er in der an den Mager'schen Garten stoßenden
Seitenwand desselben drei Fenster in der oberen Etage an,
während das frühere nur zwei gehabt hatte. Während dieses
Baues war der Schulrath auf einer Inspectionsreise abwesend
gewesen, hatte aber von seiner Frau die Nachricht bekommen,
daß der Kaufmann Peters sein Hinterhaus wieder herstelle und
zwar, was ihr wegen der Benutzung ihres Gartens so sehr unan=
genehm sei, mit drei Fenstern in der obern Etage. Mager er=
widerte ihr, daß Peters zur Fensteranlage gar nicht berechtigt
sei, und legte einen Brief an den diesen mit ein, worin er
gegen diese Anlage protestirte. Der Brief kam jedoch zu einer
Zeit an, wo das in Rede stehende Gebäude schon nahezu
fertig war, und Peters ließ sich dadurch nicht abhalten, es zu
vollenden.

Nach seiner Zurückkunft will Mager gegen seinen Nachbar
auf das Wiederverbauen der Fenster klagen und übergiebt die
Sache einem Advokaten. Derselbe ist darüber mit sich einig,
daß Peters das Recht zur Fensteranlage nicht habe, allein er

ist unentschlossen, welche Klage er anstellen soll. Er wünscht unsere Ansicht zu vernehmen und theilt uns zu dem Zweck folgendes mit.

Daß Peters das erwähnte Recht nicht habe, lasse sich evident darthun. Nach dem X'schen Stadtrecht dürften in der Seiten= wand nur mit Erlaubniß des Nachbarn Fenster angelegt werden. Das Recht, Fenster zu haben, sei also nach diesem Gesetz nicht im Eigenthum enthalten, es müsse vielmehr erst durch die Einwilligung des Nachbars begründet werden, das heiße also, es sei eine Servitut. Man müsse hier mithin die Grundsätze von den Servituten anwenden, und dadurch komme man zu Folgendem Resultat.

1. Wenn dem Peters die servitus fenestrarum wirklich zustehe, so könne er doch keinesfalls mehr als zwei Fenster in der oberen Etage anlegen. Mehr seien auch im früheren Gebäude nicht gewesen, das dritte bedürfe einer neuen Conception, die hier nicht vorliege. Man könne doch unmöglich darin eine stillschweigende Conception finden, daß die Frau des Schulrathes überhaupt keinen, und er selbst einen verspäteten Protest erhoben habe. Auch ließe sich wohl nicht behaupten, daß der Schulrath nicht interessirt dabei sei, ob drei oder zwei Fenster angelegt würden, und gesetzt auch, er sei es nicht, so könne dies doch seinem Rechte keinen Abbruch thun, denn Bestimmungen, wie die in L. 1 § 12. L. 2 § 5 und § 9. de aq. pl. (39. 2) und Nov. 63, woraus man die Regel habe ableiten wollen, daß man ein Recht nicht ausüben dürfe, wenn man selber nicht interessirt dabei sei, ein Anderer aber Nachtheil davon habe, derartige singuläre Bestimmungen könnten unmöglich allgemein angewandt werden.

2. Der einzige Scheingrund, auf den Peters sich berufen könne, sei der, daß in dem abgebrannten Hintergebäude zwei

Fenster angelegt gewesen seien. Allein selbst angenommen, daß dieselben jure servitutis existirt hätten, was später widerlegt werden solle, so sei diese Servitut

a) durch den Untergang des Subjects, dem sie zugestanden, erloschen. Es sei ein unbestrittener Grundsatz der Servitutenlehre, daß die Servituten mit dem Subjecte, dem sie zuständen, unzertrennlich verbunden seien, also auch mit demselben untergingen, die persönlichen mit dem natürlichen oder juristischen Tode ihres Inhabers, die Realservituten mit dem Untergange des praedium dominans, also bei einem praedium urbanum mit dem Abbrennen oder Niederreißen desselben. Wenn dieses immerhin ebenso, wie es früher war, wieder hergestellt werde, so sei es doch nicht mehr dasselbe Subject; einmal untergegangen, könne es nicht von neuem entstehen. Das neu aufgeführte Gebäude möge dem früheren auf's Haar gleichen, es sei doch nicht das frühere. Daß die römischen Juristen diese in der Natur der Sache liegende Ansicht getheilt hätten, erhelle aus vielen Stellen, z. B. aus

L. 5 § 2, 3. L. 6 seq. Quib. mod. ususfr. am. (7. 4).

Besonders wichtig sei die L. 10 § 1 ibid., worin es heiße:

> Non tantum si aedes ad aream redactae sunt,
> ususfructus exstinguitur, verum etiam si demolitis
> aedibus testator alias novas restituerit. Plane si
> per partes reficiat, licet omnis nova facta sit,
> aliud erit nobis dicendum.

Daß bei dem per partes reficere kein Untergang der Sache angenommen werde, sei ganz consequent und werde in L. 76 de judiciis (5. 1) weiter ausgeführt. In unserm Fall liege aber eine solche theilweise Reparatur nicht vor. Es komme zwar eine Stelle vor, die den obigen Stellen zu widersprechen scheine, nämlich die L. 20 § 2 de S. P. U. (8. 2), allein theils sei der Widerspruch doch nicht ganz entschieden, indem die Stelle sich nicht bestimmt ausdrücke, theils müsse sie, wenn jenes auch der Fall sei, auf die dort erwähnte servitus stillicidii beschränkt werden. Zu dieser Beschränkung müsse man sich nach bekannten Interpretationsgrundsätzen verstehen; jedenfalls gebühre aber der consequenteren Entscheidung der Vorzug.

Gesetzt aber auch, das gegenwärtige Gebäude sei für das frühere angesehen, so sei die Servitut

b) durch non-usus untergegangen. Peters habe 11 Jahre von seiner Servitut keinen Gebrauch gemacht, diese sei mithin erloschen. Allerdings habe er die Servitut nicht ausüben können, da das Haus nicht existirt habe, allein nach l. 14 pr. quemadm. serv. amitt. (8. 6) gehe die Servitut durch non-usus selbst da unter, wo der Berechtigte durch Naturzufälle verhindert worden sei sich ihrer zu bedienen, der ihm dort vorbehaltene Anspruch auf Wiederherstellung derselben könne hier nicht Platz greifen.

Die bisherige Deduction gehe von der Voraussetzung aus, daß dem Peters'schen Hause die servitus fenestrarum wirklich zu irgend einer Zeit zugestanden habe, und suche selbst für diesen Fall die gegenwärtige Nichtexistenz derselben darzuthun, es lasse sich aber beweisen, daß diese Voraussetzung irrig sei, m. a. W., daß

3. die Servitut nie bestanden habe. Dies Resultat ergebe sich durch die Anwendung des bekannten Grundsatzes: nulli res sua servit. Zur Zeit nämlich, wo das Peters'sche Haus gebaut ward, habe dieses und das des Schulrathes einem und demselben Eigenthümer gehört. Nun habe dieser in den Seitenwänden beider Häuser immerhin so viel Fenster anlegen können, wie er

gewollt habe, allein der dadurch begründete Zustand sei ein bloß
factischer gewesen. Als Eigenthümer des einen Hauses könne er
dem andern keine Servitut auflegen oder erwerben. Mit dem
Verkauf der Häuser sei zwar eine Servitut möglich geworden,
allein Möglichkeit sei noch nicht Wirklichkeit, es habe mithin auch
nachher das bisherige bloß factische Verhältniß fortgedauert, ohne
daß dasselbe jemals den Charakter eines rechtlichen, d. h. einer
Servitut angenommen habe. Eine Servitut habe nur entstehen
können, wenn Neumann beim Verkauf der Häuser sie dem einen
ausdrücklich auferlegt hätte, was nicht geschehen sei.

I. Wie verhält es sich mit der Servitut?

II. Welche Klage soll Mager anstellen? Die act. negatoria, das interdictum quod vi aut clam? Ist es noch
Zeit zur operis novi nunciatio zu greifen?

III. Der Schulrath wünscht für den Fall, daß sein Gegner
siegen sollte, entweder seine Gartenmauer so weit zu erhöhen,
daß dieser ihm nicht in den Garten sehen kann, oder zu
demselben Zweck einen Flügel an sein Haus zu setzen. Er
verlangt zu wissen, ob er berechtigt sei, seinem Nachbar die Aussicht zu verbauen? Das nöthige Licht lasse er ihm.

XI.

Im Jahre 1780 wurde der Stadtgraben zu X, welcher die
Altstadt von der Vorstadt trennte, zugeschüttet und der dadurch
gewonnene Raum vom Magistrat zu Baustellen ausgegeben.
Eine derselben ward dem Senator Strömer verkauft, welcher
darauf ein großes mit der Fronte nach der Vorstadt gewandtes
Haus nebst einem langen auf die Luisenstraße mündenden Hof
setzte. Diesen Hof hat das Publikum seit jenem Jahre zum
Durchgang benutzt und zwar in dem erwiesenen Glauben, daß

Strömer bei dem Anlauf der Baustelle sich zur Duldung dieser Durchgangsgerechtigkeit verpflichtet habe. Auch der Magistrat scheint stets dieser Ansicht gewesen zu sein, allein merkwürdiger Weise findet sich in dem Archiv gar keine Notiz darüber; man vermuthet, daß Strömer seine amtliche Stellung mißbraucht habe, um das fragliche Document zu vernichten oder ändern zu lassen. Durch mehrere Hände kam das Haus 1840 an den Kaufmann Theilen, und dieser hielt die Pforte zu seinem Hofe in der Regel auch bei Tage verschlossen, während dies bis dahin nur bei Nacht geschehen war. Den Bewohnern des dortigen Theils der Vorstadt war dies sehr störend, und sie suchten auf alle Weise die frühere freie Passage wieder zu erlangen. Sie hatten auch dem Magistrat Anzeige von diesem Vorfall gemacht und angefragt, ob jene Durchgangsgerechtigkeit nicht von Magistratswegen stipulirt sei, worauf die Antwort erfolgt war, daß man dies ihrerseits bisher zwar gemeint, allein kein Document darüber habe finden können und sich deßhalb auch nicht veranlaßt sehe, jene Gerechtigkeit auf Grund ihrer vermeintlichen Bestellung im Jahre 1780 in Anspruch zu nehmen.

Es haben sich darauf 1841 mehrere der angesehensten Bewohner der Vorstadt zusammengethan, um gegen den Kaufmann Theilen den Weg Rechtens einzuschlagen. Ihr Rechtsconsulent hat ihnen einen günstigen Erfolg in Aussicht gestellt und ihren Anspruch in folgender Weise gerechtfertigt.

Daß hier eine Durchgangsgerechtigkeit vorliege, sei gar keinem Zweifel unterworfen; man könne ihre Existenz sogar in dreifacher Weise begründen.

1. Auf ein locales Gewohnheitsrecht. Die beiden Requisite eines solchen, die opinio necessitatis auf Seiten der Bürgerschaft und die langjährige Gewohnheit seien hier vorhanden.

2. Auf die unvordentliche Verjährung. Daß man im vor-

liegenben Fall einen Anfang des gegenwärtigen Zustandes nach=
weisen könne, stehe nicht im Wege, denn jede unvordenkliche Ver=
jährung müsse irgend einmal einen Anfang gehabt haben.

3. Auf die ordentliche Servitutenverjährung. Bekanntlich sei
zu derselben kein Titel erforderlich, und wenn auch, so sei hier
ein titulus putativus vorhanden. Das nach der richtigen
Ansicht genügende Requisit einer nec vi, nec clam, nec precario vorgenommenen zehn= beziehungsweise zwanzigjährigen
Ausübung liege unzweifelhaft vor. Eine Unterbrechung des
Quasi=Besitzes ließe sich nicht nachweisen; der Umstand, daß die
Pforte stets bei Nacht verschlossen worden sei, könne dafür nicht
benutzt werden.

Dies Gutachten ward einem von den Quärenten mitgetheilt
und von ihm in einer zum Zweck einer Beschlußnahme in dieser
Sache veranstalteten Versammlung den übrigen Interessenten
mitgetheilt. Es erhob sich nun zwar gegen die Richtigkeit jenes
Gutachtens kein Zweifel in der Versammlung, allein wohl gegen
die Vollständigkeit desselben. Man vermißte nämlich darin eine
Beantwortung d e r Frage: wer zur gerichtlichen Geltendmachung
jener Durchgangsgerechtigkeit berechtigt sei, und man beantragte
die Erwirkung eines sich speciell auf diese Frage beziehenden
Gutachtens. Die Ansichten der Versammelten darüber waren
nämlich sehr getheilt. Einige meinten, sie könnten als Einzelne
gegen den Kaufmann Theilen auftreten, d. h. als Innehaber
eines ihnen persönlich zuständigen Rechtes. Andere, sie könnten
dies nur thun als Vertreter des Publikums oder der Stadt,
worauf aber von einer dritten Partei erwidert wurde, daß
dazu nur der Magistrat befugt sei. Einer hat sogar die
Meinung aufgestellt, man brauche gar nicht klageweise aufzu=
treten, man solle die Polizei angehen, die Pforte zu erbrechen,

hiergegen könne der Kaufmann Theilen nichts machen, da seine actio negatoria verjährt sei.

Es sollen alle Fragen beantwortet werden, zu denen dieser Rechtsfall Gelegenheit giebt.

XII.

Der Oekonom Ulrich hat ein ihm gehöriges Landgut nach und nach für folgende Forderungen verpfändet:

1. dem Dr. Arnold für 4000 Thlr.,
2. dem Hofrath Benedikt für 6000 Thlr.,
3. dem Apotheker Crusius für 5000 Thlr.,
4. der verwittweten Drobisch für 3000 Thlr.,
5. dem Commerzienrath Ernst für 2000 Thlr.

Er verkauft dasselbe später unter der Hand an den Advocaten Schoppe für 26,000 Thlr., und zwar soll der Kaufpreis in der Weise entrichtet werden, daß Schoppe nur 6000 Thlr. baar zahlt, dagegen aber die auf das Gut eingetragenen Forderungen in partem pretii übernimmt, d. h. statt die 20,000 Thlr. an den Verkäufer zu zahlen und vom letzteren die Tilgung der Hypotheken zu verlangen, bleiben diese auf dem Gute stehen, und der Käufer macht sich anheischig, die Schulden des Verkäufers als die seinigen zu betrachten. Beide Personen benachrichtigen die Gläubiger von dem geschehenen Verkauf, und der Käufer ersucht dieselben zugleich, ihm in den ersten zwei Jahren ihre Forderungen nicht zu kündigen, was sie ihm auch versprechen. Zwei Jahre später verkauft er das Gut für 30,000 Thlr. dem Hofrath Benedikt; vom Kaufpreise werden 10,000 Thlr. baar gezahlt, die übrigen 20,000 Thlr. aber in partem pretii übernommen. Benedikt constituirt an diesem Gute eine neue Hypothek, nämlich der Kriegsräthin Friedrichs für ein Darlehn von 4000 Thlrn. Einige Zeit darauf kündigt ihm die verwittwete Drobisch ihre 3000 Thlr., und Benedikt ersucht seine unverheirathete Schwester, der gerade ein Kapital von 4000 Thlrn. zurückgezahlt war, ihm von dieser Summe 3000 Thlr. gegen Cession der bisher der Drobisch zuständig gewesenen Hypothek zu überlassen, was diese ihm zusagt. Er erhält die 3000 Thlr. und zahlt sie der Drobisch aus gegen Ausstellung eines Scheines, worin sie ihm bezeugt, daß er ihr das Capital von 3000 Thlrn., wofür ihr bisher sein Grund=stück verpfändet gewesen, bezahlt habe, und daß sie dafür ihre sämmtlichen Rechte auf dessen Schwester, die unverehelichte Benedikt, übertrage. Sie händigt ihm zugleich das ihr von Ulrich aus=gestellte Schuld= und Pfand=Dokument ein, welches er nebst einem von ihm selber ausgestellten Cessionsinstrument über die Uebertragung der Hypothek der Drobisch auf seine Schwester dieser zustellt.

Mehrere Jahre später geräth Benedikt in Concurs; das fragliche Gut wird bei den gesunkenen Preisen der Ländereien zu dem niedrigen Preise von 16,000 Thlrn. verkauft. Hin=sichtlich der Vertheilung dieser Summe streiten sich die hypothe=karischen Gläubiger sowohl unter sich, als mit den chirographa=rischen Gläubigern, welche 6000 Thlr. davon in Anspruch nehmen. Es sind folgende Streitpunkte zu entscheiden:

I. Ist die dem Benedikt an dem Gute von Seiten des Oekonomen Ulrich für seine Forderung von 6000 Thlrn. be=stellte Hypothek durch den Ankauf desselben von seiner Seite erloschen? In diesem Fall rücken die nachstehenden vier Gläubiger auf, und alle erlangen ihre volle Befriedigung mit Ausnahme der Kriegsräthin Friedrichs, die nur 2000 Thlr. erhält. Die chirographarischen Gläubiger wollen aber jene 6000 Thlr. zur Gesammtmasse ziehen, indem sie behaupten, die Forderung des

Cribars gegen den Oekonomen Ulrich gehöre zur Masse, mithin auch das für sie bestellte Pfand.

II. Ist die Schwester des Cribars in das Pfandrecht der Drobisch succedirt? Steht dem nicht der Umstand entgegen:

1. daß ein Pfandrecht sich nicht von der Forderung für die es bestellt ist, trennen und auf eine andere übertragen läßt?

2. daß, wenn eine solche Uebertragung möglich wäre, sie doch nicht durch den Eigenthümer der Sache geschehen könnte, indem der Durchgang des Pfandes durch seine Person dasselbe aufheben würde?

III. Die Benedikt und der Commerzienrath Ernst verlangen zu wissen, ob sie, wenn sie aus dem Erlöse der Hypothek nicht befriedigt werden, mit einer persönlichen Klage gegen den Ulrich oder den Advokaten Schoppe oder den Cribar auftreten können? Beide haben von dem Cribar mehrere Jahre hindurch die Zinsen ihres Capitals gezahlt erhalten.

XIII.

Der Dr. Wild leiht am 1. Mai 1840 von dem Kaufmann Meier auf zwei Monate 300 Thlr. zu 5 Procent, wofür der Bruder des Anleihers, der Fabrikant Wild, dem Gläubiger Waaren zu dem Werth von 500 Thlrn. verpfändet und zwar unter der Bedingung, daß, wenn das Darlehn nicht innerhalb der gesetzten Zeit restituirt werde, die Waaren dem Meier für die vorgeschossene Summe titulo emtionis verbleiben sollen.

Am 25. Juni desselben Jahres stirbt der Verpfänder, und es beerben ihn seine drei Brüder, der Doctor, Assessor und Kaufmann Wild, und zwar zu gleichen Theilen, dem Kaufmann aber ist noch das ganze Geschäft des Erblassers im Voraus ver-

macht. Derselbe erhält erst im Juli von der geschehenen Ver=
pfändung Nachricht und wendet sich sofort an den Meier, um
die Waaren einzulösen, erhält aber von ihm zur Antwort, daß
er sie bereits für 350 Thlr. an den X verkauft habe. Von
diesem erhält er sie für 380 Thlr. zurück. Er verlangt zu
wissen:

1. ob er Eigenthümer der Waaren sei, sei es, weil er sie
   gekauft habe, sei es, weil sie mit zu dem ihm legirten
   Geschäft gehören?

2. ob und gegen wen er wegen des dafür gezahlten Preises,
   des ganzen oder eines Theiles desselben, seinen Regreß
   nehmen könne? Er glaube nicht bloß, seinen Bruder,
   den Doctor, auf das Ganze in Anspruch nehmen zu
   können, da die Waaren ursprünglich für ihn verpfändet
   worden seien, sondern auf Grund des Prälegats auch
   den andern Bruder, nicht minder auch den Meier,
   wenigstens auf 50, und den X wenigstens auf 30 Thlr.,
   wenn nicht diesen sogar auf die ganzen 380 Thlr.

XIV.

Bei einer großen Nachlaßversteigerung in Paris wurden
vor mehreren Jahren unter den Garderobegegenständen des Ver=
storbenen aus Versehen auch die in einem Nebenzimmer des
Auctionslocales abgelegten Ueberzieher des Auctionators und
einiger anderen anwesenden Personen mit versteigert. Der
Irrthum ward erst entdeckt, nachdem die zum größten Theil
völlig unbekannten Käufer sich nach erlegtem Kaufpreis mit den
Röcken entfernt hatten, nur einer derselben, der den Rock des
Auctionators ersteigert hatte: der X war noch im Local an=
wesend, weigerte sich jedoch den Rock wieder herauszugeben.

Der Fall bietet zu einer Reihe interessanter Fragen Veranlassung, die bei der Bearbeitung desselben nach römischem Recht beantwortet werden sollen.

I. In Bezug auf die Eigenthumsfrage. Kann X sich als Eigenthümer des Rockes betrachten? Er stützt seine Behauptung darauf, daß der Eigenthümer selber ihm seine Sache verkauft und tradirt habe, der angebliche Irrthum des Auctionators, der übrigens mit nichts erwiesen sei, verdiene als culposer keine Berücksichtigung; jeder müsse seinen eigenen Rock kennen. Aber auch ganz abgesehen von der Unentschuldbarkeit des Irrthums könne derselbe aus dem Grunde nicht in Betracht kommen, da er weder als error in corpore, noch in substantia, vielmehr lediglich als Irrthum über das Eigenthum aufzufassen sei. In Bezug auf diesen aber gelte die Regel des römischen Rechts: plus est in re quam in existimatione mentis oder plus valet quod in veritate est, quam quod in opinione.

l. 9 § 4 de jur. ign. (22. 6), § 11 J. de leg. (2. 20).

Der wahre Eigenthümer übertrage durch Tradition selbst dann das Eigenthum, wenn er keine Kunde davon habe.

So bestimme z. B. § 11 J. de leg. cit.:

> Si quis rem suam quasi alienam legaverit, valet legatum, nam plus valet quod in veritate est quam quod in opinione.

Ebenso l. 4 § 1 de man. vind. (40. 2):

> Quoties dominus servum manumittat, quamvis existimet alienum esse eum, nihilominus verum est, voluntate domini servum manumissum et ideo liber erit.

Ist der Eigenthumsübergang im vorliegenden Fall anzunehmen? Läßt sich für die Frage vielleicht etwas entnehmen aus der l. 49 mand. (17. 1)?

Angenommen, das Eigenthum sei auf X nicht übergegangen, würde er sich dann nicht gleichwohl durch eine Einrede gegen die an sich zuständige Reivindicatio schützen können?

II. In Bezug auf die aus diesem Fall sich ergebenden **obligatorischen** Fragen ist

1. in Bezug auf den Auctionator zweifellos, daß er bei Auszahlung des Erlöses der Auction den für seinen Rock auf- gekommenen Preis zurückhalten kann, fraglich dagegen ist, ob er nicht den Mehrwerth seines Rockes als einen Verlust, der ihn bei Ausführung seines Mandats getroffen hat, in Anrechnung bringen kann?

2. Können die übrigen Eigenthümer der mitverkauften Röcke den dafür erzielten Preis verlangen, und mit welcher Klage?

3. Können sie nicht auf Grund der culposen Veräußerungen ihrer Röcke den wirklichen Werth derselben, welcher den Auctions- preis vielleicht weit übersteigt, begehren? Im Nebenzimmer befanden sich die Diener des Erblassers und das Hülfspersonal des Auctionators, welches die zu versteigernden Sachen in den als Auctionslocal dienenden Salon schaffte, und es soll an- genommen werden, daß dieselben von den Eigenthümern der Röcke ausdrücklich befragt worden sind, ob sie dieselben hier niederlegen dürften, und diese Frage bejaht haben.

XV.

Der Oekonom Bähr stellt gegen den Fabrikanten Studen- schmidt folgende Klage an. Er habe an beiden Seiten der Düte (eines als flumen publicum anzusehenden Flusses im Hannöverschen) Ländereien und habe seit Jahren eine seichte

Stelle im Fluß ohne Anstand zur Durchfahrt benutzt. Durch die Anlage eines Eisenhammers Seitens des Beklagten unterhalb seiner Ländereien und ein damit verbundenes Stauwerk sei der Wasserstand im Fluß so bedeutend erhöht, daß ihm die Durchfahrt an jener Stelle unmöglich gemacht, und er genöthigt sei, mit seinem Fuhrwerk einen bedeutenden Umweg zu machen. Zugleich bedrohe der hohe Wasserstand die Ufer seiner Ländereien, und es seien von denselben bereits mehrfach Ballen Erde abgespült, so daß er eine fortschreitende Verminderung seines Grundeigenthums zu besorgen habe. Auch habe das Uebertreten des Wassers auf sein Land zur Folge gehabt, daß die an den betreffenden Stellen gesäete Frucht nicht aufgegangen, bezw. daß sie verfault sei, jedenfalls nicht habe geerntet werden können. Er bitte daher, dem Beklagten aufzugeben, das Stauwerk wieder zu beseitigen und ihn zur Leistung des Schadenersatzes, vorbehaltlich vorgängiger Liquidation, zu verurtheilen.

Beklagter vermißt in der Klagschrift die Angabe des Namens der Klage. Freilich habe der Mangel einen guten Grund, denn wenn Kläger eine Klage hätte namhaft machen sollen, so würde er sich schon überzeugt haben, daß es an einer solchen im vorliegenden Fall völlig fehle. Daß der Wasserstand in der Düte bisher die oder jene Höhe gehabt habe, welche es dem Kläger ermöglicht habe, den Fluß mit seinem Fuhrwerk zu passiren, sei etwas rein Faktisches gewesen, woraus ein Recht des Klägers in keiner Weise sich ergebe. Darum habe er weder eine Klage auf Wiederherstellung des alten Wasserstandes, noch einen Schadenersatzanspruch wegen der für ihn durch die Veränderung des Wasserstandes bewirkten Nachtheile, worüber zu vergleichen sei l. 2 § 13 Ne quid in loc. publ. (43. 8). Wohl aber könne umgekehrt Beklagter einen Rechtstitel für sich anführen, nämlich die ihm von Seiten der Landdrostei in Osnabrüd, der zuständigen Regierungsbehörde, ertheilte Concession zur Anlegung des Eisenhammers.

In der Replit bezeichnete Kläger als die eine ber von ihm angestellten Klagen die act. confessoria. Er habe seit mehr als 30 Jahren die Durchfahrtsgerechtigkeit ausgeübt und sie mithin durch Ersitzung erworben. Die auf Schadensersatz gerichtete Klage sei die act. legis Aquiliae.

Was ist von beiden Klagen zu halten, war insbesondere die Wahl der ersten eine glückliche? Gab es statt deren nicht eine andere, besser geeignete? Würde der Richter, wenn Kläger die mehr als dreißigjährige Ausübung der Durchfahrtsgerechtigkeit beweist, den Erwerb durch Ersitzung anzunehmen haben? Auch die Vorgänger des Klägers sind stets durch den Fluß gefahren, es soll angenommen werden: seit unvordenklicher Zeit. Wäre hier nicht die Berufung des Klägers auf Erwerb durch unvordenkliche Zeit am Platz gewesen?

XVI.

Die Kommune X hat in Ausführung der gesetzlichen Bestimmung, welche ihr die Unterhaltung der Ortsarmen auferlegt, dem Eisenbahnschaffner Balser, der im Jahre 1850 durch einen Zusammenstoß zweier Bahnzüge in einer Weise beschädigt wurde, daß er völlig erwerbsunfähig ward, bis zu seinem im Jahre 1860 erfolgten Tode auf sein Ansuchen eine Unterstützung gewährt, indem sie von der Voraussetzung ausging, daß derselbe völlig mittellos sei. Nach seinem Tode finden sich in seinem Nachlaß Werthpapiere von mehr als 2000 Thlrn., und die Commune beabsichtigt, daraufhin seine Erben auf Restitution der gewährten Unterstützung zu belangen. Ihr Rechtsanwalt ist zweifelhaft über die Wahl der anzustellenden

Klage. Einen Anhaltspunkt für dieselbe bietet der § 37 der Armenordnung dar, welcher die Verpflichtung zur Restitution für den Fall ausspricht: „daß der Arme später zu Vermögen kommt", allein da es bisher nicht hat ermittelt werden können, zu welcher Zeit Balser jene Papiere erworben hat. und da der Rechtsanwalt fürchtet, es könne ihm der Beweis auferlegt werden, daß dieser Erwerb „später", d. h. nach 1850 geschehen sei, so wünscht er statt dieser condictio ex lege lieber eine andere Klage zu erheben und denkt dabei an folgende Klagen. Zuerst an die act. de dolo in alternativer Cumulation mit der genannten condictio ex lege. Entweder habe Balser 1850 bereits Vermögen gehabt — dann sei es ein dolus seinerseits gewesen, daß er sich für arm ausgegeben habe oder er habe es später erworben — dann greife § 37 der Armenordnung Platz. Allerdings verjähre die act. de dolo in zwei Jahren, allein Balser habe nicht bloß bei seiner ersten Meldung um Unterstützung einen dolus begangen, sondern unausgesetzt, als Beginn der Verjährung könne mithin erst das laufende Jahr 1860 gelten. Sodann an die act. negotiorum gestorum. Die Gemeinde habe durch Gewährung der Alimente seine negotia gerirt, und daß wegen geleisteter Alimente an sich (wenn sie nicht „pietatis causa" gewährt seien) eine act. neg. gest. möglich sei, ergebe sich aus l. 27 § 1 l. 34 (ed. Mommsen. l. 26 § 1 l. 33) de neg. gest. (3. 5) und l. 13 Cod. ibid. (2. 19). Auch an eine condictio ob turpem causam und indebiti und selbst vielleicht an den Widerruf einer Schenkung wegen Undankbarkeit könne man denken.

Was ist von diesen Klagen zu halten? Bei der Bearbeitung des Falles ist folgende Ordnung innezuhalten:

1. Rechtlicher Charakter der gewährten Unterstützung. War es eine Schenkung? War es eine neg. gestio? Daran ist

bie Beurtheilung der Widerrufsklage der Schenkung und der act. neg. gest. zu schließen.

2. Interpretation des § 37 der Armenordnung. Soll durch das Wort „später" eine Verpflichtung der Restitution bei bereits vorhandenem Vermögen ausgeschlossen werden oder, wenn nicht, wie erklärt es sich, daß das Gesetz bloß den späteren Erwerb von Vermögen in's Auge faßt?

3. Unter welchen rechtlichen Gesichtspunkt fiel die Verab= reichung einer Unterstützung an den Balser, wenn er damals bereits Vermögen und mithin keinen gesetzlichen Anspruch auf dieselbe besaß, und zwar

a) vom Standpunkt der dieselbe zahlenden Commune, und

b) vom Standpunkt des Balser aus, der wissentlich, also mala fide die Unterstützung entgegennahm?

Die Beantwortung dieser Frage führt von selbst auf die noch übrigen zu beurtheilenden Klagen mit Ausnahme von

4. der condictio ex lege, welche für den Fall in Aussicht genommen ist, daß das Vermögen später erworben ward. Ließe sich statt dieses gänzlich vagen Ausdruckes nicht ein anderer für sie finden, der den Anspruch der Gemeinde auf eine der Kate= gorien der römischen Condictionentheorie zurückführt? Die condictio indebiti, ob causam datorum, sine causa?

XVII.

Während der Abwesenheit des Gutsbesitzers von Kampe lief für ihn ein Brief von einem Berliner Lotteriecollecteur Stern ein, worin ein viertel Loos zur fünften Classe der preußischen Lotterie lag nebst einigen begleitenden Worten des Collecteurs, in denen derselbe ihm anzeigte, daß er bisher an ihn, den Adressaten, der sonst ein so guter Kunde von ihm gewesen sei, nicht gedacht und es daher versäumt habe, ihm das Loos früher zuzusenden; die Ziehung stehe schon in 4 Wochen bevor, und er ersuche ihn daher, falls er das Loos nicht behalten wolle, es ihm innerhalb 8 Tagen zurückzuschicken. Erst nach der Ziehung kam der Herr von Kampe von seiner Reise zurück und fand neben diesem Briefe schon einen andern von dem Collecteur vor, worin derselbe ihm anzeigte, daß die Ziehung gewesen, und daß auf jenes Loos der Hauptgewinn gefallen sei. Herr von Kampe ließ darauf seinen Antheil durch den Collecteur erheben und sich in Wechseln übermachen. Erst nach einiger Zeit erfuhr der Collecteur zufälliger Weise den angegebenen Sachverhalt und glaubt darauf einen Anspruch auf Heraus= gabe des Gewinnes seinerseits stützen zu können. An welche Klage ließe sich denken, und hat Stern Aussicht auf Erfolg? Er macht für sich geltend, daß sein Gegner seine Offerte zu spät acceptirt habe, es sei ihm als äußerste Frist zur Erklärung eine Woche gesetzt gewesen, während derselbe erst 3 bis 4 Wochen später seine Annahme des Looses erklärt habe. Kampe behauptet, 1) einer ausdrücklichen Acceptation habe es hier gar nicht bedurft, indem Stern die Nichtzurücksendung des Looses innerhalb 8 Tagen als Annahme desselben habe betrachtet wissen wollen, er halte ihn beim Worte; 2) wenn es aber einer rechtzeitigen Acceptation seinerseits bedürfen sollte, so liege die= selbe darin, daß er sofort nach seiner Rückkunft von der Reise dem Stern geschrieben habe; vorher habe er dies doch nicht thun können, da er ja von nichts gewußt habe. Die Urgirung der mangelnden Rechtzeitigkeit der Acceptation, eines lediglich formellen Moments, sei von Seiten des Gegners eine reine Chicane, die er durch die exc. doli zurückweise; schlimmsten Falls suche er um restitutio propter absentiam nach, da er lediglich durch Abwesenheit an der umgehenden Acceptation verhindert worden sei.

XVIII.

Der Gutsbesitzer Haberland hatte bei der Kreditanstalt zu X ein Kapital von 20,000 Thlrn. zu 5 Procent zur ersten Hypothek auf sein Gut nachgesucht und zum 1. Oct. 1860 bewilligt erhalten und zwar mit der Beschränkung, daß er das Kapital innerhalb der ersten 3 Jahre nicht kündigen dürfe. Inzwischen gelang es ihm, sich das Kapital zu $4\frac{1}{2}$ Procent auf anderem Wege zu verschaffen, und er zeigte der Direction der Kreditanstalt zeitig an, nämlich noch im Laufe des Monats August, daß er das Kapital nicht nöthig habe und die Creditanstalt ihrer Verpflichtung entbinde. Die Direction antwortete ihm darauf, daß es sich bei der früher zwischen ihm und ihr getroffenen Vereinbarung nicht um einseitigen Anspruch seinerseits auf Ueberlassung des Kapitals, sondern zugleich um ein Engagement seinerseits handle; er habe sich verpflichtet, das Kapital zur ersten Hypothek auf sein Gut zu nehmen und mit 5 Procent zu verzinsen und mindestens 3 Jahre darauf stehen zu lassen, und die Kreditanstalt habe ein Interesse daran, daß dieser Vertrag zur Ausführung gelange. Haberland bestreitet dies und hält sich zu nichts verpflichtet.

So sieht sich die Kreditanstalt genöthigt, zu klagen. Die Klage ist gerichtet auf Erfüllung des obigen Vertrages, d. h. auf Annahme des Kapitals gegen Bestellung der verabredeten Sicherheit und auf Verzinsung vom 1. Oct. 1860.

Der Beklagte setzte der Klage die Einrede der Abgeschmacktheit entgegen. Bei dem Darlehn sei der Empfänger, nicht der Geber interessirt; jenen zur Annahme eines ihm versprochenen Darlehns zu zwingen, sei um nichts besser, als gegen den Beſchenkten eine Klage auf Annahme des Geſchenkes zu ſtatuiren; beneficia non obtruduntur. Ueberall, wo ein Rechtsgeſchäft lediglich das Intereſſe des einen Theils zum Gegenſtande habe, wie z. B. das Depoſitum und Mandat, das des Deponenten und Mandanten, hänge es von dieſem ab, ob daſſelbe, wenn bloß verabredet, zur Ausführung gelangen, oder, wenn bereits ausgeführt, wieder aufgelöſt werden ſolle; der Widerſpruch des Gegners hiergegen werde gar nicht beachtet, weil er an dem Geſchäft, das lediglich das Intereſſe des andern Theils zum Gegenſtand habe, rechtlich kein eignes Intereſſe haben ſolle.

Das römiſche Recht erkenne, wie nicht anders zu erwarten, dieſen allein verſtändigen Geſichtspunkt ausdrücklich an.

l. 30 de R. Cr. (12. 1): Qui pecuniam creditam ac-
cepturus spopondit creditori futuro, in potestate
habet ne accipiendo se obstringat.

Angenommen aber, Klägerin habe eine Klage, ſo könne die-
ſelbe doch nach bekannten Grundſätzen nur auf Leiſtung des Intereſſes gerichtet werden, dieſes aber beſtehe hier nicht in der Ausführung des Geſchäfts — Klägerin könne es völlig einerlei ſein, ob Beklagter oder ein Anderer die 20,000 Thlr. übernehme — ſondern in der Leiſtung der etwaigen Differenz in den Zinſen, wenn Klägerin das Kapital nicht zu 5 Procent, ſondern nur zu $4\frac{1}{2}$ oder 4 Procent unterbringen könne. Denn daß ſie überhaupt das Kapital nicht verzinslich anlegen könne, ſei eine Eventualität, die man bei einer Kreditanſtalt gar nicht in ernſtliche Erwägung zu nehmen brauche. Er warte daher den Beweis Seitens der Klägerin ab, daß es ihr unmöglich geweſen ſei, das obige Kapital hier am Orte oder anderwärts (denn wer ſage, daß Kapitalien bloß am Orte verliehen werden müßten?) zu 5 Procent, beziehungsweiſe nur zu $4\frac{99}{100}$, $\frac{98}{100}$,

Jhering, Civilrechtsfälle. 6. Aufl. 4

$^{97}/_{100}$ ober wie viel weniger auszuleihen; nur die Differenz zwischen diesen beiden Zinsfätzen werde er im ungünstigsten Fall zu vergüten haben.

XIX.

Die B . . sche Dampfschifffahrts-Compagnie hatte in allen deutschen Blättern bekannt machen lassen, daß während der Sommerzeit alle 14 Tage ein Dampfschiff von B. nach New-York abgehen werde, und zugleich die Tage angegeben, an denen dies im Laufe des Sommers geschehen solle. Zu der am 7. Juli angesetzten Ueberfahrt finden sich zu wenig Passagiere, und die Compagnie beschließt, aus diesem Grunde diese Fahrt ausfallen zu lassen. Die Folge davon ist, daß nicht weniger als 33 Personen, welche sich im Vertrauen auf die Ankündigungen, der Gesellschaft gegen den 7. Juli in B. eingefunden haben, 14 Tage am Ort zurückbleiben müssen, und es ist voraus zu sehen, daß sie durch die Wortbrüchigkeit der Gesellschaft in bedeutende Kosten versetzt werden. Sie wollen sofort gegen die Gesellschaft Klage erheben und übertragen die Sache einem dortigen Advocaten.

Dieser hat die Klage sofort angestellt und im Ganzen die Summe von 2310 Thlrn. gefordert, indem er für jede Person täglich 5 Thlr. Zehrungs- und Versäumnißkosten berechnet hat. Unter jenen 33 Personen befinden sich mehrere Bauern nebst ihren Frauen und Kindern, im Ganzen 25 Personen, die übrigen 8 sind 2 Commis, 2 Handwerker, ein Doctor der Medicin, ein Missionär und eine junge Dame nebst ihrem Kammermädchen. Die meisten von diesen Personen haben bisher in einem Wirthshause letzter Klasse logirt, mehrere von ihnen gehen jetzt aber, wo sie auf Kosten der Gesellschaft leben zu können glauben, in ein

besseres, die übrigen fangen wenigstens an in ihrem bisherigen
Gasthofe auf einem weit besseren Fuße zu leben, als bisher.
Dringende Geschäfte hatte außer den beiden Commis Niemand.
Nur der Missionär erleidet durch den Verzug den Nachtheil, daß
er dadurch einen ihn sehr interessirenden religiösen Convent in
Washington versäumt; er versichert den Advocaten, daß er auf
die Theilnahme an demselben nicht für 100 Thlr. verzichtet haben
würde. Die junge Dame leidet am meisten unter dem Verzuge,
indem sie mit ihrem Bräutigam in New-York ausgemacht hat,
daß die Hochzeit im Anfang August stattfinden, und sie
dieserhalb am 7. Juli von B. abreisen solle. Sie fürchtet vor
Allem, daß er sich der Besorgniß hingebe, daß auch das Dampfschiff Schiffbruch gelitten habe, sodann würde ihm die Verspätung
der Hochzeit gewiß manche Kosten machen. Was ist von den
Klagen zu halten?

XX.

Ein Buchhändler in X. wünscht ein Gutachten über
folgende Frage. Er sei, theilt er uns mit, für die übrigen Buchhändler am Platze ein Gegenstand des Neides und Hasses,
weil er den Käufern 5 Procent mehr Rabatt gebe als sie, und
sich dadurch einen bedeutenden Absatz verschafft habe. Neulich
seien bei ihm mehrere Exemplare von einem Werke bestellt,
welches bei der dortigen Z'schen Buchhandlung erschienen sei. Er
habe sich dieselben von dieser Buchhandlung gegen Baarzahlung
und üblichen Rabatt ausgebeten, allein sie seien ihm von derselben verweigert. Er wünscht jetzt ein Gutachten von uns über
die Frage, ob diese nicht juristisch verpflichtet ist, ihm das
Werk wenigstens zu denselben Bedingungen, wofür sie es den
Nicht-Buchhändlern verkauft, abzulassen. Sie habe bei dem Erscheinen desselben in den Zeitungen bekannt gemacht, daß es bei

4*

ihr für 2 Thlr., und bei Baarzahlung mit 10 Procent Rabatt zu haben sei.

Ist in dieser Ankündigung nicht eine Auslobung zu erblicken, für die es bekanntlich genügt, daß sie von der andern Seite angenommen wird?

XXI.

Der Schreiber Ramsau hatte sich bei dem Schneidner Kistner einen vollständigen Anzug zu 25 Thlr. bestellt, und dieser hatte denselben nebst der Rechnung in der Abwesenheit des Bestellers seiner Hauswirthin eingehändigt. Da Ramsau beim Anprobiren manches auszusetzen fand, so ließ er den Schneider zu sich kommen und gab ihm die Kleidungsstücke zur Abänderung zurück. Dieser änderte sie, kündigte aber dem Ramsau an, daß er sie nicht eher wieder ausliefern würde, bis er Zahlung erhalten habe. Ramsau legt dem Advocaten, bei dem er abschreibt, die Frage vor: ob er den Schneider zwingen könne, ihm die Kleider auch ohne vorher geleistete Zahlung wieder herauszugeben. Er meint, der Schneider habe ihm die Sache einmal tradirt, dürfe ihm mithin sein Eigenthum nicht mehr vorenthalten. Er entsinne sich auch eines ganz ähnlichen Falles, in dem das Gericht in diesem Sinne entschieden habe. Der Advocat Lange habe von dem Uhrmacher Klein eine goldene Repetir-Uhr gekauft, ohne ihm sofortige Zahlung zu leisten. Ein halbes Jahr später habe er beim Aufziehen die Feder abgedreht und die Uhr dem Uhrmacher zur Reparatur übergeben. Dieser habe dann sie gleichfalls nicht eher zurückgeben wollen, bis er Zahlung erhalten habe, sei aber von Lange auf Herausgabe belangt und vom Gericht gegen vorherige Zahlung der Reparaturkosten und unter Verwerfung aller Einreden zur Herausgabe verurtheilt worden.

Der Advocat belehrt ihn aber, daß der Schneider wegen

connexer Forberungen das Retentionsrecht ausüben könne, und daß in bem angeführten Falle falsch entschieden sei. Ist bies richtig?

XXII.

Das in der Albrechtsstraße zu Z. gelegene Haus Nr. 306 gehörte bem Dr. Meier, das links an basselbe stoßende Nr. 305 bem Hofrath Salzmann, das an ber rechten Seite gelegene Nr. 307 bem Senator Wenzel. Meier ließ auf seinem Hofe ein Hintergebäude aufführen und zwar an einer Stelle, welche von brei Gärten begrenzt wurde, nämlich links und rechts von benen seiner beiden genannten nächsten Nachbarn, hinten von bem bes Kaufmanns Backhaus.

Wie nun Meier in der zweiten Etage bieses Gebäudes, bessen Erbgeschoß von der Gartenmauer verdeckt wurde, Fenster nach ben brei bezeichneten Seiten anlegte, prostetirten bagegen ber Senator Wenzel und ber Hofrath Salzmann, indem sie eine Servitut bieses Inhalts in Anspruch nahmen. Da die Sache zweifelhaft erschien, so verstanden sich beide zu einem Vergleich, mittelst bessen sie ihre Ansprüche fallen ließen, und zwar der Senator Wenzel gegen Zahlung von 100 Thlrn., ber Hofrath Salzmann aber gegen Abtretung eines kleinen Theiles von Meier's Garten. So legte bieser benn das Gebäude nach bem angegebenen Plane an. Es traten aber balb nachher verschiebene Umstände ein, welche einen neuen Streit herbeiführten. Zunächst nämlich entschied sich ein langjähriger Proceß, welchen ber Senator Wenzel mit ben Geschwistern seiner verstorbenen Ehefrau um beren Erbschaft geführt hatte, bahin, baß Wenzel zur Herausgabe ihres gesammten Nachlasses verurtheilt wurde. Zu bemselben gehörte unter andern auch bas von ihm bewohnte Haus Nr. 307. Es wurde ferner ein Document aufgefunden, woraus hervorging, daß auf dem Grundstück des Dr. Meier allerdings die obige Servitut ruhe, daß dieselbe aber nicht seinen beiden Hausnachbarn zustehe, sondern dem Kaufmann Backhaus als Eigenthümer des angrenzenden Gartens. Endlich — und dies macht die Sache besonders schwierig — hat der Hofrath Salzmann diesen Backhaus'schen Garten acquirirt und mit dem seinigen verbunden. Er ist jetzt als Eigenthümer desselben mit der act. confessoria gegen den Dr. Meier aufgetreten. Betrachten wir nun

1. diese Klage. a) Daß die Servitut dem Grundstück wirklich zusteht, wird vom Beklagten nicht bestritten, allein er bringt darauf, den Kläger dennoch abzuweisen, weil derselbe in jenem Vergleich alle seine etwaigen Ansprüche aufgegeben habe. Es heiße im Vergleich ganz allgemein: „alle etwaigen Ansprüche", nicht bloß diejenigen, die er als Eigenthümer des Hauses Nr. 305 erheben könne. b) Auch abgesehen von dieser Interpretation komme man zu demselben Resultat durch die exceptio doli. Es sei ein dolus, daß der Kläger, der zur Zeit des Vergleichs dem Beklagten das Recht, Fenster anzulegen, gar nicht habe verleihen können, jetzt, wo ihm dies inzwischen möglich geworden sei, auf die Unwirksamkeit jenes ersten Vertrages sich berufe, um so sein eigenes Factum anzufechten. Die Unstatthaftigkeit eines solchen Verfahrens hätten die Römer bekanntlich in manchen Anwendungen ausgesprochen z. B. für den Fall, daß Jemand, der eine ihm nicht gehörige Sache verkauft, später aber den wahren Eigenthümer beerbt habe, sie vom Käufer eviuciren wolle.

l. 72 de R. V. (6. 1).

l. 2 de exc. rei vend. (21. 3).

l. 4 § 32 de doli exc. (44. 4).

Sodann würde er, Beklagter, gegen den Kläger wenigstens einen persönlichen Anspruch aus dem Grunde haben, weil

dieſer das ihm, dem Kläger, garantirte Recht, Fenſter anzu=
legen, in der That nicht auf ihn übertragen habe. Es liege
hier ein Tauſchcontract vor; von der einen Seite habe das
Eigenthum an einem Grundſtück, von der andern Seite die
Freiheit von einer Servitut beſtellt werden ſollen. Da dies
nicht gewährt worden ſei, ſo habe er, Beklagter, die Wahl, ob er
mit der condictio ob causam datorum das von ſeiner Seite
Gegebene zurückfordern oder mit der actio praescriptis verbis
auf Erfüllung des Contractes, d. h. auf Leiſtung des Intereſſes
klagen wolle, und eventualiter beabſichtige er in Form einer
Widerklage dies zu thun; ſollte er mit dieſem Antrage nicht
durchbringen, jenes.

2. Kann der Dr. Meier von dem Senator Wenzel die
100 Thlr. zurückfordern? Dieſer ſtellt dies in Abrede, weil
er erbötig ſei. ſein gegen Zahlung jener Summe gegebenes Ver=
ſprechen zu halten, nämlich die fragliche Servitut nie mehr in
Anſpruch zu nehmen.

3. Können die Geſchwiſter der verſtorbenen Senatorin
Wenzel als die wahren Erben derſelben jenen von ihrem
Schwager als bisherigem possessor hereditatis geſchloſſenen
Vertrag genehmigen und dadurch den bewandten Umſtänden nach
ohne irgend eine Gegenleiſtung die ihm vergleichsweiſe gezahlten
100 Thlr. erhalten? Sie machen das Princip geltend: in
hereditatis petitione omne lucrum possessori auferen-
dum esse.

XXIII.

Der Schneider Brand in Göttingen hatte für den daſelbſt
ſtudirenden Dr. med. Willmanns aus Caſſel im Laufe eines
Jahres von Oſtern 1840 bis dahin 1841 für 58 Thlr.
Kleidungsſtücke angefertigt, ohne von ihm Zahlung zu erhalten.

Durch Bitten und Versprechungen hatte dieser seinen Gläubiger bestimmt, ihn, so lange er in Göttingen studire, weder zu verklagen, noch auch bei seinem Abgange von der Universität sein Zeugniß zu belegen. Ja, der Schneider hatte ihm einen kurz vor seiner Exmatriculation bestellten schwarzen Frackrock noch am Tage seiner Abreise abgeliefert, ungeachtet Willmanns ihm bei der Bestellung angezeigt hatte, daß er der Bezahlung erst von Cassel aus entgegensehen könne. Willmanns versprach vierteljährlich 10 Thlr. zu zahlen, hielt aber gleich am ersten Termin sein Versprechen nicht inne. Gemahnt vom Schneider, entschuldigte er sich mit seiner Geldnoth und versprach am nächsten Termin 20 Thlr. Da er auch diesmal nicht Wort hielt und auf mehrfache Mahnungen des Schneiders keine Antwort gab, so sah dieser sich gezwungen, ihn zu verklagen.

Der Beklagte gesteht die Schuld ein, beruft sich aber auf das Göttinger Kredit-Edict, worin bestimmt ist, daß die Forderungen der Schneider wegen gelieferter Schneiderarbeit gegen einen Studenten nur bis zu dem Betrage von 24 Thlrn. klagbar sein sollen.

Im Laufe der Verhandlungen sind verschiedene Fragen zur Sprache gebracht. Wir stellen dieselben hier zur Beantwortung zusammen:

1. Kann das Kredit-Edict auch von dem auswärtigen Richter zur Anwendung gebracht werden? Der Schneider leugnet dies, indem er behauptet, daß dasselbe nur eine Instruction für den Universitäts-Richter sei und sich nur auf Studenten beziehe. Nur so lange man Student sei, könne man es geltend machen; habe man als solcher einmal Gebrauch davon gemacht, so könne freilich der Ueberschuß später nie vom Gläubiger mehr eingeklagt werden, weil er zu einer Zeit, wo dem Antrage der Partei noch Folge gegeben werden mußte, vom competenten Richter

förmlich caſſirt worden ſei. Später hingegen und vor einem
andern Forum könne eine ſolche Caſſation nicht vorgenommen
werden. Eine Analogie biete das römiſche Gerichtsverfahren dar.
Wenn bei einer Klage eine exceptio auf Antrag des Beklagten
vom Prätor in die Formel aufgenommen worden ſei, ſo habe
der Richter dieſelbe freilich berückſichtigen müſſen. Habe der Beklagte aber zur rechten Zeit, d. h. ſo lange die Verhandlungen
vor dem Prätor noch nicht geſchloſſen geweſen, von dem ihm
zuſtehenden Recht, die Aufnahme der exceptio in die Formel
zu erwirken, keinen Gebrauch gemacht, ſo habe der Richter dem
zum Fundament einer exceptio geeigneten Factum keinen Einfluß
verſtatten dürfen. Aehnlich ſei es mit der Einrede des Krebit=
Ebicts. Das Univerſitätsgericht ſei allein befugt, über ſie zu
erkennen. Dies werde zwar nicht ausdrücklich im Geſetz geſagt,
allein es liege in dem Zwecke deſſelben. Es ſei nämlich erlaſſen
im Intereſſe der Studenten, um dieſelben gegen Ueberſchuldung
zu ſichern. Es könne aber unmöglich als Abſicht des Geſetzgebers
angenommen werden, daß dies Privilegium noch nach beendigten
Univerſitäts=Jahren eine nachwirkende Kraft für das ganze Leben
der ehemaligen Studenten ausüben ſolle. Dazu komme noch,
daß Privilegien möglichſt ſtrikt zu interpretiren ſeien. Für den
gegenwärtigen Rechtsſtreit ſeien alle Zweifel dadurch beſeitigt,
daß derſelbe von einem ausländiſchen Richter geführt werde,
aber für dieſen könnten Privilegien, die in einer ausländiſchen
Geſetzgebung ihren Grund hätten und der einheimiſchen wider=
ſtritten, keine Geltung beanſpruchen.

2. Wenn das Krebit=Ebict überhaupt Anwendung findet,
beſchränkt es ſich dann bloß auf die dem Beklagten vor ſeiner Ex=
matriculation gelieferten Kleidungsſtücke zum Betrage von 40 Thlrn.
und erleidet es keine Anwendung auf den erſt nach jenem Zeit=
punkt abgelieferten vom Kläger mit 18 Thlrn. angeſetzten Frad=

rod, oder werden von der Gesammtsumme von 58 Thlrn. dem
Kläger nur 24 zugesprochen? Dieser behauptet natürlich jenes,
indem er sich darauf stützt, daß das Credit-Edict erlassen sei für
Studenten, diese Qualität beginne mit der Immatriculation und
höre auf mit der Exmatriculation. Der Rock sei aber erst nach
der Exmatriculation abgeliefert, mithin an einen Nicht-Studenten,
die Forderung unterliege demnach nicht dem Krebit-Edict. Von
gegnerischer Seite ist darauf erwidert, daß die Forderung des
Klägers nicht erst durch die Ablieferung des Rockes, sondern
schon durch Annahme der Bestellung, mithin zu einer Zeit entstanden
sei, wo der Beklagte noch nicht aufgehört habe Student zu sein.
Der Kaufcontract, und dies gelte von jedem andern Consensual-
contract, werde perfect mit dem Consense, nicht erst durch
Leistung von einer der beiden Theile, mithin sei die Forderung des
Klägers, die actio venditi, bereits entstanden mit der Bestellung.
Die Richtigkeit dieser Ansicht werde bestätigt durch l. 3 § 2 de
minor. (4. 4).

Der Kläger bestreitet dies, indem er auf die exceptio non
adimpleti contractus verweist. Vor der Erfüllung von Seiten
des Verkäufers könne die act. venditi nicht mit Erfolg angestellt werden, indem sie durch die genannte exceptio elibirt
werde. Im gegenwärtigen Fall sein, des Klägers Anspruch,
erst in dem Augenblick der Ablieferung von seiner Seite
entstanden, mithin zu einem Zeitpunkt, wo der Beklagte schon
nicht mehr Student gewesen sei. Aber auf die Frage: wann
die Forderung entstanden sei, komme es gar nicht einmal
an, entscheidend sei lediglich die: in welchem Augenblick Krebit
gegeben sei. Denn das Krebit-Edict betreffe nicht sowohl das
Contrahiren obligatorischer Verhältnisse mit Studenten,
als vielmehr das Krebiren an dieselben. Daß von einem
Krebitgeben aber erst die Rede sein könne, nachdem der Kläger

seinerseits geliefert habe, bedürfe keiner Bemerkung. Der Beklagte bestreitet dies, weil er dem Kläger schon bei der Bestellung des Rocks angezeigt habe, daß er erst von Cassel aus zahlen werde, worauf dieser ihm trotzdem den Rock und damit stillschweigend auch Krebit versprochen habe.

3. Ist die gesammte Forderung des Klägers von 58 Thlrn., wenn sie gleich von Hause aus dem Krebit=Edict unterliegen sollte, nicht durch spätere Facta demselben entzogen? Der Beklagte hat, wie ihm am Tage seiner Abreise von Göttingen der Rock gebracht wurde, dem Kläger die Versicherung gegeben, er wolle ihm im Lauf von $1\frac{1}{2}$ Jahren Alles, was er ihm schulde, bezahlen. Der Kläger findet hierin einen Verzicht auf das Krebit=Edict ausgesprochen, der Beklagte hält jenes Versprechen aus einem dreifachen Grunde für irrelevant. Erstens nämlich, weil der Ausdruck: „was er ihm schulde" sich nur auf die 24 Thlr. beziehe, auf deren Zahlung er nach dem Krebit=Edict verurtheilt werden könnte, denn nur diese schulde er ihm juristisch. Wenn irgend ein Zweifel darüber obwalten könne, so müsse man sich nach der Regel der l. 9 de R. J. (50. 17): Semper in obscuris quod minimum est sequimur für diese Ansicht entscheiden. Zweitens würde das Versprechen, selbst wenn es unzweideutig auf die ganze Summe gerichtet gewesen wäre, aus dem Grunde keine Wirkungen haben, weil das Krebit=Edict ein absolutes Prohibitiv= Gesetz sei, dem gegenüber eine entgegengesetzte Vereinbarung der Parteien ebenso unwirksam sei, wie z. B. den Gesetzen über Zinsmaximum gegenüber. Drittens setze sowohl das constitutum als die novatio mindestens eine obligatio naturalis voraus, von einer solchen könne aber hier nicht die Rede sein.

4. Kann der Kläger sofortige Zahlung verlangen oder, wie der Beklagte will, bloß vierteljährliche Zahlung von 10 Thlrn.?

Das Factum, worauf es hier ankommt, ist oben mitgetheilt. Der Beklagte hatte im letzten halben Jahr seines Aufenthaltes in Göttingen dem Kläger erklärt, er sehe sich außer Stande, ihn sofort zu befriedigen, verspreche ihm aber von Cassel aus vierteljährlich 10 Thlr. zu schicken. Der Kläger räumt ein, daß er ihm den Zahlungsaufschub gewährt habe, er habe aber hinzugefügt: Willmanns müsse dann auch Wort halten, er, der Kläger, verlasse sich fest auf ihn. Darin liege die Hinzufügung einer Bedingung, da diese aber vom Beklagten nicht erfüllt worden sei, so sei auch er an der Innehaltung der einzelnen Zahlungstermine nicht mehr gebunden, sondern könne sofort die ganze Schuld einklagen.

5. Kann der Kläger, wenn er nur 24 Thlr. zuerkannt erhalten sollte, nicht den Tuchhändler, von dem er den Stoff bezogen hat, veranlassen, den Beklagten auf den noch übrigen Betrag in Anspruch zu nehmen? Sein Rechtsanwalt meint, daß sich eine solche Klage möglicher Weise auf doppeltem Wege begründen lasse.

a) Willmanns habe Brandt den Auftrag ertheilt, mit X zu contrahiren, indem er sich aus dessen ihm von jenem vorgelegten Probenbuche diejenigen Sorten Tuch und Westenzeug ausgesucht habe, die der Schneider für ihn habe verarbeiten sollen. Durch Vermittelung Brandt's habe Willmanns mit X einen Kaufcontract über das Tuch abgeschlossen, diesem stehe also gegen ihn die act. venditi quasi institoria zu.

b) Sei die act. de in rem verso utilis möglich. Willmanns sei nämlich durch den von Brandt mit dem X abgeschlossenen Vertrag ex re des letzteren bereichert worden; dieser Gesichtspunkt sei vom Göttinger Universitätsgericht schon in manchen ähnlichen Fällen zur Anwendung gebracht worden.

XXIV.

Der Conrector Simmring hatte bisher bei dem Handschuh=
macher Babe im ersten Stock seines Hauses zur Miethe gewohnt,
war dann aber, ohne seine Miethszeit auszuhalten, ausgezogen,
nachdem es ihm gelungen war, in dem Capellmeister Stefan
Jemanden zu finden, der mit der Zustimmung des Vermiethers
in den laufenden Miethcontract eintrat. Schon vorher hatte
dieser sein Haus dem Particulier Kleinschmidt verkauft, und
die Eigenthumsübertragung des Hauses und der Auszug des Ver=
käufers und der Einzug des Käufers erfolgten fast gleichzeitig mit
dem Wechsel der Miethspartei. Zwischen Simmring und Klein=
schmidt bestand eine vieljährliche Spannung, und unbedeutende
Differenzen in Bezug auf die jenem aus seinem Mieths=
verhältnisse obliegenden Verbindlichkeiten führten zwischen beiden
zu einem erbitterten Proceß, von dem hier zwei Streitpunkte
mitgetheilt werden sollen.

1. In § 9 des von Simmring mit Babe abgeschlossenen
Miethscontractes heißt es: „auch ist Miether verpflichtet, bei
seinem Auszuge Küche und Speisekammer weißen zu lassen".
Simmring hat dies bei seinem Auszuge unterlassen, weil sein
Nachfolger in der Wohnung nicht darauf bestand, Kläger aber
verlangt jetzt die Ausführung dieser Bestimmung. Hat er ein
Recht dazu? Simmring hat seine Weigerung bisher vorzugsweise
darauf gestützt, daß er das Weißen „bei seinem Auszuge" vor=
nehmen zu lassen habe, daß er aber von keiner Seite dazu auf=
gefordert worden sei, weder von seinem Nachfolger, noch von seinem
Miethsherrn, noch vom Kläger. Die Aufforderung des letzteren
würde übrigens für ihn auch gar keine Bedeutung gehabt haben,
da ein Miethsverhältniß zwischen ihnen nicht bestanden habe.
Kläger bemerkt in Bezug auf diesen Punkt, daß Babe bereits vor

dem Beklagten ausgezogen, und er selber gleichzeitig eingezogen sei, da Beklagter aber erst am folgenden Tage seinen Auszug bewerkstelligt habe, so habe er noch einen Tag in f e i n e m, des Klägers Hause zur Miethe gewohnt. Damit sei das Miethsver= hältniß activ mit allen Ansprüchen auf ihn übergegangen. Eventuell könne man eine stillschweigende Cession der Ansprüche des ursprünglichen Vermiethers annehmen, da dieser ihm dazu verpflichtet gewesen sei, das neuere römische Recht aber bekannt= lich da, wo eine Verpflichtung zur Cession existire, eine act. utilis gewähre.

2. Beklagter habe sich einen zweiten Hausthürschlüssel machen lassen und denselben weder an den neuen Miether, noch an ihn abgeliefert. Da derselbe eine Pertinenz des Hauses bilde, so gehöre er ihm, dem Kläger, als jetzigem Eigenthümer des Hauses und vindicire er denselben, eventuell verbinde er mit der Vindi= cation noch die condictio sine causa. Die causa, welche den Beklagten berechtigt habe, sich den Hausschlüssel anfertigen zu lassen, habe in seinem Miethsverhältniß gelegen; gegenwärtig habe er weder ein Interesse, noch ein Recht, denselben zu besitzen.

Beklagter setzt dieser Behauptung die des eigenen Eigen= thums am Schlüssel entgegen. Ob derselbe einen Werth für ihn habe oder nicht, darauf komme nichts an, das Eigenthum und dessen Schutz sei von der Interessenfrage völlig unabhängig. Wolle Kläger aber den Schlüssel zu seinem Hause nicht in fremden Händen dulden, so möge er das Schloß ändern lassen. Sollte Beklagter wider Erwarten zur Herausgabe des Schlüssels ver= urtheilt werden, so könne er nach Grundsätzen der negotiorum gestio oder der impensae necessariae ersetzt verlangen, was er ihn gekostet habe. Kläger will sich dazu nicht ver= stehen; Beklagter könne für den Schlüssel nicht mehr verlangen, als was er ihm gegenwärtig noch werth sei, d. h. lediglich den

Eisenwerth, und den wolle Kläger, wenn ihm daran liege, bereitwillig zahlen.

XXV.

Der bei dem Bierwirth Braun aufwartende Kellner Knobbe ward von einem Fremden, der sich ein Glas Bier hatte geben lassen, ersucht, ihm einen Sack aufzubewahren, den er am folgenden Tage abholen lassen werde. Der Kellner wies ihm in einem Nebenzimmer, worin ein ihm unbekannter Gast saß, einen Platz in der Ecke an, worin er seinen Sack setzen könne. Er setzte den Sack dort hin und bemerkte dem Kellner, er heiße Karsten und werde morgen Jemanden schicken, um den Sack ab= zuholen. Am folgenden Tage kam der Fremde, welcher diese Worte mit angehört hatte, und bat sich für den Karsten den Sack aus, welchen der Kellner ihm auch gab. Zwei Tage später erscheint der Deponent persönlich, um den Sack wieder in Empfang zu nehmen, hört aber, daß derselbe bereits in seinem Namen abgeholt worden sei. Da er in Abrede stellt, irgend Jemandem dazu einen Auftrag ertheilt zu haben, so will er mit der act. de recepto oder einer andern Klage, z. B. der actio depositi den Braun auf Entschädigung belangen. Hat er einen Anspruch?

XXVI.

Davidsohn hatte bei dem Bäcker Arndts 10 Säcke à 4 Scheffel mit Weizenmehl stehen, wofür er wöchentlich einen halben Gulden Lagergeld bezahlen mußte. Schon öfters hatte er den Arndts gebeten, er möge ihm das Mehl abnehmen, und ihm ange= boten, er könne es jederzeit zu dem jeweiligen Marktpreise für seine Bäckerei benutzen, allein dieser hatte die Offerte vor der Hand noch abgelehnt. Da aber Davidsohn stets in ihn brang, so machte er am 15. Juli mit einem Sacke die Probe und verbrauchte dann vom 17. bis zum 30. Juli noch 5 Säcke für sein Geschäft. Wie nun Davidsohn am Ende des Monats wie gewöhnlich sich einstellte, um die zwei Gulden Lagergeld zu entrichten, und Arndts dieselben angenommen hatte, theilte dieser ihm das angegebene Factum mit, worauf Jener erwiderte: es sei ihm jetzt nicht mehr damit gedient, er habe schon einen Käufer gefunden und wolle die vier Säcke abholen lassen. Uebrigens bleibe es hinsichtlich der von Arndts benutzten 6 Säcke bei dem ausgemachten Preise, b. h. dem gegenwärtigen Marktpreise des Weizens, der augenblicklich mit dem Mahlgelde 3 Gulden 30 Kreuzer für den Scheffel betrage. Arndts wollte sich hierzu nicht verstehen, indem er behauptete, daß ihm der frühere Marktpreis zu Gute komme, ja daß er das Recht habe und ausüben wolle, die noch übrigen 4 Säcke gleichfalls zu demselben Preise zu behalten, da er sie als Gesammtheit für einen und denselben Preis an dem Tage acquirirt habe, als er durch Benutzen des ersten Sackes seinen Willen, sie zu behalten, thatsächlich an den Tag gelegt habe. Der Marktpreis betrug am 15. Juli 3 Gulden, am 17. Juli 3 Gulden 10 Kreuzer, am 23. stieg er wieder um 10 Kreuzer und am 28. gleichfalls.

Es fragt sich jetzt, wie der Preis bestimmt werden muß, ob, wie Davidsohn verlangt, für alle 10 Säcke der Marktpreis des 31. Juli zu Grunde zu legen ist, oder, wie Arndts will, der des 15. Juli oder vielleicht der jedesmalige Marktpreis des Tages, an dem Arndts die einzelnen Säcke in Benutzung genommen hat. Ist der Umstand, daß er sich das Lagergeld hat bezahlen lassen, für die rechtliche Beurtheilung des Falles von Einfluß?

XXVII.

Der Kaufmann Dämmling zu X hat ein Schiff mit unge=
löschtem Kalt nach Z abgeschidt. Unterwegs entzündet sich der
Kalt durch Hineinbringen von Wasser, und der Schiffer sieht
sich genöthigt, in den nächsten Hafen, in den zu A, einzulaufen
und daselbst das Schiff nebst Ladung an einer bestimmten ihm
vom Hafenmeister angewiesenen Stelle zu versenken. Dämmling
läßt darauf zu A eine Auction veranstalten, worin das Schiff
nebst Allem, was darauf befindlich, für 200 Thlr. dem Wasser=
baudirector Märtens zugeschlagen wird. Dieser unterläßt längere
Zeit die Anstalten zum Aufwinden des Schiffes zu treffen, und
wie er endlich damit beginnt, zeigt sich, daß das Holzwerk schon
so sehr vom süßen Wasser angegriffen ist, daß das Unternehmen
die kostspieligsten Vorrichtungen nöthig machen würde, was ihn
veranlaßt, gänzlich davon abzustehen. Der Magistrat der Stadt
A bringt aber auf die Herausnahme des Schiffs und läßt die=
selbe, da sie trotz mehrfacher Mahnung nicht erfolgt, auf Kosten
des Märtens bewerkstelligen. Der Magistrat verlangt jetzt von
letzterem die Erstattung der Kosten, derselbe weigert sich aber
aus folgenden Gründen. Man werde verpflichtet, sagt er, ent=
weder aus einem Delict oder einem Contract. Jenes liege
bei ihm jedenfalls nicht vor; ob der Schiffer, dem jenes Schiff
anvertraut gewesen sei, durch seine culpa die Entzündung des
Kalkes und die Versenkung des Schiffes herbeigeführt habe, gehe ihn
nichts an. Ein Contract liege gleichfalls nicht vor; er habe mit
dem Eigenthümer des Schiffes contrahirt, nicht mit dem Magistrat.
Dieser möge jenen in Anspruch nehmen.

1. Thut der Magistrat wohl daran, ihn zu belangen?

2. Kann er den Kaufmann Dämmling in Anspruch nehmen?
Dieser glaubt, aus einem doppelten Grunde nicht verpflichtet
zu sein,

a) weil es einem jeden Eigenthümer frei stehe, seine Sache zu derelinquiren. Selbst bei der cautio damni infecti, wo sogar ein gesetzlicher Anspruch auf Ausbesserung der schadhaften Sache bestehe, könne sich der Eigenthümer durch Dereliction der Sache dieser Verbindlichkeit entziehen.

l. 7 § 2 i. f. Damn. (inf. 39. 2): aut tollere aut totas aedes pro derelicto habere.

b) Wenn er aber je verpflichtet gewesen wäre, so sei er durch den Verkauf des Schiffes völlig befreit worden. Ihn ginge die Sache nichts mehr an, man solle sich an den Käufer halten; nöthigenfalls wolle er zu dem Zweck seine Klage gegen denselben cebiren.

3. Ist die Annahme des Verkäufers richtig, daß er den Käufer zur Herausnahme des Schiffes oder zur Erstattung der dadurch veranlaßten Kosten zwingen könne? Kann dieser sich nicht darauf berufen, daß er durch den Kauf lediglich berechtigt, nicht aber verpflichtet werde, die verkaufte Sache in Empfang zu nehmen, und daß er mit der Sache nicht zugleich diejenigen Verbindlichkeiten überkomme, die der Verkäufer durch irgend welche Vornahmen mit ihr vor dem Verkauf auf sich geladen habe?

XXVIII.

In X hatte sich im Jahre 1818 mit Erlaubniß der betreffenden Behörde unter dem Namen des Cäcilien-Vereins ein Gesangverein gebildet. Derselbe erwarb im Laufe der Jahre durch seine Concerte und den Beitritt vieler Mitglieder ein solches Vermögen, daß er einen besoldeten Director, den Capellmeister Kummer, anstellen und ein eignes Vereins-Local erbauen konnte. Im Jahre 1840 brachen über mehrere Punkte Uneinigkeiten zwischen den Mitgliedern aus, und 33 derselben gründeten im September dieses Jahres einen neuen Verein, den philharmonischen, ohne jedoch ihren Austritt dem Cäcilien-Verein anzuzeigen oder auf andere Weise an den Tag zu legen, als daß sie den Zusammenkünften desselben nicht mehr beiwohnten und für das neu beginnende Quartal vom October bis December den vierteljährlichen Beitrag nicht mehr entrichteten. Der Secretär der Gesellschaft, der statutenmäßig die Pflicht hatte, die in der Entrichtung ihres Beitrags säumigen Mitglieder zu mahnen, unterließ dies, weil er, so wie man es allgemein that, sie als ausgeschieden betrachtete. Es bildete sich aber im Schooße des Cäcilien-Vereins eine immer größere Spaltung und namentlich eine Opposition gegen den Director aus, und als sich die Oppositionspartei stark genug glaubte, trat sie bei der am Ende des Jahres stattfindenden Rechnungsablage mit einem Antrag hervor, der bestimmt war, sie des noch auf 5 Jahre engagirten Directors zu entledigen, nämlich mit dem Antrag, den Verein aufzulösen. Dieser Antrag ging mit 70 gegen 55 Stimmen durch — eine Majorität, die vornemlich dadurch bewirkt worden war, daß sämmtliche Mitglieder des philharmonischen Vereins sich zu dieser Versammlung eingefunden hatten und trotz des von dem Capellmeister Kummer und seiner Partei erhobenen Widerspruchs unter dem Vorgeben, daß sie ihren Austritt der Gesellschaft nicht angezeigt hätten, mithin Mitglieder geblieben seien, an den Verhandlungen und der Abstimmung Theil nahmen. Es wurde noch ein zweiter Antrag gestellt, nämlich der: es solle das ganze Vermögen des Cäcilien-Vereins dem philharmonischen geschenkt werden, jedoch unter der Verpflichtung die Schulden desselben zu übernehmen und diejenigen Mitglieder des Cäcilien-Vereins, welche für den ersten Antrag gestimmt hätten, ohne Ballotement und Eintrittsgeld in ihre Gesellschaft aufzunehmen. Auch dieser Antrag war mit derselben Majorität angenommen, und der Director des philharmonischen Vereins, der Dr. Busch, acceptirte jene Schenkung im Namen seiner Gesellschaft. In Gemäßheit dieser beiden Beschlüsse forderte dieser von dem Diener des Cäcilien-Vereins die Schlüssel zu dem Vereins-Local und erhielt dieselben gegen die Drohung, daß er widrigenfalls seines Dienstes entlassen werden würde. Da Kummer die Schlüssel zu den Schränken besaß, in denen sich die Musikalien, das Archiv und das sonstige Besitzthum des Cäcilien-Vereins befand, so ließ Dr. Busch am folgenden Tage die Schränke erbrechen und andere Schlösser daran setzen.

Kummer, welcher mit den übrigen 54 überstimmten Mitgliedern gegen die gefaßten Beschlüsse vergeblich protestirt hat und in Folge davon von ihnen zur Einleitung eines Rechtsstreites in ihrem Namen beauftragt ist, hat sich dieserhalb an einen Advocaten in X gewandt und ihm das Factum, wie wir es hier erzählt haben, nebst einem Exemplar der Statuten des Cäcilien-Vereins mitgetheilt. In diesen Statuten lautet

der § 18: „Wenn ein Mitglied auszutreten wünscht, so muß dasselbe es dem Director anzeigen; nur dadurch wird es von seiner Beitragsverbindlichkeit frei."

§ 19: „Wenn ein Mitglied den pränumerando zu zahlenden vierteljährlichen Beitrag im ersten Monate des Vierteljahres nicht entrichtet, so hat der Secretär das Recht und die Pflicht, den Säumigen zu mahnen. Erfolgt die Zahlung trotzdem nicht, so hat der Secretär es dem Vorstand anzuzeigen, welcher das Mitglied aus der Liste ausstreichen kann und den restirenden Beitrag gerichtlich beitreiben läßt."

§ 32: „Durch Austritt aus der Gesellschaft verliert Jeder seinen Antheil am Gesellschaftsvermögen."

Der Advocat ist so weit mit sich einig, daß der zweite Be=
schluß der Majorität unwirksam war, indem eine juristische Person
nach ihrer Auflösung keinen Beschluß mehr fassen könne, weil
sie nicht mehr existire. Dagegen ist er zweifelhaft darüber, mit
welcher Klage er seinen Clienten zu ihrem Rechte verhelfen solle,
er denkt an die Reivindicatio, Publiciana und actio vi
bonorum raptorum. Welche Klage führt ihn am sichersten
zum Ziel?

XXIX.

Auf dem Gute X sollten in Folge des Concurses ihres
jetzigen Eigenthümers an einem bestimmten Tage dessen Reit=
und Wagen=Pferde öffentlich meistbietend und gegen sofortige
baare Bezahlung verkauft werden. Der Cavallerie=Lieutenant
von Amelang in der benachbarten Stadt Z beabsichtigte, sich
das Reitpferd, genannt Lincolm, zu erstehen und wollte persönlich
an der Versteigerung Theil nehmen. Der Rittmeister Mylius
daselbst, welcher das Reitpferd, genannt Herzog von Wellington,
zu acquiriren wünschte, aber durch Krankheit verhindert war,
der Versteigerung beizuwohnen, ersuchte den Lieutenant, für ihn
auf jenes Pferd bis zu dem Betrage von 60 Louisd'or zu
bieten und händigte ihm diese Summe ein. Bei der Versteige=
rung ward das Pferd Lincolm zuerst zum Verkauf gebracht, die
Gebote überstiegen aber die vom Lieutenant, dafür ausgesetzte
Summe. Der Wellington ward auf 65 Louisd'or getrieben
und für diese Summe vom Lieutenant erstanden, der dieselbe
sogleich baar bezahlte und mit dem Pferde nach Hause ritt, in=
dem er das seinige auf dem Gute stehen ließ. Unterwegs ward
das Pferd scheu und warf den Reiter ab; er that einen so
schweren Fall, daß er nach wenig Stunden starb.

Das Pferd ward erst am folgenden Tage mehrere Meilen

weiter aufgefangen und dem in der dortigen Gegend wohnhaften Gutsbesitzer N. N. zugestellt. Dieser zog Erkundigungen über den Eigenthümer ein, allein erst nach einiger Zeit gelang es ihm, die gegenwärtigen Eigenthümer ausfindig zu machen. Es waren dies die zu gleichen Theilen zum Nachlaß des Lieutenants von Amelang berufenen Intestaterben desselben: der Major Kettler, die Hofräthin Braun und der Dr. Kiesewetter. Alle Drei hatten die Erbschaft angetreten. Der Major hat sich in ihrem Namen den Wellington bringen lassen und dem Gutsbesitzer N. N. für Auslagen an den Thierarzt, Futter u. s. w. 20 Thlr. gezahlt. Die Erben haben inzwischen erfahren, daß ihr Erblasser von dem Rittmeister Mylius den Auftrag erhalten hatte, den Wellington für ihn zu kaufen, und sind getheilter Ansicht darüber, was sie mit dem Pferde beginnen sollen.

Sie wünschen ein Gutachten über folgende Fragen:

I. Ob sie, wenn der Rittmeister das Pferd für 65 Louisd'or zu haben wünsche, es ihm zu geben schuldig seien? Ob es hinsichtlich dieser Frage von Einfluß sei, wenn der Lieutenant das Pferd mit den ihm in einem besonderen Beutel eingehändigten 60 Louisd'or des Rittmeisters und mit 5 von seinem eigenen Gelde bezahlt habe? Ob eine Ratihabition des Kaufs von Seiten des Rittmeisters in dem Fall ausgeschlossen sei, wenn der Lieutenant das Pferd ganz aus eigenem Gelde bezahlt habe? Wenn der Rittmeister aber überhaupt den Kauf genehmigen könne, ob er ihnen dann außer den 65 Louisd'or auch noch die 20 Thlr. erstatten müsse, oder dies unter dem Vorgeben, daß diese Ausgabe durch eine culpa des Lieutenants herbeigeführt sei, verweigern könne? Inwiefern der Lieutenant das Durchgehen des Pferdes und die in Folge desselben eingetretene Verletzung des Pferdes verschuldet hat, läßt sich nicht sagen, da bei jenem Vorfall keine Zeugen gegenwärtig waren. Sodann: ob darin, daß er sich zur Rückkehr statt seines eigenen Pferdes eines ihm unbekannten bedient habe, vielleicht eine culpa liege? Uebrigens leistete er im Reiten, was man von einem Kavallerie=Officier verlangen kann.

Zur Beantwortung dieser Fragen empfiehlt sich folgende Anordnung:

1. Wie ist zu entscheiden, wenn durch Zeugenaussagen fest=steht, daß Amelang das Pferd für den Mylius hat kaufen wollen in der Ueberzeugung, daß dieser die Ueberschreitung des Auftrages genehmigen werde?

2. Wie, wenn feststeht, daß er es für sich hat kaufen wollen?

3. Welcher von beiden Fällen ist anzunehmen, wenn es an Zeugenaussagen für die Absicht des Amelang fehlt; ist für diese Frage der Umstand von Einfluß, mit welchem Gelde er den Kaufpreis bezahlt hat?

4. Müssen auch die 20 Thlr. bezahlt werden?

II. Ob der Rittmeister schlechthin (sowohl im obigen Fall 1 als 2) verpflichtet sei, das Pferd anzunehmen, wenn sie, die Erben, es ihm für den mandatsmäßigen Preis von 60 Louisd'or offerirten? Ob es (im Fall 3) von Einfluß sei, welche Geldstücke der Lieutenant für das Pferd gezahlt habe, seine eigenen oder die des Rittmeisters?

III. Der Major Kettler wünscht das Pferd dem Rittmeister nicht gegen seinen Willen aufzubringen, wohl aber die anderen beiden Erben. Können diese allein für ihren Theil eine Klage gegen ihn erheben?

XXX.

Der Kaufmann Sturm hat im Anfang des Jahres 1760 zu einer Zahlung 100 Friedrichsd'or nöthig und ersucht den Banquier Rother, ihm diese Summe gegen Courantgeld einzuwechseln. Dieser giebt ihm einen Beutel mit 200 Stück und fordert ihn auf, sich selbst daraus 100 auszusuchen; Sturm thut dies und bezahlt sie in Courant mit 14 Procent Agio.

Als er sie aber an einen Kaufmann in Amsterdam in Zahlung schickt, bekommt er sie von ihm zurück mit der Bemerkung, daß es neue 1759 gemünzte Friedrichsd'or wären, welche in Holland nur 8 holländische Gulden gälten. Auch von anderen Seiten erfährt er, daß diese Friedrichsd'or zu einem geringeren Werthe als die bisherigen ausgemünzt seien, nämlich nur zu 5 Thlr. Courant ohne Agio.

Er stellt jetzt eine Klage gegen den Banquier auf Aufhebung des geschlossenen Contracts und Leistung des Interesses an. Unter diesem Titel verlangt er die Kosten der Hin- und Rücksendung des Geldes und die Zinsen, die er dem Kaufmann in Amsterdam wegen verspäteter Zahlung hat leisten müssen. Er begründet seine Klage folgendermaßen. Die neuen Friedrichsd'or seien von den früheren, die mit 13 bis 15 Procent Agio bezahlt würden, in substantia verschieden. Da er, Kläger, dies nicht gewußt habe, so liege seinerseits ein error in substantia vor. Beklagter habe aber als Banquier die Beschaffenheit dieser Münze gekannt, sei also in dolo, mindestens in culpa gewesen, indem er den Kläger über seinen Irrthum nicht aufgeklärt habe, müsse mithin nach l. 45 de cont. emt. (18. 1) für den Schaden aufkommen.

Der Beklagte bestreitet die Existenz einer culpa auf seiner Seite. Er habe seinerseits dem Kläger verstattet, sich selbst die ihm gut scheinenden Friedrichsd'or auszusuchen. Wenn hier eine culpa vorliege, so sei es auf Seiten des Klägers, der sich selbst zuzuschreiben habe, daß er das Gepräge der Goldstücke nicht genau betrachtet habe, und der als Kaufmann den Werth der neuen Friedrichsd'or ebensogut hätte kennen müssen, wie er

als Banquier. Am wenigsten könne man aber auf Seiten des
Klägers von einem error in substantia sprechen. Der Irr=
thum über den Metallgehalt sei nach l. 10 de cont. emt.
(18. 1): si aurum quidem fuerit, deterius autem quam
emtor existimaret ohne Einfluß.

XXXI.

Die X'sche Dampfschifffahrts=Compagnie stand wegen An=
laufs eines Dampfschiffes mit dem Fabrikanten Neilson in Liver=
pool in Unterhandlung. Dieser hatte für dasselbe 3000 Pfund
Sterling verlangt, die Gesellschaft aber nur 2700 geboten. Am
11. Juni ward dem Correspondentrheder der Gesellschaft, dem
Kaufmann Steinmetz, ein Brief von Neilson überbracht, worin
er der Gesellschaft anzeigt: er sei jetzt geneigt, ihr das Schiff um
2800 Pfund zu lassen, dies sei aber der äußerste Preis. Er
habe, da die Verhandlungen sich schon so lange hingeschleppt
hätten, das Schiff inzwischen zu einigen kleineren Touren ver=
miethet, es stehe aber der Gesellschaft, sobald sie sich erkläre,
sofort zu Dienste. Der Correspondentrheder theilte diesen Brief
in einer Versammlung den übrigen Rhedern mit, und diese
beschlossen, das Schiff zu dem proponirten Preise zu acquiriren,
und beauftragten den Correspondentrheder, den Verkäufer davon in
Kenntniß zu setzen. Dieser versäumte den nächsten Posttag —
ein Versäumniß, das für die Gesellschaft sehr vortheilhaft war.
Es lief nämlich nach Abgang der Post an den Kaufmann Stein=
metz ein Brief von einem gerade zu der Zeit in Liverpool an=
wesenden Kaufmann Brandenburg aus X ein, worin derselbe
meldete: das Dampfschiff, welches die Gesellschaft zu kaufen beab=
sichtige, habe sich bei seinen Fahrten in der letzten Zeit als sehr
schlecht bewiesen und schon eine bedeutende Reparatur an der
Maschine erfordert; es gehöre zu denen, die man in England

nicht absetzen könne und nach dem Ausland zu bringen suche, er rathe in jeder Weise von dem Ankauf desselben ab. In Folge dieser Benachrichtigung änderte die Gesellschaft ihren Entschluß und ließ den Fabrikanten benachrichtigen, daß sie von dem Ankauf des Schiffes völlig abstehe. Diesem gelang es inzwischen nach eingezogenen Erkundigungen, den hier mitgetheilten Hergang der Sache zu erfahren, und er glaubte hierauf einen Rechtsanspruch, sei es gegen die Gesellschaft, sei es gegen ihren Correspondentrheder, sei es gegen den Kaufmann Brandenburg stützen zu können.

Der Advocat, dem er die Geltendmachung seiner Ansprüche aufgetragen hat, ist zweifelhaft, gegen wen er seine Klage richten solle, und wünscht von uns ein Gutachten. Er meint:

1. Gegen die Gesellschaft könne er eine Klage auf Zahlung der 2800 Pfund anstellen, weil diese den Kaufcontract bereits abgeschlossen hatte. Nach Autorität der bewährtesten Rechtslehrer werde der Vertrag unter Abwesenden perfect im Augenblick der Acceptation, nicht erst im Augenblick, wo der Offerent die Kunde davon erhalte. Es sei mithin im gegenwärtigen Fall der Contract in dem Augenblick, wo die Gesellschaft die Offerte des Neilson angenommen habe, perfect geworden, diese habe mithin den Contract nicht einseitig wieder aufheben können. Für den Fall, daß er mit dieser Klage nicht durchbringe, müsse ihm, wie er meine, ein Regreß gegen die beiden Personen verbleiben, die an der Zurücknahme der Acceptation von Seiten der Gesellschaft Schuld seien, nämlich in erster Linie

2. gegen den Kaufmann Brandenburg. Dieser habe durch seine Angaben über das Schiff die Gesellschaft zum Rücktritt bewogen. Daß das Schiff nicht zu den besten gehöre, gebe der Fabrikant selbst bereitwillig zu, allein daß es dem dafür geforderten Preis durchaus entspreche, wolle er auf Verlangen

darthun. Wie es heiße, habe der Kaufmann Brandenburg sich sehr nachtheilig über jenes Schiff ausgesprochen. Wie sehr der Kläger dabei interessirt sei, dies Urtheil im Einzelnen kennen zu lernen, brauche er wohl nicht zu bemerken; es sei ja sonst eine Widerlegung desselben in seinen einzelnen Punkten nicht möglich. Er halte sich darum nach den bekannten Grundsätzen der actio ad exhibendum berechtigt, von dem Kaufmann Steinmetz die Vorweisung des ihm in dieser Sache von Brandenburg ge= schriebenen Briefes zu verlangen. Enthalte derselbe in der That ein so wegwerfendes Urtheil, wie es im Publikum heiße, so scheine es ihm keinem Bedenken zu unterliegen, daß er den Kaufmann Brandenburg auf das Interesse in Anspruch nehmen könne. Er brauche nur die l. 33 de dolo (4. 3) in Bezug zu nehmen, worin gerade unser Fall entschieden werde. Die Stelle laute:

Rei, quam venalem possessor habebat, litem proprietatis adversarius movere coepit et posteaquam opportunitatem emtoris, cui venundari potuit, peremit, destitit. Placuit possessori hoc nomine actionem in factum cum sua indemnitate competere.

In dieser Stelle sei zwar von einer den Verlauf der Sache verhindernden reivindicatio die Rede, allein das Aufstellen unwahrer Behauptungen über die Güte und Brauchbarkeit der res venalis sei, wenn nicht schlimmer, so doch ganz so arg, wie die Erhebung eines unbegründeten Anspruchs auf die Sache mittelst der reivindicatio. In beiden Fällen habe eine wahr= heitswidrige Behauptung über die res venalis dem Eigenthümer die Gelegenheit entzogen, sie vortheilhaft zu verkaufen.

3. Auch der Correspondentrheder der Gesellschaft scheine ihm zur Leistung des Interesses verpflichtet. Denn ohne seine Saum= seligkeit in der Absendung des die Acceptation enthaltenden

Briefes seien alle Weiterungen vermieden worden, und die Gesellschaft würde auch nicht einmal den Schein eines Weigerungs= grundes erhalten haben. Daß aber Jemand den durch seine Nachlässigkeit verursachten Nachtheil ersetzen müsse, sei ein be= kannter Rechtsgrundsatz.

XXXII.

In dem X.schen Lande ist es üblich, daß die Schäfer auf größeren Gütern nur gegen Stellung einer angemessenen Caution in Dienst genommen werden. Der Herr von H hatte von seinem Schäfer eine Caution von 400 Thlrn. erhalten und hätte sie nach Beendigung des Dienstverhältnisses am 1. April 1840 zurückgeben müssen, war jedoch außer Stande dazu, was für den Schäfer den großen Nachtheil hatte, daß er von dem Herrn von N. N., an den er sich vom 1. April an vermiethet hatte, wegen Nichtstellung der contractmäßig versprochenen Caution von 400 Thlrn. nicht angenommen wurde. Er klagt nun gegen den Herrn von H auf Herausgabe der 400 Thlr. nebst Zinsen und Leistung des Interesses. Unter diesem Titel fordert er die Zahlung seines Dienstlohnes bis zu der erst durch Rückzahlung der Cautionssumme möglich gemachten Wiedererlangung eines neuen Dienstes. Der Beklagte will sich bloß zu Verzugszinsen verstehen, welche bei Geldschulden bekanntlich das Interesse verträten.

l. 19 de peric. (18, 6).
l. 21. § 3 de act. emti (19. 1).

Wie verhält es sich hiermit? Welche Klage hat der Kläger an= zustellen, etwa die act. locati (insofern die Stellung der Caution einen Bestandtheil des Miethcontracts bildete) oder die act. depositi? Für diese Klage würde die l. 3 de in lit. (12. 3) in Betracht zu ziehen sein.

XXXIII.

Der Prediger Stallbaum zu Kirchdorf hatte zu einer in der 4 Meilen entfernten Hauptstadt des Landes stattfindenden Bücher= auction dem dortigen Buchhändler Winter seine Aufträge zur Besorgung übergeben. Bei einem Besuche daselbst ging er zu ihm hin, um persönlich die erstandenen Bücher in Empfang zu nehmen. Er erfuhr hier von Winter, daß dieser für den Prediger Rehfuß, welcher in dem etwa eine halbe Stunde von Kirchdorf gelegenen Moorburg stand, gleichfalls eine Partie Bücher acquirirt habe, die er gleich den seinigen bereits eingepackt habe, und daß er, Winter, nur auf eine Gelegenheit gewartet habe, um ihnen ihre Paquete zuzuschicken. Stallbaum äußerte, daß er Platz genug in seinem Wagen habe, um auch das Paquet seines Collegen mitzunehmen, ihm diesen kleinen Dienst erweisen möchte. Winter ging darauf ein und schickte ihm beide Paquete in sein Wirthshaus. Stallbaum hatte einen offenen Wagen und wurde unterwegs von einem so starken Regen betroffen, daß in Folge desselben das für seinen Collegen bestimmte Paquet völlig durchnäßt ward. Das seinige vermochte er nur dadurch zu sichern, daß er die Pferdebedecke doppelt genommen darauf legte; übrigens war auch an diesem das Emballement bereits naß ge= worden, so daß also auch jenes Schutzmittel auf die Dauer die Beschädigung des Inhalts nicht würde abgewandt haben. Bei der ersten Gelegenheit übersandte Stallbaum seinem Collegen das Paquet mit einem Briefe, worin er ihm den Hergang berichtete und sein Bedauern über den schlechten Erfolg seiner Dienst= bereitwilligkeit ausdrückte. Unglücklicher Weise erfuhr dieser, daß Stallbaum's Bücher durch den Regen nicht gelitten hatten, und schrieb ihm darauf einen empfindlichen Brief, der eine im gleichen Ton gehaltene Entgegnung von der anderen Seite und zuletzt eine Klage von Seiten des Rehsuß gegen seinen Collegen hervorrief. Er stützt in derselben seinen Anspruch auf Schaden= ersatz auf die culpa seines Gegners. Dieser habe sich zu der Mitnahme der Bücher erboten, ohne ihnen einen gegen Regen gesicherten Platz in seinem Wagen anweisen zu können. Er habe ferner seine eigenen Bücher gerettet, in einem solchen Falle aber nehme das römische und canonische Recht sogar dolus an.

l. 5 § 4 Commod. (13. 6). l. 32 depos. (16. 3).

c. 2 X depos. (3. 16).

Im gegenwärtigen Fall müsse die Sache besonders streng beurtheilt werden, da der Beklagte sich zur Mitnahme der Bücher erboten habe, das römische Recht aber in Fällen, wo Jemand sich zu einem Geschäft aufbränge, die höchste Diligenz verlange, l. 1 § 35 depos. (16. 3).

Daß er, Kläger, den Ladenpreis in Anspruch nehme und nicht die Summe, für die ihm jene Bücher auf der Auction zu= geschlagen seien, bedürfe wohl keiner weiteren Begründung. Denn wenn der Kläger beim Schadenersatz nur diejenige Summe, die ihm die verletzte Sache gekostet habe, sollte fordern dürfen, so würde er, wenn die Sache geschenkt worden sei, nichts be= kommen. Man müsse vielmehr auf den wahren Werth der Sache sehen, dieser bestehe aber bei Büchern im Ladenpreise.

Von Seiten des Beklagten wird darauf erwidert, zunächst daß hier keine culpa vorliege. Wer denke gleich an Regen, wenn man einen Weg von einigen Meilen mache, und wer pflege sich für diesen Fall mit einem Dutzend Decken zu versehen? Der Regen sei eine vis major, für die bekanntlich Niemand zu haften brauche. Wenn im gegenwärtigen Fall irgend eine culpa angenommen werden müsse, so liege sie auf Seiten des Buchhändlers, der die Bücher nicht besser verpackt habe. Zwar

seien sie in Papier und mit einem Umschlage von Pappe verpackt gewesen, allein nach der Theorie des Gegners, wonach
man, um nicht in culpa zu kommen, sich gegen alle möglichen
Unglücksfälle im Voraus zu sichern habe, habe der Buchhändler
eine Kiste nehmen müssen.

Die Deduction des Gegners über seine, des Beklagten, culpa
sei so schwach, daß man nichts weiter darauf zu erwidern
brauche. Und gesetzt auch den Fall, daß er damit durchbringe, so
nütze ihm dies doch nichts, denn in außercontractlichen Verhältnissen
brauche man bekanntlich nicht für culpa in non faciendo,
sondern bloß für culpa in faciendo einzustehen, im gegenwärtigen Fall sei ja aber die Beschädigung der Bücher nicht
durch ein positives facere des Beklagten veranlaßt, sondern im
schlimmsten Fall durch eine culpose Unterlassung.

Lächerlich sei es, wenn der Kläger die Bücher zum Ladenpreise anrechne, als ob dieser den wahren Werth eines Buches darstelle. Wie wenig dies der Fall sei, würde der Kläger aus eigener
Erfahrung am besten wissen können, indem die Predigtsammlung,
die derselbe früher herausgegeben, vom Verleger auf $\frac{1}{4}$ des
früheren Ladenpreises herabgesetzt und von manchen Käufern, um
sie nur wieder los zu werden, wohl schon zu $\frac{1}{12}$ desselben
verkauft worden sei. Der Kläger habe später, da er keinen Verleger mehr habe finden können, sein neuestes Werk: „Theorie
der Pastoral-Klugheit" in Selbstverlag genommen, und er, Beklagter, habe Grund zu vermuthen, daß, wenn ein Verehrer
der klägerischen Feder dem Verleger die ganze Auflage Stück
für Stück für $\frac{1}{4}$ des angesetzten Preises abnehmen wolle, wenigstens
dieser sich nicht über eine laesio enormis beklagen werde.
Mit den von dem Verfasser erstandenen Büchern verhalte es sich
ganz ebenso, es sei alte, verlegene Waare aus dem vorigen Jahr-
hundert, sie gehörten einem Standpunkt der Literatur an, den

außer dem Kläger gegenwärtig nur noch sehr wenige Theologen theilten. Anstatt sie zum Ladenpreise anzurechnen, halte er, der Beklagte, selbst b e n Preis noch für viel zu hoch, für ben der Kläger sie erstanden habe; ber wahre Werth dieser Bücher sei eigentlich heutzutage äqual null, höchstens aber könne man bie ganze Masse bandweise unb zwar ben Band zu 2 Gr. berechnen. Daß der Kläger vermöge seiner eigenthümlichen theologischen Richtung jene Bücher sehr werth halte, komme bekanntlich nicht in Betracht.

l. 63 pr. ad leg. Falc. (35. 2).

Beklagter müsse außerdem noch auf einen anberen Punkt aufmerksam machen. Die Bücher hätten nämlich allerdings bei ihrer großen inneren Dürre viel Wasser eingesogen, allein der Schaden sei ein unwesentlicher, benn bas Wesentliche bei ben Büchern sei, baß man sie lesen könne. Ob bas Papier burch ben Regen Flecke bekommen habe, und bie Blätter hie unb ba etwas zusammenbackten, sei bei Büchern, bie bereits burch bas Alter grau unb schmutzig geworden seien, völlig gleichgültig.

Der Kläger will auf Grund bieser Aeußerungen hin eine Injurienklage anstellen.

Die Fragen, zu beren Beantwortung bieser Fall Gelegenheit geben soll, sind folgende:

1. Hätte der Prediger Rehfuß nicht gegen ben Buchhändler Winter auf Schadenersatz klagen können, oder kann er es nicht auch bann noch, wenn er ben jetzigen Proceß verlieren sollte? Wurde letzterer baburch von seiner Verpflichtung zur Ablieferung der Bücher frei, baß er sie ohne Auftrag bem Prediger Stallbaum mitgab, oder tritt biese Befreiung nicht vielmehr erst bann ein, wenn sein Committent nachträglich seine Genehmigung ertheilt? Die l. 12 § 4, l. 34 § 4, l. 58 pr. de solut. (46. 3) scheinen für die letztere Ansicht zu sprechen. Läßt sich

eine culpa des Buchhändlers hinsichtlich der Verpackung annehmen?

2. Hatte der Kläger aus eigenem Recht eine Klage gegen den jetzigen Beklagten, oder mußte er sich dieselbe erst von seinem Commissionär cediren lassen, und welche würde es gewesen sein?

3. Hat Beklagter sich eine culpa zu Schulden kommen lassen und welchen Grades?

4. Sind die Bücher als nicht beschädigt zu betrachten, wenn sie nur noch lesbar geblieben sind?

5. Wie ist der Werth der Bücher zu bestimmen? Ist der Ladenpreis oder der dafür in der Auction gezahlte Preis zu Grunde zu legen?

6. Hat Kläger die act. injuriarum?

XXXIV.

Der Schneider Bock in Z. beabsichtigt, sein in der Augusten-Straße belegenes Haus höher bauen zu lassen, wogegen aber der Eigenthümer des benachbarten, der Geheime Rath Münter, Protest einlegt, indem er eine servitus altius non tollendi in Anspruch nimmt. Er stellt auch zu dem Zweck die act. confessoria an, nimmt dieselbe aber bald darauf mit dem Bemerken wieder zurück, daß er sich mit dem Beklagten verglichen habe. Nach einiger Zeit tritt er jedoch mit einer auf Aufhebung jenes Vergleiches gerichteten Klage auf. Er theilt darin mit, daß er zur Zeit jenes Vergleiches allerdings in dem Glauben gestanden habe, daß ihm die Servitut zustehe, allein da es ihm an jeglichem Beweismittel gefehlt, und er mithin seine Abweisung zu befürchten gehabt habe, so habe er sich mit dem Beklagten für 170 Thlr. dahin verglichen, daß derselbe die streitige

Servitut anerkenne. Ein Zufall habe ihm nun vor einigen Tagen ein Document in die Hände gespielt, welches sein Recht auf das Klarste beweise, nämlich ein Urtheil aus früherer Zeit, worin dem damaligen Eigenthümer seines Hauses die fragliche Servitut zuerkannt worden sei. Dasselbe berechtige ihn mit Rücksicht auf l. 23 § 1 de cond. indeb. (12. 6), den früheren Vergleich anzufechten und auf Rückzahlung der 170 Thlr. zu bringen.

Der Beklagte excipirt dagegen: jene Summe sei ihm gar nicht vergleichs-, sondern schenkungsweise gewährt. Der Kläger sei nämlich so sehr von seinem Recht überzeugt gewesen, daß er, um auch nicht einen Schein des Rechtes auf Seiten des Beklagten anzuerkennen, ihm jene Summe nicht titulo transactionis, sondern donationis versprochen habe. In dem über dieses Geschäft aufgenommenen Instrument heiße es ausdrücklich, er, der Beklagte, erkenne hiermit das Recht des Klägers an, und dafür schenke ihm dieser die bezeichnete Summe. Ja, das Instrument trage die Ueberschrift: Schenkungsvertrag zwischen dem Geheimen Rath Münter und dem Schneider Bock.

In der Replik gibt der Kläger die factischen Behauptungen des Gegners zu, hält dieselben aber für völlig irrelevant, indem die irrige Bezeichnung eines von den Parteien geschlossenen Geschäftes den Richter in seiner Auffassung desselben nicht binde. Veritas rerum erroribus gestarum non vitiatur, et ideo Praeses provinciae id sequatur, quod convenit eum ex fide eorum, quae probabuntur, sequi l. 6 § 1 de off. praes. (1. 18).

In der Duplik suchte der Beklagte die Irrigkeit dieser Ansicht darzuthun. Allerdings, sagt er, sei der Richter an irrige Rechtsansichten der Parteien nicht gebunden, er brauche also z. B. einen Vertrag, den die Parteien für gültig gehalten hätten,

nicht anzuerkennen, wenn er als solcher nichtig sei, einen Kauf=
contract nicht für einen Pfandcontract zu erklären, wenn etwa
die Parteien dies irrthümlicher Weise gethan hätten. Allein da=
von sei ja ganz verschieden die Frage: ob die Parteien nicht
befugt seien, statt eines Kaufes einen Pfandcontract, statt eines
Vergleiches eine Schenkung vorzunehmen. In concreto hätten
sie einen Vergleich schließen können, sie hätten sich aber für
eine Schenkung entschieden und zwar auf den ausdrücklichen
Wunsch des Gegners, der seinem Rechtsanspruch durch Aner=
kennung des gegnerischen nichts hätte vergeben wollen. Zu dem
Zwecke sei die Urkunde als „Schenkungsvertrag" bezeichnet. Er
sei in der glücklichen Lage, sich eines von einem namhaften Rechts=
gelehrten*) ausgestellten Rechtsgutachtens bedienen zu können,
welches für den gegenwärtigen Fall wie gemacht erscheine. Er
erlaube sich Einiges daraus mitzutheilen.

„Sollte, frage derselbe, nicht auch in der Weise ein Ver=
gleich zu Stande kommen, d. h. der Streit vermieden werden
können, daß der Eine sich entschlösse, die ihm zur Entfernung
seiner Ansprüche offerirte Summe als ein Geschenk anzunehmen?
Offenbar ergibt sich bei näherer Erwägung, daß rechtlich einer
solchen Auskunft und Vereinbarung nichts im Wege steht. Wer
eine Schenkung als solche annimmt, bezeugt damit, daß ihm
eine Liberalität erwiesen werde. Würde nun der Vergleich auf
Seiten des Transigenten ein wirkliches Recht voraussetzen, dann
würde freilich die Annahme einer Schenkung als solcher damit
in Widerspruch stehen, da man nicht zugleich etwas als Debitum
und Non-debitum annehmen kann. Allein der Transact ver=
langt ja nur eine res dubia und lis incerta. Wo namentlich
dem einen Transigenten selber sein Recht höchst ungewiß und

---

*) **Elvers** in der Themis. Neue Folge. Bd. 1 Heft 1 S. 100 f.

zweifelhaft erscheint, da kann er auch um so eher, selbst seiner Ehre unbeschadet, sich zur Beendigung alles Streites bereit erklären, das ihm Dargebotene nur als Ausfluß der Liberalität, als Geschenk anzunehmen. Zwar leistet er auch seinerseits zugleich etwas, indem er alle etwaigen Ansprüche aufgiebt und das unbedingte Recht des Gegners anerkennt. Allein eben weil es ungewiß ist, inwieweit diese Ansprüche begründet sind, und weil der Gegner sie bestreitet, kann in diesem Aufgeben der Ansprüche nicht eine solche Gegenleistung gesucht werden, welche nothwendig die Liberalität ausschließt, das Wesen der Schenkung aufhebt. Daher kann auch derjenige, welcher aus irgend einem Grunde dem Andern eine Liberalität erweisen will, seiner Schenkung die Auflage hinzufügen, daß Jener auf etwaige zweifelhafte Ansprüche gegen ihn unbedingt verzichten solle. Wenn aber auch die Entfernung jener Ansprüche die causa movens der Schenkung wäre, so hört diese dadurch, daß durch sie die Verzichtleistung bewirkt werden soll, nicht auf, eine Donatio sub modo zu sein, so lange das Recht des Gegners nicht klar erwiesen vorliegt und die Größe seines wohlbegründeten Anspruches den Begriff der Liberalität völlig aufhebt."

Wie ist im vorliegenden Fall zu entscheiden?

XXXV.

Die Doctorin Maßmann in Hannover ersucht den Maler Hirzel, welcher eine Reise nach München antreten will, einen Brief für sie an ihren dort lebenden Bruder, den Maler Steinhauer mitzunehmen. Sie übergibt ihm einen Brief, in welchem sich 500 Thlr. in Cassen-Anweisungen befinden, ohne ihn aber davon in Kenntniß zu setzen, weil sie ihn nicht für ganz zuverlässig hält. In München angekommen, zeigt Hirzel dem Steinhauer an, daß er einen Brief für ihn von seiner Schwester erhalten habe, daß ihm derselbe aber nebst seiner Brieftasche, worin er ihn getragen, des Nachts in der Eisenbahn entwendet sei.

Die Maßmann will gegen ihn auf Erstattung der 500 Thlr. klagen. War er in culpa, und kann er unter dieser Voraussetzung auf Zahlung der 500 Thlr. belangt werden, und mit welcher Klage? Er seinerseits behauptet, daß er es auf gar kein Rechtsgeschäft, sondern auf eine bloße Gefälligkeit abgesehen gehabt habe, und folglich für nichts hafte. Es passe hier, was l. 10 § 7 mand. (17. 1) sage: eum qui non animo procuratoris intervenit, sed affectionem amicalem (Gefälligkeit) promisit, mandati non teneri, womit l. 3 § 9 de neg. gest. (3. 5) si affectione coactus... dolum duntaxt te praestare zu vergleichen.

XXXVI.

In dem Kriege des Jahres 1866 folgte einem der süddeutschen Armeecorps der Handelsmann Löwenthal mit einer bedeutenden Quantität Hafer. Bei dem plötzlichen und raschen Rückzug desselben sah er sich außer Stand, den Hafer mit zu führen und ließ einen Theil desselben, nämlich 180 Malter, bei dem Gastwirth Friebländer, in einem Dorfe der Röhn gegen Lagermiethe zurück. Der Preis des Hafers stieg inzwischen vorübergehend von 5 fl. auf 8 fl., und Friebländer benutzte den Moment, um 50 Malter von jenem Vorrath zu diesem Preis zu verkaufen, indem er von der Erwartung ausging, die der Erfolg auch rechtfertigte, daß es ihm später ein Leichtes sein würde, die 50 Malter zum alten Preise wieder anzuschaffen. Seine Absicht dabei war, den Gewinn für sich selber zu machen, und er theilte daher dem Löwenthal, als letzterer sich einfand, um den Hafer in Empfang zu nehmen, von jenem Geschäft nichts mit. Dieser hatte aber bereits von anderer Seite davon Kunde erhalten und verlangte für die verkauften 50 Malter den dafür erzielten Betrag mit 400 fl., den Friedländer ihm aber verweigerte. Beide haben sich an Rechtskundige gewandt, um sich zu vergewissern, ob sie es mit Aussicht auf Erfolg auf einen Proceß ankommen lassen könnten, und beide haben zustimmende Antworten erhalten. Dem Friedländer ist gesagt, daß es bei fungiblen Sachen nicht auf die Species, das Individuum, sondern nur auf die Quantität ankomme; wenn die 50 Malter Hafer, die er seinem Gegner offerire, von derselben Qualität seien, wie die seinigen (und dies soll als feststehend angenommen werden), so habe dieser gar kein Interesse daran, ob er gerade seine oder andere Haferkörner zurück erhalte. Dem Löwenthal ist folgende Antwort geworden. Der Verkauf des Hafers von Seiten seines Gegners als Verkauf einer ihm anvertrauten fremden Sache schließe ein furtum in sich. Da nun der fur nach römischem Rechte in perpetua mora sei, so könne Löwenthal nach l. 8 § 1 de cond. furt. (13. 1) mit der condictio furtiva den höchsten Werth der Sache vom Moment der Unterschlagung an, d. i. 8 fl. für den Malter verlangen. Aber auch abgesehen davon, würde er nach der Lehre von der Bereicherung aus fremden Sachen (commodum ex re) mit der condictio sine causa und selbst der act. conducti den unrechtmäßigen Gewinn, den sein Gegner aus der Sache gemacht habe, beanspruchen können.

Was ist von diesen Deductionen zu halten? Sollen wir dem Löwenthal rathen, Klage zu erheben und welche?

XXXVII.

Der Oberappellationsrath Struben in X schreibt dem Buch=
händler Hofmeister in Berlin, er habe gehört, daß bei einem
dortigen Antiquar die Werke von Donell und Cujas zu haben
seien, er sei erbötig, sie zu 90 Thlr. zu nehmen. Hofmeister
findet in dem Cataloge des dortigen Antiquars Bamberger, den
Cujas mit 40, den Donell mit 44 Thlrn. verzeichnet und be=
gibt sich zu demselben, um ihm anzuzeigen, daß er einen Käufer
für diese Werke wisse und sie ihm abnehmen werde, wenn er
von jedem 2 Thlr. ablassen wolle. Hinsichtlich des Cujas will
Bamberger sich zu nichts verstehen, sie werden aber schließlich
dahin einig, daß dieser statt der 40 Thlr. 20 Exemplare von
einem bei Hofmeister erschienenen Lehrbuch der Physiologie, das
im Ladenpreise 3 Thlr. kostet, annimmt, für den Donell aber
42 Thlr. Er wünscht zwar sofortige Zahlung, allein Hofmeister
bringt darauf, daß er ihm einen Monat Zeit lasse, innerhalb
welcher er, Hofmeister, das Geld von seinem Committenten er=
halten haben werde. Bamberger bewilligt dies und schickt die
beiden Werke dem Hofmeister zu, der sie mit einer auf 90 Thlr.
lautenden Note an den Besteller absendet. Von dem Lehrbuch
der Physiologie findet er wider Erwarten nur 3 Exemplare auf
dem Lager, da sein übriger Vorrath sich in Leipzig befindet.
Er übersendet dieselben dem Antiquar mit dem Bemerken, daß
er sofort von Leipzig die fehlenden 17 Exemplare kommen lassen
werde. Er versäumt dies aber, und bald nachher bricht über
ihn Concurs aus.

Der Antiquar hat von ihm den Besteller der obigen Werke
erfahren und wendet sich sofort an denselben mit der Anzeige,
daß die Bücher von i h m herrührten, und ersucht ihn, den Kauf=
preis direct an ihn zu übersenden, indem Hofmeister Bankerott

gemacht habe, und zu erwarten stehe, daß er, Bamberger, sonst um sein Geld kommen werde. Struben antwortet, er wolle sich erst noch erkundigen, vorläufig aber den Kaufpreis zurückbehalten. Bamberger verlangt jetzt von uns zu wissen

1. Ob und welche Klage er gegen Struben habe?

2. Ob er, sei es daß er seinen Anspruch gegen Struben geltend mache oder gegen Hofmeister, außer den 17 Exemplaren ein Interesse wegen verspäteter Leistung derselben geltend machen könne? Er weist aus seinen Büchern nach, daß er am Anfang eines jeden Semesters gewöhnlich 15—20 Exemplare des fraglichen Werkes abgesetzt hat. Würde es hinsichtlich dieser Frage einen Unterschied machen, ob jene 20 Exemplare ihm kurz vor Anfang des Semesters versprochen wurden oder so lange vorher, daß er noch nach Ausbruch des Concurses und vor Beginn des Semesters sich den nöthigen Bedarf von Exemplaren anderswoher hätte verschaffen können?

XXXVIII.

Der Pfarrer Kolderupp in Freyhuus, einem Dorf in Jütland, ist so glücklich, nach langem Suchen endlich eine Cigarre anzutreffen, welche zwei höchst schätzenswerthe Eigenschaften in sich vereinigt: eine vortreffliche Qualität und außerordentliche Billigkeit. Er trifft die Cigarre bei einem Hamburger, dessen Bekanntschaft er auf einem benachbarten Gute macht, und erfährt von ihm, daß dieselbe von seinem Vater F. A. Lamm in Hamburg fabricirt werde und nur auf einen Schilling zu stehen komme. Er läßt sich von ihm die Etiquette und Nummer der Cigarre mittheilen und beschließt sofort, sich ein ansehnliches Quantum von dieser Sorte kommen zu lassen. Der Fremde war so freundlich gewesen, ihm ein ganzes Bund Cigarren aufzunöthigen,

und Kolberupp benutzt dasselbe, um bei einer wenige Tage
später stattfindenden Predigerconferenz seinen Amtsbrüdern eine
Probe von dieser überaus preiswürdigen Cigarre zu geben.
Diese, ebenso überrascht und erfreut wie er über den beispiellos
billigen Preis, nehmen mit Freuden seinen Vorschlag an, daß
er zugleich für sie mitkommen lassen wolle. So bestellt denn
Kolberupp bei F. A. Lamm in Hamburg von der Sorte:
Sidonia No. IV. light brown, welche, wie er von dessen
Sohn vernommen, „das Stück auf einen Schilling zu stehen komme",
5000 Stück „für sich und mehrere seiner Amtsbrüder". Er er=
hält bald darauf zur Antwort, daß die Cigarren abgegangen
seien und kistenweise noch billiger zu stehen kämen, nämlich das
Mille statt 62¹/₂ Mark nur 60 Mark. Die Cigarren kommen
an, Kolberupp besorgt die Verzollung und Vertheilung und be=
kommt von seinen Amtsbrüdern den auf sie entfallenden Betrag
richtig ausbezahlt, indem sie ihm nicht genug dafür danken zu
können behaupteten, daß er ihnen eine so vorzügliche Cigarre
für einen wahren Spottpreis verschafft habe.

Zwei Monate später nahm die Sache eine völlig andere
Gestalt an. Kolberupp hatte den Betrag der Rechnung mit
300 Mark, wie er meinte, vollkommen richtig eingepackt und
zur Post befördert, allein mit umgehender Post erhielt er von
F. A. Lamm ein Schreiben, worin dieser ihn benachrichtigte,
daß der ihm übermittelte Betrag nur 300 Mark dänisch,
seine Forderung aber 300 Mark hamburger Courant be=
trage. Das Verhältniß beider Münzfüße, welches sich bei der
Eintheilung der Mark in (16) Schillinge wiederholt, ist 3¹/₅
zu 1, d. h. 3¹/₅ Mark oder Schilling dänisch gelten eine Mark
oder einen Schilling hamburgisch.

Die bedauerliche Folge, welche sich an diese Differenz des
Münzfußes knüpfte, bestand außer der Enttäuschung sämmtlicher

Besteller über die beispiellose Billigkeit der Cigarren in der Entfachung eines lebhaften Streites unter den betheiligten Personen, der schließlich processualische Formen annahm. Derselbe bewegte sich nach zwei Seiten hin, er hatte zum Gegenstande: erstens den Anspruch des Lamm gegen Kolberupp, und sodann des Kolberupp gegen die übrigen Besteller auf entsprechende Schadloshaltung. Derselbe soll nach römischem Recht beurtheilt werden.

Erstes Streitverhältniß.

Kolberupp sucht gegen Lamm

1. nachzuweisen, daß der Vertrag in der von ihm beabsichtigten Weise gültig zu Stande gekommen, und er mithin berechtigt sei, die Cigarren gegen Zahlung von 300 Mark dänisch zu behalten. Er habe Cigarren bestellt das Stück zu „einem Schilling", und habe den Ausdruck in dem Sinne verstanden, in dem er allein ihn kenne (dies soll als feststehend angenommen werden), nämlich als Schilling dänisch. Dieser Sinn sei bei der Interpretation des Vertrages zu Grunde zu legen.

Savigny, System des heutigen röm. Rechts Bd. 8 S. 265:

> „So wird bei einem durch Briefwechsel geschlossenen Vertrag in der Regel der Sprachgebrauch des Ortes zu beachten sein, an welchem der Verfasser des ersten Schreibens wohnt, nicht der Ort des Empfanges und der Annahme, obgleich an diesem letzteren Ort der Vertrag als abgeschlossen anzusehen ist; denn es ist anzunehmen, daß der Verfasser des Schreibens den ihm geläufigeren Sprachgebrauch vor Augen gehabt haben wird."

In der l. 34 de R. J. (50. 17) werde ausdrücklich die Regel aufgestellt: ut id sequamur, quod in regione, in qua

actum est, frequentatur. Die Mittheilung des Herrn
Lamm jun. an ihn und nicht minder die Bestellung seiner
Collegen und seine eigene Bestellung sei in einer Gegend er=
folgt, wo der dänische Münzfuß gelte. Eventuell aber solle nach
dieser Stelle „si mos varius fuit", der geringere Betrag zu
Grunde gelegt werden („ad id, quod minimum est, redi=
genda summa est").

Dies dem Kläger allerdings sehr unerwartete Resultat sei
durch ihn selber verschuldet, denn als Kaufmann müsse er von
der Verschiedenheit des dänischen und hamburgischen Münzfußes
Kenntniß haben und, wenn er aus Dänemark eine Bestellung
erhalte, bei dem Schreibenden die Bezugnahme auf dänisches
Geld supponiren, während ihm, dem Beklagten, bei seiner Be=
rufsstellung die Kenntniß fremder Münzsysteme füglich nicht
habe zugetraut werden können.

Der Kläger erwidert darauf, daß die Verschiedenheit des
hamburger und dänischen Münzfußes ihm begreiflicher Weise sehr
wohl bekannt gewesen sei, daß er aber, wenn Jemand bei ihm
in Hamburg Waaren bestelle und dabei auf den ihm bereits ander=
weit bekannt gewordenen Preis des Artikels Bezug nehme, in
seinem vollen Recht sei, dabei den bei ihm üblichen Sinn
zu Grunde zu legen. Der Ansatz des Preises gehe vom Ver=
käufer aus; Sache des Käufers sei es, sich über den Sinn desselben
zu vergewissern, und im vorliegenden Fall habe Beklagter um
so mehr Anlaß dazu gehabt, als ihm selber die Cigarre als eine
beispiellos billige erschienen sei, un der selbst, ohne Geschäftsmann
zu sein, sich hätte sagen können und müssen, daß ein Cigarren=
fabrikant seine Cigarren nicht verschenke. Unmöglich könne man
von einem hamburger Kaufmann verlangen, daß, wenn Fremde
bei ihm im Laden Waaren kauften, er selbst sich erkundigen
solle, ob sie nicht vielleicht aus Dänemark seien, und daß er sie über

das hamburger Geld belehre. Dasselbe aber, was gegolten haben
würde, wenn der Beklagte persönlich bei ihm im Laden die
Cigarren gekauft habe, nämlich daß der hamburger Schilling zu
Grunde gelegt worden sei, einerlei, ob Beklagter den Werth
desselben gekannt habe oder nicht, dasselbe müsse auch hier eintreten, wo er die Bestellung brieflich gemacht habe; in seinem
Briefe habe er selber, sozusagen, als geistig Anwesender in
Hamburg seine Bestellung gemacht. Jedenfalls sei in Hamburg der Contract zu Stande gekommen, denn hier sei das erfolgt, wodurch die bloße Bestellung erst zum Contract geworden
sei: die Annahme derselben. So sei also Hamburg die „regio
in qua actum est". Um so mehr, als der Preis, den Beklagter
im Auge gehabt habe (62½ Mark), von ihm, Kläger durch
einen anderen (60 Mark) ersetzt worden, der Vertrag also nicht
in der vom Beklagten, sondern vom Kläger proponirten Weise
zu Stande gekommen sei. So sei denn die Verurtheilung auf
300 Mark hamburger Courant zu stellen.

Eventuell behauptet Beklagter

2. die Nichtigkeit des Vertrages, indem hier seinerseits ein
wesentlicher Irrthum vorliege. Er erbietet sich, die noch bei ihm
vorräthigen Cigarren herauszugeben gegen Entrichtung der von
ihm für Transport und Zoll verlegten Kosten, wofür er ein
Retentionsrecht geltend mache. Die bereits consumirten wolle er
mit einem Schilling dänisch vergüten. In Bezug auf die in
den Händen seiner Amtsbrüder befindlichen Cigarren könne er
für nichts verantwortlich gemacht werden, da er, wie er im
Brief ausdrücklich bemerkt habe, als Stellvertreter derselben gehandelt habe, als solcher aber nach heutigen Grundsätzen über
Stellvertretung nicht hafte. Selbst eine Cession der Klagen
seinerseits gegen sie sei nach heutigem Recht überflüssig, da Lamm

als Contrahent eine directe Klage gegen seine, des Kolberupp, Manbanten habe, eventuell erbiete er sich zu dieser Cession.

Kläger räumt den Irrthum des Beklagten ein, bestreitet aber, daß derselbe als wesentlicher anzusehen sei, indem er lediglich den Preis betreffe und, wenn als wesentlicher, daß er ein entschuldbarer sei. Im ungünstigsten Fall, d. h. wenn der Vertrag des Irrthums wegen für nichtig erklärt wurde, könne Kläger völlige Schadloshaltung verlangen, denn unmöglich könne man ihn doch unter einem Irrthum des Beklagten leiden lassen; in einem solchen Begehren würde Seitens des letzteren geradezu ein dolus liegen, es greife daher hier eine actio doli utilis Platz. Dieser habe ihm die Cigarren, welche noch vorhanden seien, frei auf sein Lager zu schaffen, für die consumirten aber den Preis von 1 Schilling hamburgisch pro Stück zu entrichten. Mit dem Amtsbrüdern des Bestellers, die er gar nicht kenne, habe er nichts zu schaffen, er halte sich an ihn.

Beklagter erklärt den Anspruch des Klägers auf Schadloshaltung für geradezu abenteuerlich. Es ließe sich als Klage (da bei Nichtigkeit des Contractes eine Contractsklage undenkbar sei) nur die actio legis Aquiliae denken, deren Voraussetzungen (damnum corpore corpori datum) hier völlig fehlten, die Cigarren seien dazu da, daß man sie rauche, man könne also in dem Rauchen derselben keine Beschädigung erblicken; die actio doli des Klägers sei eine Erfindung von ihm selber.

Wie ist dieser Rechtsstreit zu entscheiden? Die Entscheidung soll auf folgende Punkte gerichtet werden:

1. Die Interpretationsfrage.

Sie soll gänzlich unabhängig von der Irrthumsfrage beantwortet, und zu dem Zweck soll angenommen werden, daß beide Parteien sich des Doppelsinnes der Ausdrücke Schilling und Mark vollkommen bewußt gewesen sind. Jede von ihnen beanspruch, daß der ihr günstige Sinn derselben zu Grunde gelegt werden müsse, weil der Vertrag an ihrem Wohnort abgeschlossen worden sei. Wo war der Vertrag abgeschlossen?

2. Die Irrthumsfrage.

Angenommen, daß der Richter nach allgemeinen Grundsätzen über die Interpretation sich für den Sinn zu erklären hat, den Lamm damit verbunden hat, und daß, wie es in der That der Fall war, der Beklagte von dieser Bedeutung der Ausdrücke gar keine Kenntniß hatte, würde dann nicht der Vertrag wegen wesentlichen Irrthums für nichtig erklärt werden müssen? Ist der Irrthum über den Preis ein wesentlicher oder unwesentlicher?

3. Worauf hat unter dieser Voraussetzung der Kläger seinen Anspruch zu richten? Kann er die Restitution der noch (bei dem Beklagten und bei seinen Amtsbrüdern) vorhandenen Cigarren verlangen? Kann er von dem Beklagten Ersatz des ihm durch seinen Irrthum veranlaßten Schadens verlangen, und wenn dies zu bejahen, wie würde derselbe zu bemessen sein (: Verkaufspreis oder Fabrikationspreis der gerauchten Cigarren? Kosten der Rücksendung der noch vorhandenen?) und welche Klage würde hier Platz greifen?

4. Kann der Beklagte den Kläger wegen der für seine Amtsbrüder bestellten Cigarren an diese weisen? Die Frage ist darnach zu entscheiden, ob er die Bestellung bloß für sie (als Ersatzmann oder indirecter Stellvertreter) oder in ihrem Namen (als directer Stellvertreter) gemacht hat.

Zweites Streitverhältniß.

Dasselbe betrifft das Verhältniß des Beklagten zu seinen Amtsbrüdern und hierfür haben sich folgende Differenzpunkte ergeben:

1. Einer derselben der A, will sich zu gar nichts verstehen. Kolberupp habe sich anheischig gemacht, die bewußten Cigarren zu 1 Schilling dänisch das Stück neben Vergütung der Trans= port= und Zollauslagen zu besorgen, dazu und auf nicht mehr habe er, der A, Auftrag ertheilt. Habe Kolberupp diesen Auftrag überschritten und Cigarren zu einem höheren Preise kommen lassen, einerlei ob wissentlich oder unwissentlich, so habe er selber nach bekannten Grundsätzen den Nachtheil zu tragen, d. i. einen Anspruch nur auf den verabredeten, von A. bereits ent= richteten Preis.

> l. 3 § 2, l. 4 Mand. (17. 1), recte usque ad pretium
> statutum acturum.

2. B und C sind erbötig, die noch vorhandenen Cigarren erforderlichenfalls, d. h. wenn der Besteller sie selber zu restituiren habe, zurückzugeben, für die consumirten aber nehmen sie den ihnen ursprünglich von Kolberupp genannten Preis in Anspruch.

3. Kolberupp selber meint, daß der schließliche Schaden, worin er immer auch bestehen möge, von ihnen allen gemeinschaftlich getragen werden müsse. Denn selbst wenn man hier ein Mandats= verhältniß annehme, so bestimme

> l. 61 § 5 de furt. (47. 2) . . multo aequius esse,
> nemini officium suum, quod ejus, cum quo contra=
> xerit, non etiam sui causa susceperat, damnosum
> esse (s. auch l. 56 § 4 Mand. 17. 1);

wenn man aber, wie es offenbar bei einer solchen Bestellung auf gemeinschaftliche Kosten der allein zutreffende Gesichtspunkt sei, ein Societätsverhältniß annehme, so gelte für dieses be= kanntlich der Grundsatz der Gemeinschaft des Schadens und des Gewinns,

> l. 52 § 4 pro soc. (17. 2) . . damnum esse commune,

ideoque actione pro socio damni partem dimidiam agnoscere debere.

Welche von diesen drei Auffassungen ist die richtige?

4. Würde dasselbe, was von den bisher in Betracht gezogenen Personen gilt, auch von demjenigen gelten, der Kolberupp erst hinterher von seinem Cigarrenvorrath ein Kistchen überlassen hatte? Wie wäre deren Contractsverhältniß zu ihm zu bestimmen? Ein Kaufcontract scheint nicht vorzuliegen, da die Ueberlassung des Kistchens Cigarren eine bloße Gefälligkeitssache war, ganz so, wie die ursprüngliche Bestellung.

XXXIX.

Der Schulmeister in der Gemeinde X hat 1790 bei dem Gemeindevorstande um Gehaltserhöhung nachgesucht, und der Gemeindevorstand hat darauf hin bei der Domänenverwaltung als der Besitzerin der innerhalb der Gemeindemark belegenen Herrschaft Z eine Eingabe gemacht, worin er den Antrag stellt, daß dem Schulmeister aus den Erträgnissen dieser Herrschaft eine Naturalunterstützung bewilligt werden möge. Das Gesuch wurde dahin bewilligt, daß dem Schulmeister gegen die Verpflichtung, die armen Kinder der Herrschaft unentgeltlich zu unterrichten, aus den Erträgnissen der Herrschaft eine jährliche Naturalunterstützung von 5 Metzen Weizen und 10 Metzen Korn gewährt werden solle, und der Rentmeister ward angewiesen, dieselben aus dem Zinskorn zu verabfolgen. Nachdem im Jahre 1848 die Lieferung des Zinskornes aufgehoben und in eine Geldabgabe verwandelt worden war, war die Herrschaft Z vom Domanium an den Herrn von Stein verkauft und im Kaufcontract unter den dem Käufer obliegenden Lasten ausdrücklich auch der Leistung an den Schulmeister der Gemeinde X gedacht.

Dieselbe ward auch in den beiden erften Jahren vom Käufer gewährt, im dritten Jahre verweigerte er die Leiftung, indem er feine Verbindlichkeit beftritt. Es erhob jetzt die „Schule" in Z zunächft eine poffefforifche Klage gegen ihn, mittelft deren fie um Schutz im Quafibefitz ihres alten Rechts bat. Dieselbe ward Seitens des Gerichts aus dem Grunde abgewiefen, weil perfönliche Leiftungen nicht Gegenftand des Quafibefitzes fein könnten. Der fodann erhobenen petitorifchen Klage fetzte Be= klagter folgende Einwendungen entgegen:

1. Eine „Schule" fei kein Rechtsfubject und könne daher auch nicht klagen. Aber felbft wenn fie es fei, fo habe fie

2. keine Klage aus dem Vertrage zweier anderer Perfonen; um fo weniger, als

3. zwifchen diefen Perfonen felber der Vertrag nicht gültig zu Stande gekommen fei, denn

 a) fei die Schenkungsofferte von Seiten des Gemeinde= vorftandes nicht acceptirt worden, derfelbe habe nichts weiter gethan, als daß er dem Schulmeifter von der ergangenen Verfügung Anzeige gemacht habe;

 b) fei die Schenkung im Widerfpruch mit der Verfügung Juftinians in l. 34 § 4 Cod. de donat. (8. 54) nicht gerichtlich infinuirt worden.

4. Mit Aufhebung der Verpflichtung des Zinskornes für die Herrfchaftseingefeffenen fei das Object der fchuldigen Leiftung aufgehoben worden.

Aus der Replik verdient Hervorhebung zunächft die Er= widerung auf Nr. 3, b der Einredefchrift, welche dahin geht, daß Juftinian nicht eine Anzeige der Schenkung an den Richter, fondern lediglich eine „monumentorum observatio" und „acta" verlange, alfo eine Beglaubigung der Schenkung durch Acten irgend einer öffentlichen Behörde. Daß es daran hier nicht fehle, werde auch vom Beklagten nicht bestritten werden, da die betreffenden Urkunden in dem Archiv der Domänenver= waltung und den Gemeinbeacten bis auf den heutigen Tag existirten. Sodann bestreitet die Klägerin auch den Gesichtspunkt der Schenkung. Wenn die Staatsbehörde einem öffentlichen Lehrer einen Gehalt zuweise, so sei das kein Act des Privatrechts, sondern eine Verwaltungsmaßregel, und wenn man sie einmal über die Schablone eines privatrechtlichen Begriffs spannen wolle, so sei der zutreffende Begriff nicht der der Schenkung, sondern der des Innominatcontracts: do, ut facias, denn der Schulmeister habe für die ihm gewährte Naturalunterstützung den unentgeltlichen Unterricht der armen Kinder der Herrschaft Z. übernehmen müssen.

Es sollen folgende Fragen beantwortet werden:

I. Hat der Richter richtig erkannt, indem er den Kläger mit der possessorischen Klage abgewiesen hat?

II. Wie ist über die petitorische Klage zu entscheiden und was ist von den beiderseits vorgeschützten Gründen zu halten? Die Frage von der Verpflichtung des Beklagten, die nach deutschem Rechte unter dem Gesichtspunkte einer auf das Gut gelegten Last beurtheilt werden könnte, soll nach römischem Rechte und zwar sowohl nach reinem als nach heutigem römischen Recht beantwortet werden.

III. Aus Anlaß des gegenwärtigen Rechtsstreits ist die Frage erhoben worden, ob der Lehrer, wenn seine Natural= unterstützung hinwegfalle, fernerhin noch verpflichtet sei, den Armen unentgeltlichen Schulunterricht zu ertheilen. Er selber meint, daß er, selbst wenn sie ihm verbleibe, dazu rechtlich nicht ge= zwungen werden könne, indem

a) die Domänenverwaltung, welche ihm dies zur Pflicht gemacht habe, mit Veräußerung des Guts jedes Interesse an der

Innehaltung dieser Auflage verloren habe, nach bekannten Bestimmungen (Puchta, Pandekten § 302 Not. i, l. 32 Loc. 19. 2, l. 136 § 1 de V. O. 45. 1) aber mit Wegfall des Interesses die Obligation selber erlösche;

b) die Gemeinde habe an dem Verhältniß nicht weiter Theil genommen, als daß der Gemeindevorstand sie von der Verfügung der Domänenverwaltung in Kenntniß gesetzt habe;

c) die armen Kinder bezw. deren Eltern, welche zwar ein Interesse an der Innehaltung jener Auflage hätten, entbehrten eines rechtlichen Anspruches; selbst wenn man der verpflichtenden Kraft der Verträge zu Gunsten dritter Personen die weiteste Ausdehnung geben wolle, so finde das doch seine Schranke an dem allbekannten Erforderniß der persona certa, „arme Kinder" seien personae incertae.

XL.

Der Professor der Chemie X in Z. hatte eine wichtige Entdeckung gemacht und stand mit einem Fabrikbesitzer wegen Mittheilung derselben in Unterhandlung. Dieser hatte 5000 Thlr. geboten, X aber 7000 Thlr. verlangt. Ein durchreisender College N. N., dem er das Geheimniß gegen das Versprechen der tiefsten Verschwiegenheit mitgetheilt hatte, ließ sich in einer Gesellschaft von Sachkundigen zu Andeutungen verleiten, aus denen jeder derselben das Geheimniß errathen konnte. Eine Folge davon war, daß es in den Zeitungen mitgetheilt und sofort von vielen Fabrikanten benutzt, X also um die Früchte seiner Entdeckung gebracht wurde. Er verlangt von uns zu wissen, ob er den N. N., dessen Indiscretion ihn um wenigstens 5000 Thlr. gebracht hat, etwa mit einer actio legis Aquilae utilis oder auf Grund der Gleichstellung der culpa lata mit dem dolus mit einer actio doli in Anspruch nehmen könne.

7*

XLI.

In einer süddeutschen Universitätsstadt ereignete sich in den dreißiger Jahren unseres Jahrhunderts folgender Fall. Ein Studirender rief einen vorübergehenden Kleidertrödler zu sich hinauf und offerirte ihm eine abgängige Hose zum Verkauf, in deren Tasche er vorher einen Kronenthaler (etwa $4^1/_2$ Mark) gesteckt hatte. Er mußte sie ihm so in die Hand zu geben, daß der Trödler den Kronenthaler fühlen mußte, und da dieser nicht anders glaubte, als daß der Besitzer von diesem Umstande keine Kenntniß habe, so ließ er sich dadurch verlocken, in seinen Geboten nach und nach bis zu 3 fl. zu gehen, während die Hose selber für ihn höchstens den halben Werth hatte. Nachdem der Verkäufer dies Gebot acceptirt, und der Käufer die 3 fl. entrichtet hatte, nahm jener unter lautem Protest des Gegners den Kronenthaler aus der Hose heraus und ließ sich durch alle Vorstellungen desselben nicht bestimmen, weder, worauf dieser ein Recht zu haben behauptete, den Kronenthaler herauszugeben, noch, wozu er sich schlimmstenfalls verstehen wolle, den Handel rückgängig zu machen. Die Behauptung des Käufers, daß er den Kronenthaler mit gekauft habe und nur mit Rücksicht auf ihn in seinem Gebot bis auf 3 fl. gegangen sei, setzte der Verkäufer entgegen, daß man Kronenthaler weder zu verkaufen, noch mit in den Kauf zu geben pflege, und daß er jedenfalls nur die Beinkleider, nicht den Kronenthaler zum Verkauf offerirt habe.

Was ist von dem Anspruche des Käufers zu halten?

Würde seinerseits der Verkäufer einen Anspruch auf Zahlung des Kaufpreises haben, wenn er den Kronenthaler herausgenommen hatte, bevor er die 3 fl. in Händen hatte, und der Käufer sich weigert, den Handel zu vollziehen?

Nach öffentlichen Blättern ereignete sich kürzlich in Mailand ein ähnlicher Fall. Ein armer Geigenspieler kauft in einem Laden Salami, vermißt aber, wie er zahlen will, seine Börse und bittet den Verkäufer, ihm die gekaufte Salami gegen Zurücklassung seiner Geige als Unterpfand zu verabfolgen, er werde am folgenden Tage das Geld bringen. Kaum hat er den Laden verlassen, als ein Fremder eintritt, um etwas zu kaufen und, als er die Geige auf dem Ladentische liegen sieht, dieselbe ergreift und mit höchstem Interesse betrachtet. Er fragt den Kaufmann, ob er ihm dieselbe nicht verkaufen wolle, was dieser aus dem Grunde ablehnt, weil ihm die Geige nicht gehöre. Der Fremde wird immer bringlicher, bietet 500, 1000, zuletzt 1500 Lire (= 1200 M.), worauf der Kaufmann sich geneigt erklärt, zu versuchen, ob er die Geige vom Eigenthümer erstehen könne. Der Fremde, hoch erfreut darüber, giebt ihm die Adresse seines Hotels und bittet ihn, ihm die Geige folgenden Tags zu bringen. Am andern Tage erscheint der Geigenspieler, um die Salami zu bezahlen, und der Kaufmann sucht ihn zu bestimmen, ihm die Geige zu verkaufen, was dieser aber unter dem Vorgeben ablehnt, daß die Geige ein Erbstück sei, das ihm nicht feil sei; schließlich, nachdem der andere Theil in seinen Geboten immer höher steigt, überläßt er sie ihm für baare 500 Lire. Der Wirth verfügt sich mit der Geige in das genannte Hotel, erfährt hier aber, daß ein Fremder des angegebenen Namens dort gar nicht logire, und die Geige erweist sich als eine völlig ordinäre im Werthe von 5 Lire, es kann also keinem Zweifel unterliegen, daß er das Opfer eines fein angelegten Betrugs geworden ist. Angenommen, es gelänge ihm, den Verkäufer der Geige zu entdecken und den wahren Zusammenhang nachzuweisen, würde der Antrag auf Auflösung des Handels wegen Betruges von der anderen Seite durch die Einrede zurückgeschlagen werden können, daß der Kläger selber den Handel in betrügerischer Absicht (um sich die vermeintliche Unkenntniß des Beklagten vom wahren Werth der Sache zu nutze zu machen) abgeschlossen habe?

XLII.

Der Müller Nagel in **X** hat 1801 die dortige Mühle für 5000 Thlr. gekauft. Der Mahlzwang, welcher dieser Mühle zustand, wurde wie alle Bannrechte durch das Gesetz vom 28. Oct. 1810 aufgehoben. Im November 1812 verkauft Nagel diese Mühle „mit allen ihm daran zustehenden Rechten" an den Müller Steffens für 5200 Thlr., ohne daß dabei einer etwa vom Staate zu erwartenden Entschädigung wegen Aufhebung des Mahlzwanges irgendwie gedacht worden wäre. Im Jahre 1818 den 15. Sept. wird eine Verordnung erlassen, welche den Betheiligten eine entsprechende Entschädigung zusichert und sie auffordert, ihre desfallsigen Ansprüche bei Strafe des Ausschlusses gegen den 1. Juni 1819 zu liquidiren. Wegen der Mühle zu **X** meldet sich Steffens, und es wird ihm, da das Entschädigungsquantum auf 1000 Thlr. festgesetzt ist, zuerkannt:

1. diese Summe, zahlbar am 28. Oct. 1811;

2. vom Augenblick der Aufhebung des Mahlzwanges bis zur Auszahlung des Entschädigungsquantums als jährliche Zinsen desselben zu 5 Proc., 50 Thlr. jährlich, also zusammen 550 Thlr.

Beide Summen sind am 28. Oct. 1821 dem Steffens ausgezahlt. Nagel, der dies in Erfahrung gebracht hat, glaubt wenigstens einen Theil dieses Entschädigungsquantums in Anspruch nehmen zu können, nämlich die zweijährigen Zinsen desselben für 1810 bis 1812. Er hat sich zu dem Zweck ein Gutachten ausstellen lassen, dasselbe ist aber ganz ungünstig ausgefallen. Es

heißt darin unter andern: Der Mahlzwang sei eine Realge=
rechtigkeit, diese würde also auf den Steffens als Eigenthümer
der Mühle übergegangen sein, wenn sie zur Zeit des Verkaufes
noch existirt hätte. An ihre Stelle sei das Entschädigungs=
quantum gesetzt, welches die Stelle des untergegangenen Rechts
vertreten solle, mithin demjenigen zufalle, dem das Recht selbst zu=
stehen würde, wenn es noch existirte. Dem jetzigen Eigenthümer
gebühre demnach die Entschädigung zuerst aus dem Grunde, weil
dieselbe ein Accessorium der Hauptsache sei, l. 1 Cod. de per.
et comm. (4. 48): Post perfectam venditionem omne
commodum, quod rei venditae contingit, ad emtorem
pertinet. Zweitens aber aus dem Grunde, weil dies im Sinne
der Verordnung vom 15. Sept. 1818 liege. Sie sichere den
„Betheiligten" eine Entschädigung zu. Als solcher sei aber nur
der Steffens zu betrachten, denn nur er habe den Schaden davon,
daß seiner Mühle der Mahlzwang nicht mehr zustehe. Diese
Ansicht sei auch die der Regierung gewesen, indem sie dem
Steffens die fragliche Entschädigung bewilligt habe. Es komme
ferner hinzu, daß der Anspruch auf dieselbe erst im Jahre 1818
entstanden sei, also zu einer Zeit, wo er, der Quärent, das
Eigenthum der Mühle gar nicht mehr gehabt, mithin auch durch
diese nichts mehr habe erwerben können. Aber selbst ange=
nommen, daß ein Anspruch in der Person des Quärenten an
sich habe entstehen können, so schließe doch sein Verhalten theils
bei, theils nach dem Verkaufe der Mühle denselben aus. Beim
Abschluß des Verkaufs habe er sich keine Ansprüche auf eine
etwa zu bewilligende Entschädigung vorbehalten. Bedenke man
nun, daß er die Mühle, für die er selbst nur 5000 Thlr. ge=
zahlt, nach Verlust des Mahlzwanges für 5200 Thlr. wieder
verkauft habe und zwar ausdrücklich „mit allen ihm daran zu=
stehenden Rechten", daß er ferner sich gar nicht zur Liquidation

seines vermeintlichen Anspruchs gemeldet habe, so gehe aus
diesem Allem hervor, daß auch nach Absicht der Parteien
der Anspruch auf Entschädigung dem Käufer habe zustehen sollen.
Wenn aber trotz aller dieser Gründe der Quärent irgend einen
Anspruch gehabt haben würde, so habe er denselben durch
unterlassene Anmeldung verloren. Es brauche also gar nicht
einmal untersucht zu werden, ob Steffens zur Liquidation berechtigt gewesen sei. Verzicht oder Versäumniß schließe den
Quärenten aus, und so wenig er jetzt noch einen wirklich be-
standenen Anspruch gegen die Regierung geltend machen könne,
so wenig gegen den Steffens.

Nagel stellt dies Gutachten einem anderen Juristen zu, und
dieser macht ihm wieder große Hoffnung. Derselbe ist aber
etwas zweifelhaft, namentlich darüber, welche Klage anzustellen
sei. Wie ist der Fall zu beurtheilen?

XLIII.

Der 17 jährige Sohn des Hofraths Gerhard hatte einem
Schulkameraden ohne Vorwissen seines Vaters nach und nach
bis gegen 20 Bücher aus dessen Bibliothek geliehen. Dieser hatte
ihm dieselben bei seinem Abgange von der Schule zur Universität
nicht wieder zurückgestellt, sondern sie dem Antiquar Anders
für 25 Mark verkauft. Der junge Gerhard hatte dies erfahren und um seinem Vater die ganze Sache zu verheimlichen,
die Bücher aus den Ersparnissen seines Taschengeldes eingelöst.
Später aber gelangte der Vorfall zu den Ohren seines
Vaters, und er forderte von dem Anders die Restitution des
Gezahlten. Da dieser sich weigert, so kommt es zur Klage, und
es fragt sich jetzt:

1. Welche Klage kann angestellt werden? Kommt dabei

etwas barauf an, ob Anbers in bona ober mala fide war? Welche Folgen würben sich an biesen Unterschied knüpfen?

2. War Anbers in mala fide? Die verkauften Bücher waren, wie alle Bücher bes Hofraths Gerharb, auf bem Titel= blatte mit bessen Zeichen versehen. Dieser gesteht ein, baß ihm bies Zeichen allerbings recht gut bekannt gewesen sei, indem er selbst hin unb wieber Bücher von bem Herrn Hofrath gekauft habe, bie basselbe Zeichen getragen hätten, allein er habe unmög= lich wissen können, ob ber Schüler, welcher ihm bie Bücher angeboten habe, bieselben nicht auf rechtlichem Wege erworben habe, ba ber Hofrath nicht selten Bücher aus seiner Bibliothek verkauft habe, ja ob nicht vielleicht ein Anberer sich besselben Zeichens bebiene, wie ber Herr Hofrath.

3. Hat ber Vater bie Klage im eigenen ober in seines Sohnes Namen anzustellen?

Bei ber Bearbeitung bes Falles soll auf bie l. 4 § 4 de cond. ob turp. (12. 5) unb l. 6, 7 Cod. ibid. (4. 7) Rücksicht genommen werben.

XLIV.

Der Fabrikant Gärtner hatte seiner Frau bei einer bevor= stehenben längeren Geschäftsreise 100 Thlr. zur Bestreitung ber Haushaltungskosten eingehänbigt. Diese verwanbte einen Theil bes Gelbes, nämlich 30 Thlr., zum Ankauf eines Looses unb gewann auf basselbe 1000 Thlr., bie ihr Mann nach seiner Zurückkunft in ihrem Auftrage erhob. Er versprach ihr, bie= selben vortheilhaft anzulegen, unb that bies, ohne seine Frau vorher zu Rathe zu ziehen, in folgenber Weise. Für 500 Thlr. kaufte er 4 Eisenbahnactien à 100 Thlr., welche bamals einen Cours von 125 Proc. hatten, 400 Thlr. lieh er gegen

5 Proc. dem X, ohne dabei zu bemerken, daß dies für seine
Frau geschehe, die übrigen 100 Thlr. verwandte er zur Zahlung
des halbjährigen Miethzinses seiner Wohnung.   Nach einiger
Zeit gerieth er in Concurs, und die Frau hat in demselben neben
ihrer Dotalforderung folgende Ansprüche und auf Grund derselben ein allgemeines Pfandrecht geltend gemacht:

1. vindicirt sie die 4 Eisenbahnactien, die inzwischen auf
180 Proc. gestiegen sind.

2. Mit der actio mandati fordert sie die 100 Thlr., welche
ihr Mann für sich verwandt hat.

3. Mit derselben Klage die 400 Thlr., welche ihr Mann
dem X geliehen hat.

Von Seiten des Verwalters werden ihre Ansprüche in
folgender Weise bestritten.   Der Gewinn, welcher auf ein mit
dem Gelde ihres Mannes erstandenes Loos gefallen sei, habe nicht
ihr, sondern diesem gebührt.   Sein sei das Geld gewesen, sein
müsse daher, wenn er es wolle, auch das Surragat sein, das an
die Stelle desselben getreten sei.   Dieser Grundsatz werde in den
Quellen mehrfach anerkannt, z. B. in l. 3 Cod. arbit. tut.
(5. 51).   Zu demselben Resultate gelange man vom Gesichtspunkte des Mandats aus.   Das Haushaltungsgeld sei der
Klägerin anvertraut worden, um mit demselben die Kosten des
Haushaltes zu bestreiten, sie sei in dieser Beziehung die Manda-
tarin ihres Mannes gewesen, müsse mithin als solche alles, was
sie mit seinem Gelde erworben habe, herausgeben.

l. 20 pr. Mand. (17. 1): Ex mandato apud eum, qui
    mandatum suscepit, nihil remanere debet. l. 10
    § 3 ibid.

Die zweite Stelle spreche gerade von einem Falle, wo der
Mandatar mit dem Gelde des Mandanten einen Gewinn gemacht habe, und lege ihm die Herausgabe desselben auf, möge

der Mandant ihm zu der vorgenommenen Verwendung den Auf=
trag gegeben haben oder nicht: quia bonae fidei hoc congruit,
ne de alieno lucrum sentiat. Um so mehr müsse dies hier
gelten, wo die Klägerin sich sogar eines furtum schuldig gemacht
habe, indem sie das Geld des Mannes zu einem andern als
dem vorgeschriebenen Zwecke verwandt habe.

§ 6 J. de obl., quae ex del. (4. 1).

l. 5 § 8 Commod. (13. 6) u. a. St.

Die Richtigkeit dieser Deduction sei auch seiner Zeit von der
Klägerin selber anerkannt worden, indem sie im richtigen Gefühl,
daß der Gewinn ihr selber nicht gehöre, denselben ihrem Manne
überlassen habe. Darin liege eine Anerkennung seines Rechts,
beziehungsweise, wenn sie selber irgend einen Anspruch gehabt
haben sollte, ein Verzicht auf denselben.

Da nun die Klägerin gar keinen Anspruch habe, so könne
man sich zwar der Beantwortung einer anderen Frage, die unter
der entgegengesetzten Voraussetzung nöthig gewesen wäre, über=
heben, man wolle dies aber doch eventualiter thun. Es sei
dies nämlich die Frage: ob die Klägerin die runde Summe von
1000 Thlrn. oder die einzelnen für die gewonnenen 1000 Thlr.
acquirirten Objecte fordern könne. Es mache dies einen Unter=
schied. Könne sie das Zweite, so erhalte sie die 4 Eisen=
bahnactien; da dieselben jetzt zu 180 Proc. ständen, hingegen
nur zu 125 Proc. eingekauft seien, so würde sie auf jede Actie
55 Thlr. lucriren. Für welche Ansicht man sich auch entscheide,
keinenfalls könne sie die 100 Thlr., die der Mann im beider=
seitigen Interesse verausgabt habe, in Anspruch nehmen. Denn
billige sie die Verwendung, die ihr Mann von den 1000 Thlrn.
gemacht habe, d. h. verlange sie statt ihrer die angeschafften Eisen=
bahnactien u. s. w., so habe sie damit auch die Verausgabung
der 100 Thlr. gutgeheißen. Thue sie es aber nicht, richte

sie ihre Forderung also auf Zahlung von 1000 Thlrn., so müsse
sie sich außer den von ihr für das Loos verausgabten 30 Thlrn.
auch noch 50 Thlr. abziehen lassen. Ihr Mann habe die 100
Thlr. im beiderseitigen Interesse verwandt, davon also
für sie 50.

Wie man aber die obige Frage: ob die Klägerin 1000
Thlr. oder die einzelnen von ihrem Manne angeschafften Objecte
fordern könne, auch entscheiden möge, so viel sei jedenfalls gewiß,
daß sie nur das eine oder das andere könne. Entweder habe
sie ein Recht auf die einzelnen Objecte. Dann könne sie zwar
die Eisenbahnactien in Anspruch nehmen, müsse sich dann aber
auch das zweite Object, die Forderung von 400 Thlrn. gegen
den X gefallen lassen. Die Concursmasse sei unter jener
Voraussetzung nur zur Cession dieser Forderung verpflichtet,
hafte mithin nicht noch in subsidium für die 400 Thlr., die
der Cribar dem X geliehen. Oder die Klägerin habe ein
Recht auf die Summe von 1000 Thlrn. nach Abzug der
obigen 30 und 50 Thlr.: dann könne die Masse ihr zwar
die Forderung gegen den X nicht aufbringen, allein ebensowenig sei sie berechtigt, die Eisenbahnactien zu fordern.

Frage man nun: worin das Object des klägerischen Anspruchs wirklich bestehe, wenn er überhaupt rechtlich begründet sei,
so könne es keinem Zweifel unterliegen, daß er nur auf Zahlung
von 1000 Thlrn. gerichtet werden könne. Zu diesem Resultate
führten die Grundsätze, welche die Frau auf sich selbst anwende.
Wenn sie den Gewinn, den sie mit fremdem Gelde gemacht habe,
für sich beanspruche, so dürfe ihr Mann dasselbe thun. Nun
sei zwar die Anwendung dieser Grundsätze auf die Klägerin
nicht zuzugeben, da sie dies Geld widerrechtlich verwandt habe,
allein hinsichtlich des Cribars trete ein anderer Gesichtspunkt

ein. Angenommen, daß er als Manbatar der Frau anzusehen
sei, so habe diese ihm eine bestimmte Verwendung der 1000
Thlr. nicht vorgeschrieben, er habe dieselbe vielmehr auf eigene
Gefahr vorgenommen. Für einen solchen Fall spreche aber

l. 10 § 8 Mand. (17. 1) . . . quamvis si periculo
suo credidisset, cessaret (inquit Labeo) in usuris
actio mandati,

bem Manbatar ben Gewinn zu, ben er burch ein auf eigene
Gefahr unternommenes Geschäft erzielt habe. Es sei aber ber
Cribar gar nicht einmal als Manbatar ber Klägerin anzusehen;
sie habe ihn nämlich zwar ermächtigt, bie 1000 Thlr. in Empfang
zu nehmen, allein in seinem eigenen Interesse. Offenbar sei sie
babei von ber Ansicht ausgegangen, baß ihm bie Benutzung
bieses Gelbes zu gemeinschaftlichen Zwecken frei stehe, wie bies
auch wirklich ber Fall sei. Darum habe sie sich um bie
Verwendung bes Gelbes gar nicht bekümmert, könne sie mithin
jetzt nicht mehr als eine in ihrem Interesse vorgenommene be=
zeichnen. Ihr Anspruch bestehe also im günstigsten Falle in
ber Rückerstattung ber ihrem Manne überlassenen 1000 Thlr.
nach bem oben begründeten Abzuge von 80 Thlrn.

Wenn man aber ber Klägerin einen Anspruch auf bie
einzelnen Objecte zuerkennen wolle, so könne sie keinenfalls
bie Eisenbahnactien vinbiciren, indem sie nie Eigenthümerin
berselben gewesen sei, sonbern sie nur mit einer persönlichen
Klage in Anspruch nehmen. Sie komme hinsichtlich aller
ihrer Forberungen inter nudos chirographarios, ein Pfanb=
recht habe sie nicht, ba bie 1000 Thlr. nicht in dotem ge=
geben seien.

Der Abvocat ber Klägerin wünscht ein Gutachten von
uns über bie im Bisherigen berührten Fragen unb außerbem
noch barüber, ob seine Clientin ben X nicht mit ber s. g.

condictio Juventiana direct in Anspruch nehmen könne. Das Pfandrecht, glaubt er, stehe derselben zu, auch wenn ihre Ansprüche bloß den Charakter einer Paraphernalforderung hätten.

Bei der Entscheidung des Falles soll folgende Anordnung befolgt werden:

I. Welchem von beiden Theilen gebührte der Gewinn? Rechtsverhältniß in Bezug auf das der Frau vom Manne gegebene Haushaltungsgeld. — Liegt in der Hingabe des Looses von Seiten der Frau an den Mann eine Anerkennung seines Rechts oder ein Verzicht ihrerseits, und würde derselbe gültig sein?

II. Anlage der 1000 Thlr. Seitens des Mannes.

a) Rechtsverhältniß zwischen beiden Theilen.

b) Hat die Frau nur die Wahl, die Anlage im Ganzen zu verwerfen oder zu acceptiren?

c) Kann sie die Actien vindiciren?

d) Muß sie sich die Cession der Klage gefallen lassen, oder kann sie dieselbe ablehnen und ihre 400 Thlr. verlangen? Muß ihr, wenn sie es will, die Klage cedirt werden und kann sie nicht etwa den X mit der s. g. condictio Juventiana belangen?

e) Kann sie die vollen 100 Thlr. und

f) Die von ihrem Manne oder der Masse etwa erhobenen Zinsen der 400 Thlr. und die Dividenden der Eisenbahnactien verlangen?

g) Hat sie ein Pfandrecht?

XLV.

Der Assessor Reinhard zu Hannover ward nach Osnabrück versetzt und vermiethete deßhalb sein bisher von ihm bewohntes Haus von Ostern 1830 an auf 5 Jahre gegen einen jährlichen

Miethzins von 200 Thlrn. dem Baurath Menke. Nachdem dieser dasselbe ein halbes Jahr bewohnt hat, wird ihm von der Regierung der Auftrag zu einer Reise nach Griechenland ertheilt. Bei Uebersendung des halbjährlichen Miethzinses meldet er dies dem Vermiether, zugleich mit dem Bemerken, daß er dadurch seiner Verpflichtung aus jenem Contract entbunden sei. Reinhard bestreitet in seiner Antwort diese Behauptung und kündigt ihm an, daß er sich an ihn halten werde; möge er, der Miether, zusehen, wie er das Haus weiter vermiethen könne, ihn, den Vermiether, ginge das nichts an. Menke läßt darauf das Haus in öffentlichen Blättern ausbieten, und es melden sich mehrere Personen, die nicht abgeneigt sind, es zu miethen, ein Hauptmann, ein Advocat, ein Particulier und ein Restaurateur Grube. Die drei ersten Personen haben 160 resp. 170 Thlr. geboten, der Restaurateur 190, dem Menke es zu diesem Preise für die noch übrigen 4 Jahre seiner Miethzeit überläßt, indem er mit ihm ausmacht, daß er den Miethzins jedes halbe Jahr an den Assessor Reinhard nach Osnabrück schicken solle. Er selbst giebt diesem Nachricht davon und übersendet ihm den Miethzins für das zweite Semester und zugleich 40 Thlr. als Differenz zwischen seinem und dem Aftermiethzins. Dem Assessor ist die Vermiethung an einen Restaurateur sehr unangenehm, er zeigt dies dem Baurath an und macht ihn zugleich darauf aufmerksam, daß er sich durch diese Aftervermiethung einer großen Verantwortlichkeit aussetze, er, der Vermiether, werde sich wegen aller daraus entstehenden üblen Folgen an ihn halten. Menke hält eine Antwort nicht für nöthig, reist nach Griechenland ab, und der Restaurateur Grube zieht in die Wohnung ein.

Bald nachher bekommt Reinhard von einem Freunde in Hannover, an den er sich dieserhalb gewandt hat, einen Bericht über den gegenwärtigen Miethsmann. „Sie glauben nicht," heißt es darin, „wie lustig und wild es jetzt in Ihrem Hause hergeht. Es hat sich hier ein Völkchen angesiedelt, das es eben so schlimm, wenn nicht schlimmer treibt, als die Studenten; Sie kennen ja die Rechtskandidaten, die hier ein Jahr vor dem Examen liegen. Keine Nacht geht hin, wo man nicht bis gegen 4 Uhr Licht sehen soll, und aus dem keuschen Schlafgemach Ihrer verehrten Frau Gemahlin schallen bei nächtlicher Weile wilde und unzüchtige Gesänge. Dort, wo einst Ihr Arbeitstisch stand, lagert jetzt ein Faß mit bairischem Bier, und der Wand=schrank, der Ihre Acten barg, hat dieselben jetzt mit Biergläsern, Portwein, Liqueuren, Häringssalat u. s. w. vertauscht. Den grellsten Contrast mit ehemals bildet das weibliche Personal. Statt Ihrer ehrwürdigen Frau Mutter und Ihrer liebenswürdigen Frau Gemahlin bewegen sich jetzt zwei Wesen hier, deren Ge=schlecht man nur daraus erkennt, daß sich die Gäste sehr und, wie es heißt, nicht ohne Erfolg, um deren Gunst bemühen. Daß die Decorationen des Locals auch dem Zwecke gemäß sich ver=ändert haben, können Sie sich leicht denken. In Ihrem Gesell=schaftszimmer, wo gegenwärtig das Billard steht, hängen an den Wänden statt Ihrer Madonnen und Heiligen die Bildnisse von Paukdoctoren, Bierwirthen, famosen Senioren u. s. w. Die Tapeten zeigen gegenwärtig noch eine gewisse Spur von ihrem ehemaligen Muster, allein der Tabaksdampf, die Bierflecke u. s. w. werden ihnen bald ein ganz neues geben. Der Schaden, den Ihre, von Ihnen so schön in Stand gesetzte Wohnung genommen hat, dürfte sich auf einige 100 Thlr. anschlagen lassen.“

Der Assessor beauftragte in Folge dieses Berichtes seinen Freund, den Restaurateur sofort zur Räumung der Wohnung zu veranlassen, dessen dieser sich aber weigerte. Reinhard entschloß sich, sowohl um diese Angelegenheit als auch seine Zurückversetzung nach Hannover persönlich betreiben zu können, zu einer Reise nach

Hannover. Er setzt seine Versetzung durch, den Restaurateur hat er aber zur Räumung der Wohnung nicht bestimmen können. Ostern 1832 wird er nach Hannover zurückkommen, er wünscht dann zugleich seine Wohnung zu beziehen, dieselbe aber noch vorher wieder in Stand setzen zu lassen. Jetzt ist es schon Neujahr, und er fürchtet auf gerichtlichem Wege die Räumung der Wohnung nicht schleunig genug erzwingen zu können, deßhalb will er mit mehreren besonders dazu engagirten handfesten Dienstmännern den Restaurateur exmittiren.

Dieser Fall soll zur Beantwortung folgender Fragen benutzt werden:

1. Kann der Assessor den Restaurateur außergerichtlich exmittiren?

2. Hat er eine Klage gegen denselben auf Räumung? Er beruft sich namentlich darauf, daß der selbst seine Wohnung wieder nöthig habe, daß der Miethsmann dieselbe beteriorirte u. s. w.

3. Kann er von demselben Ersatz der angerichteten Beschädigungen sowie Zahlung des bedungenen Miethzinses von 190 Thlrn. wenigstens von Ostern bis Neujahr verlangen?

4. Was kann er vom Baurath Menke fordern?

5. Hat der Restaurateur gegen diesen einen Anspruch?

6. Wenn Menke ihm aus dem Grunde irgend etwas leisten müßte, weil derselbe vor Ablauf der Miethzeit exmittirt ist, kann er dasselbe von Reinhard ersetzt verlangen?

XLVI.

Der Dr. Rumann in Marburg hatte seinem Vetter, dem Secretär Böttiger in Kassel, auf unbestimmte Zeit 500 Thlr. zu 5 Proc. gegen einen Handschein geliehen. Dieser beerbte später mit seinem zu Marburg domicilirten Halbbruder, dem Kaufmann Hartmann, ihre beiderseitige Mutter und ersuchte ihn, er möge von den einlaufenden Geldern dem Dr. Rumann das bezeichnete Kapital verzinsen und, wenn er es verlange, ihm auszahlen. Hartmann zeigte dem Rumann an, daß er Auftrag habe, ihm auf Verlangen das Kapital auszuzahlen. „Sie sind" fügte er hinzu, „aber um dies Kapital wohl nicht verlegen und können es mir ebensogut lassen, wie jedem Andern, die Zinsen sollen Ihnen auf den Tag bezahlt werden." Rumann erwiderte, er habe dies schon von seinem Vetter erfahren; es könne ihm einerlei sein, wer ihm sein Geld zahle, auch sei es ihm um das Kapital gar nicht zu thun, wenn er nur die Zinsen prompt bekäme. Hartmann meldete darauf seinem Bruder, daß Rumann ihm, dem Briefsteller, das Kapital gelassen habe, und rechnete bei der bald darauf erfolgten Auseinandersetzung wegen des mütterlichen Nachlasses seinem Bruder 500 Thlr. auf jenes Kapital ab. Die Zinsen pflegte er zwar stets prompt zu zahlen, allein Rumann erfuhr später, daß es mit seinem Kredit nicht mehr zum besten stehe, und ersuchte ihn beßwegen, ihm das Kapital, das er selbst jetzt nöthig habe, bald auszuzahlen. Hartmann versprach dies zwar, konnte jedoch sein Versprechen nicht erfüllen, da er gleich darauf in Concurs gerieth.

Rumann wendete sich jetzt an Böttiger mit der Bitte um Zurückzahlung der 500 Thlr., worauf dieser ihm erwiderte, daß er sich zu nichts mehr verpflichtet halte. Rumann ist der entgegengesetzten Ansicht, namentlich aus dem Grunde, weil er den ursprünglichen Schuldschein noch in Händen und dem Böttiger nicht quittirt hat. Kann er die 500 Thlr. verlangen?

XLVII.

Der Musiklehrer Rosenmüller hatte nach und nach von dem Senator Wichmann, dessen Töchtern er Musikunterricht ertheilte, 250 Thlr. geliehen. Von diesem zur Zahlung gedrängt, erbot er sich, ihm eine Forderung von 300 Thlrn., die er gegen den X habe, zu cediren. Dieselbe bestehe in einem Legat, welches ihm von der Erblasserin des X, der verstorbenen Wittwe Blasius, ausgesetzt sei. Dasselbe sei freilich erst in 4 Jahren fällig, allein der Herr Senator könne ja berechnen, zu welchem Preis er diese Forderung gegenwärtig nach Abzug der Zinsen annehmen wolle. Dieser erkundigte sich gelegentlich bei dem X und erfuhr, daß es sich mit jenem Legat allerdings in der angegebenen Weise verhalte. Er erklärte nun seinem Schuldner, eine Cession jener Forderung verlange er nicht; sie sei für ihn, Rosenmüller, auch nicht vortheilhaft, indem er ja das Intersurium einbüßen müßte. Ihm, dem Gläubiger, sei es bloß um Sicherheit zu thun, und darum sei er zufrieden damit, wenn Rosenmüller ihm die Forderung verpfände. Dieser erklärte sich damit einverstanden, nur bat er seinen Gläubiger, ihm, da das Pfandobject ja ganz sicher sei, noch 50 Thlr. darauf zu leihen, was dieser auch that. So wurde denn von Wichmann eine Urkunde aufgenommen, worin Rosenmüller bezeugte, daß er für die dem Senator schuldigen 300 Thlr. ihm die bezeichnete Forderung verpfändet habe. Ein halbes Jahr nachher kam Rosenmüller wieder in große Geldverlegenheit und wandte sich an den Handelsmann Erlanger mit der Proposition, ihm seinen Anspruch auf jenes Legat gegen Baarzahlung von 200 Thlrn. zu cediren. Dieser erkundigte sich gleichfalls bei X und erfuhr von ihm, daß Rosenmüller das Legat, wie er glaube, schon sonst cedirt habe, wenigstens entsinne er sich, daß er bereits vor einem halben Jahre von Jemandem, mit dem Rosenmüller in gleicher Unterhandlung gestanden habe, nach dem Legat befragt sei; er könne aber nicht mehr angeben, wer es gewesen sei. Erlanger nahm trotzdem das erwähnte Anerbieten an, zahlte dem Rosenmüller 200 Thlr. aus und ließ sich über die geschehene Cession einen Schein ausstellen, mit dem er gleich darauf wieder zum X ging, um ihn von der Cession in Kenntniß zu setzen, und ihm aufgab, demnächst Zahlung an ihn zu leisten, wozu X sich bereit erklärte. Rosenmüller verschwand bald darauf, ohne daß man von seinem Aufenthalt Kunde erhielt, und der X machte Bankerott. Die Gläubiger der verstorbenen Wittwe Blasius, deren Universalerbe der X geworden war, erlangten Separatio bonorum, und bei ihnen melden sich auch Wichmann und Erlanger. Es entstehen jetzt drei Fragen:

1. Können sie das Legat, das erst nach drei Jahren fällig ist, schon jetzt geltend machen?

2. Wer von beiden ist der wahre Berechtigte?

3. Wie viel kann derselbe, sei es jetzt oder später, verlangen?

XLVIII.

Der bekannte Pandektist Glück in Erlangen gab im Jahre 1790 den ersten Band seines bekannten, ursprünglich auf sechs Bände berechneten, von ihm selbst noch bis zum 33. Theil (1829) fortgesetzten Pandekten-Commentars heraus. Derselbe erschien auf Subscription. Als im Verlauf des Werkes der ursprüngliche Plan verlassen wurde, weigerte sich einer von den Subscribenten, der auf das ganze Werk gezeichnet und bereits 3 Bände erhalten hatte, die folgenden anzunehmen, ja er verlangte sogar von dem Verfasser die Zurücknahme der 3 Bände unb bie Restitution bes Kaufpreises. Der Verfasser verwies ihn auf die Vorrede zum zweiten Bande, worin es heißt:

„Wenn dieser Theil meines Werkes eine geringere Anzahl von Titeln und Büchern enthält, als man meinem Versprechen gemäß eigentlich hätte erwarten können, so muß ich zu meiner Rechtfertigung hier aufführen, daß ich darunter lediglich dem Verlangen eines großen Theils der Pränumeranten zu willfahren gesucht habe, welche mir theils mündlich, theils schriftlich zu erkennen gaben, daß bei einer Abkürzung und Zusammendrängung des Ganzen in 6 Bände das Werk an Gründlichkeit und Deutlichkeit verlieren würde. Männer von Ansehen und tiefer Einsicht haben mir in ihren Zuschriften versichert, daß dieser Commentar gerade alsdann seiner Zweckmäßigkeit am vollkommensten entsprechen würde, wenn ich denselben so fortsetzen wolle, wie er angefangen worden ist."

1. Muß der Subscribent alle folgenden Bände nehmen?
2. oder wenigstens im Ganzen 6?
3. oder kann er die 3 bisher erhaltenen redhibiren?

Er behauptet, als er die Vorrede zum zweiten Bande gelesen habe, sei sofort der Entschluß in ihm aufgestiegen, das Werk zurückzugeben, allein gleich nachher sei ihm schon der britte Band zu Händen gekommen. Er stellt sogar die Behauptung auf, er könne den Verfasser in Gemäßheit seines Verbrechens darauf belangen, einen Commentar in 6 Bänden zu schreiben. Wie ist zu erkennen?

XLIX.

Eine augenblickliche Geldverlegenheit veranlaßt den Stallmeister Hanke, dem Dr. Schaumburg ein Pferd für 25 Louisb'or zum Verkauf anzubieten. Dieser ist zwar nicht abgeneigt, will aber das Pferd erst einen Monat auf Probe haben, was Hanke

ihm aber verweigert, indem es ihm, wie er sagt, gerade darauf
ankomme, sofort baares Geld zu erhalten, und er dasselbe auch
von jedem Andern sofort bekommen könne. Das Pferd sei so
gut und billig, daß es dem Käufer nie einfallen würde, es zurück=
zugeben. Nach einigen Verhandlungen wird in Gegenwart eines
Herrn von Kaulfuß der Kauf dahin abgeschlossen, daß Schaum=
burg den Kaufpreis sofort zahlt, aber beiden Theilen das Reu=
recht innerhalb eines Monates zustehen soll. Der Kauf wird
darauf von beiden Seiten sofort erfüllt.

Der Herr von Kaulfuß hätte das Pferd gern für sich ge=
kauft, wollte aber seinem Freund einen, wie es ihm schien, vor=
theilhaften Handel nicht verderben. Er spricht sich später mehr=
mals in diesem Sinne gegen ihn aus und bietet ihm vor
Ablauf des Monats 30 Louisd'or für das Pferd — eine Offerte,
die Schaumburg annimmt, indem er das Pferd trabirt. Der
Stallmeister erfährt dies und zeigt in Folge davon dem Schaum=
burg innerhalb des Monats an, daß er von seinem Reurecht
Gebrauch machen wolle. Es sollen jetzt folgende Fragen be=
antwortet werden:

1. Kann Schaumburg vom Herrn von Kaulfuß gegen Resti=
tution der erhaltenen 30 L. das Pferd zurückverlangen?

2. Was und mit welcher Klage kann der Stallmeister von
Schaumburg fordern, wenn dieser ihm das Pferd nicht zurück=
giebt?

3. Kann er gegen den Herrn von Kaulfuß eine dingliche
oder persönliche Klage anstellen?

4. Würde es auf die Entscheidung von Einfluß sein, wenn
das Pferd durch einen reinen casus bei dem gegenwärtigen Be=
sitzer untergegangen wäre? Wenn dieser casus sich vor Aus=
übung des Reurechts ereignet hätte, würde dasselbe dann nicht
wenigstens dahin ausgeübt werden können, daß der Käufer die

25 L. zurück erhielte und dafür 30 restituirte, m. a. W. könnte der Verkäufer nicht die vom Käufer durch den abermaligen Verkauf profitirten 5 L. fordern?

5. Wenn das Pferd an einem inneren Fehler gestorben wäre, würde Herr von Kaulfuß seinen Regreß gegen den Dr. Schaumburg nehmen können, der von dem Fehler nicht gewußt hat, und wenn, würde dieser seine Schadloshaltung dadurch erzielen können, daß er gegen Hanke das Reurecht ausübte?

L.

Der Apotheker Brockhaus machte sich gewöhnlich an hohen Fest- und Feiertagen das Vergnügen, des Nachmittags auf einem geliehenen zahmen Gaule ein Stündchen vor das Thor zu reiten. Er hatte zwar das Reiten nicht gelernt und nach dem Urtheil aller Kenner auch nicht die geringste Anlage dazu, allein da er immer zahme Pferde geritten hatte, so hatten seine bisherigen Versuche weiter keine unangenehmen Folgen für ihn gehabt, als die spöttischen Blicke der Zuschauer. Als er aber am Ostermontag 1841 sein gewohntes Vergnügen genießen wollte, bekam er statt seines bisherigen frommen Thieres, welches von dem Verleiher, dem Stallmeister Springmann, wegen Altersschwäche verkauft worden war, ein etwas muthigeres Thier. Er gelangte nun zwar ohne Furcht und Sorge mit demselben aus dem Thor hinaus, allein im Freien gab dasselbe bald Zeichen einer ihm sehr bedenklichen Lebendigkeit und Munterkeit von sich, namentlich schien es stets im Widerspruch mit ihm darauf bestehen zu wollen, mit allen vorbeitrabenden Pferden gleichen Schritt zu halten. Ein anderer Reiter, der dies wohl gemerkt haben mußte, der Lieutenant von Malzow, gesellte sich zu ihm, wie Brockhaus fest überzeugt war, bloß um sich einen

Spaß mit ihm zu machen. Sobald nämlich er selbst sein Pferd nach einem längeren Traben endlich wieder in Schritt gebracht hatte, fing der Lieutenant, der immer etwas vor ihm ritt, wieder an zu traben, und sofort mußte Brockhaus unwillkürlich seinem Beispiele folgen. Er war aber bald von diesem unfreiwilligen Wettrennen so angegriffen, daß er in voller Seelenangst den Lieutenant beschwor, doch entweder eine Zeit lang Schritt oder einen andern Weg zu reiten, worauf dieser ihm spöttelnd erwiderte: die Landstraße sei für alle, und er, Brockhaus, traue seiner Kunst zu wenig, er könne es mit dem Besten aufnehmen, er, der Lieutenant, wolle aber ihm zu Gefallen eine bedeutende Strecke vorausreiten. Damit gab er seinem Pferde die Sporen, was denn sofort bei dem seines Begleiters wiederum die geschilderte Wirkung hervorrief. Brockhaus machte jetzt eine verzweifelte Kraftanstrengung, um sein Pferd zurückzuhalten, allein bei der Gelegenheit verlor er die Peitsche und den Hut. Bis dahin aber trabte sein Pferd neben dem des Lieutenants, ohne daß man es eigentlich hätte scheu nennen können; es wurde dies aber dadurch, daß die beiden elf= und dreizehnjährigen Söhne des Hofraths Müller bei Herannahen des Pferdes ein Geschrei erhoben und mit ihren Stöcken in die Luft schlugen, und vollends dadurch, daß ein Hund demselben entgegensprang und es bellend verfolgte. Der Eigenthümer desselben, ein Glasermeister Schönbaum, rief denselben zwar, allein der Hund ließ sich dadurch nicht abhalten. Wie nun gar einige Fußgänger hinzusprangen, um das Pferd zum Stehen zu bringen, bäumte es sich, schlug hinten aus und traf einen derselben, den Tischlergesellen Märtens, warf dann den Reiter ab und lief feldeinwärts über mehrere Kohlfelder.

Es sollen folgende Fragen beantwortet werden:

1. Brockhaus hat einen schweren Fall gethan, an dem er

mehrere Wochen liegen mußte. Es will wissen, ob er nicht irgend Jemanden von den in diesem Fall vorkommenden Personen in Anspruch nehmen kann. Er glaubt, die Hauptschuld an seinem Unfall trage der Stallmeister Springmann, indem er ihm statt eines zahmen Pferdes, wie er es bestellt habe, ein wildes geliefert habe. Andere haben ihn versichert, er könne auch gegen den Lieutenant, den Hofrath Müller und den Glasermeister Schönbaum klagen.

2. Springmann will gleichfalls einen Anspruch auf Schadensersatz geltend machen. Das Pferd ist ohne Sattel und bedeutend verletzt ihm wieder zugestellt. Er will wissen, welche von den genannten Personen er in Anspruch nehmen kann.

3. Der Tischlergeselle Märtens hat in Folge der Verletzung seiner Hand eine Woche lang nicht arbeiten können und verlangt dafür eine angemessene Entschädigung sowie Schmerzensgelder.

4. Der Bauer Janssen fordert dieselbe für den Schaden, den das Pferd auf seinem Kohlfelde angerichtet hat. Beide Personen wollen wissen, gegen wen sie ihren Anspruch zu richten haben.

LI.

Der Kaufmann Luden in X hatte seinem Neffen Friedrich Robbe während seines akademischen Trienniums eine Unterstützung von 150 Thlrn. für jedes Semester versprochen. Letzterer studirt seit Ostern 1840 in Göttingen und hat dreimal 150 Thlr. erhalten. Im Anfang September 1841 giebt er seinem Freunde Jäger, der gerade nach X reist, einen Brief an seinen Oheim mit, worin er denselben ersucht, die ihm bestimmte Subvention für das kommende Wintersemester seinem Freunde Jäger zur Ueberbringung einzuhändigen. Jäger findet bei seiner Ankunft in X am 15. Sept. den Adressaten sehr krank vor. Bei seinem zwei Tage später erfolgenden Abschiede erhält er von demselben einen Brief an Robbe, worin 3 preußische Kassenanweisungen, jebe auf 50 Thlr. lautend, und ein Brief an einen Kaufmann Siemens in Göttingen eingeschlossen sind, in dem er denselben ersucht, er möge seinem Neffen Robbe die Summe von 83 Thlrn, welche er ihm noch für verkaufte Waaren schulde, baldigst auszahlen. Seinem Neffen schreibt Luden: er schicke ihm diesmal mehr, als sein halbjährlicher Wechsel betrage, indem er ihm außer den einliegenden 150 Thlrn. noch 83 Thlr. zuwende, welche er bei dem Kaufmann Siemens in Göttingen stehen habe, und welche Robbe sich auszahlen lassen möge. Es werde dies nämlich wohl die letzte Geldsendung sein, welche er ihm machen könne, denn er fühle sein Ende herannahen, und sein Nachlaß würde nicht bedeutend sein. Sollte er aber leben bleiben, so werde er ihm das nächste Mal so viel abziehen, als er jetzt zuviel geschickt habe. Noch am 18. Sept. reist Jäger nach Göttingen, wo er am 19. ankommt und den Brief an Robbe abgiebt. Dieser besorgt die Einlage an den Kaufmann Siemens, der ihm verspricht, die 83 Thlr. in einigen Tagen zu zahlen. Als Robbe nach einigen Tagen wiederkommt, macht Siemens anfänglich aus dem Grunde Schwierigkeiten, weil er erfahren habe, daß Luden am 18. Sept. gestorben sei. Beide vereinigen sich jedoch dahin, daß Siemens die 83 Thlr. zahlen, Robbe sich aber unter Stellung eines annehmbaren Bürgen verpflichten soll, die 83 Thlr. für den Fall zurückzuzahlen, daß Siemens dieserhalb sollte in Anspruch genommen werden. Nach dem am 18. Sept. erfolgten Tode des Luden ist über dessen Nachlaß Concurs eröffnet. und der Concurscurator will auf Herausgabe der 150 und 83 Thlr. klagen. Er denkt an die act. venditi gegen den Siemens und die reivindic., condict. und act. Paul. gegen Robbe. Was kann der Curator verlangen und mit welchen Klagen?

Wird es für die Entscheidung des vorliegenden Falles einen Unterschied begründen, ob Jäger in Bezug auf die Entgegennahme des Briefes als Mandatar des Robbe oder des Luden anzusehen ist, und wird ein Mandat des ersteren darin zu finden sein, wenn derselbe seinen Freund von dem Inhalt seines Briefes in Kenntniß gesetzt und dabei die Hoffnung ausgesprochen hat: er würde ihm seinen Wechsel mit zurückbringen?

LII.

Zu einem auf den 15. Februar in Klausenburg angesetzten Ball beabsichtigte das Ballcomité die Tanzkarten in Wien anfertigen zu lassen und wandte sich zu dem Zweck im Laufe des Monats Januar an einen jungen Menschen von dort, der in Wien studirte, den stud. jur. Posmann, mit der Bitte, die Tanzkarten in der näher angegebenen Weise und Zahl bei dem Lithographen Gertinger zu bestellen, indem es ihm insbesondere noch einschärfte, für rechtzeitige Anfertigung und Absendung Sorge zu tragen, weil es seinerseits bei verspätetem Eintreffen der Karten dieselben zurückweisen werde. Posmann verfügte sich sofort nach Empfang des Briefes zu dem Lithographen und erhielt von ihm gegen Erlegung eines Angeldes von 10 fl. die Zusicherung, daß er die Karten anfertigen und spätestens am 6. Februar zur Post geben werde. Der letztere Termin war mit beiderseitigem Einverständniß festgesetzt worden, nachdem Gertinger auf die Bemerkung des Posmann, daß Alles von dem rechtzeitigen Eintreffen der Karten abhänge, und entgegengesetzten Falls das Comité für nichts haften werde, ihm erwidert hatte, daß er völlig unbesorgt sein solle, die Karten würden spätestens am 10. in Klausenburg sein. Die Absendung derselben erfolgte am bestimmten Tage, gleichwohl trafen sie zum Ball nicht ein, inbem sie, wie sich später zeigte, in Großwarbein auf ber Post liegen geblieben waren. Daß bie Post schließlich für ben Schaben (bie Rechnung bes Gertinger beträgt 60 fl.) einzustehen hat, ist unzweifelhaft, allein keine ber brei betheiligten Parteien hat Lust, bie Klage gegen sie zu erheben, jebe sucht vielmehr sie ber anberen zuzuschieben. Das Comité in Klausenburg lehnt mit Bezugnahme auf seine in bem Briefe an Posmann gegebene Erklärung jebe Verbinblichkeit ab. Dieser macht geltenb, baß er, möge man als Stellvertreter ober Boten ihn qualificiren, für gar nichts hafte; ber Lithograph, baß er seiner contractlichen Verbinblichkeit nachgekommen sei.

Es sollen folgende Fragen beantwortet werben:

1. An wen hält sich Gertinger, an bas Comité ober an Posmann? Bei bem Paquet, welches an bie Abresse eines ber Comitémitglieder, bes Herrn A in Klausenburg gerichtet war, befanb sich bie Rechnung „über 60 fl. für 500 im Auftrage bes Herrn stud. jur. Posmann in Wien bem Ballcomité zu Klausenburg gelieferte Tanzkarten, worauf abschläglich burch Herrn Posmann 10 fl. erhalten". Kann bas Comité, wenn es belangt werben sollte, ihn an Posmann weisen, weil er burch Annahme einer Partial- abzahlung von 10 fl. ihn als seinen Schulbner, ober kann Posmann im gleichen Fall ihn an bas Comité weisen, weil er burch Ausstellung seiner Rechnung bieses als ben eigentlichen Schulbner anerkannt habe?
Welche Klage hat er anzustellen?

2. Kann ihm entgegengesetzt werben:

a) baß bie Haftung ausbrücklich auf ben Fall beschränkt worben sei, wenn bie Karten zur rechten Zeit einträfen?

b) daß er das Eintreffen derselben bis zum 10. Febr. zugesagt habe?

3. Ist das Comité verpflichtet, dem Posmann die 10 fl. zu ersetzen?

4. Angenommen, daß das Comité sich entschließt, die Post zu belangen, welche Klage hat es zu erheben, und wie begründet es dieselbe?

LIII.

Das Handlungshaus Kaiser in Mannheim führt zwei Steinkohlenbestellungen, die eine an Böhmer in Frankfurt auf 800 Tonnen, die andere an Munk in Hanau auf 400 Tonnen in der Weise aus, daß es die gesammten 1200 Tonnen auf 2 demselben Schiffer gehörige Frachtschiffe zu je 600 Tonnen verladet. Das eine dieser Schiffe geht in der Nacht vor der beabsichtigten Abfahrt bei einem heftigen Orcan mit der Ladung im Rhein unter, und es frägt sich, wen der Schaden trifft. Beide Besteller lehnen ihn von sich ab, weil beim Verkauf generisch bestimmter Sachen die Gefahr erst mit der Ausscheidung der Sachen übergehe, diese aber im vorliegenden Fall noch nicht erfolgt gewesen sei. Wenn Kaiser sich darauf stütze, daß er für beide gemeinschaftlich 1200 Tonnen ausgeschieden habe, so sei dagegen zu bemerken, daß Jeder von ihnen unabhängig von dem Andern, der Eine 800, der Andere 400 Tonnen bestellt habe, daß diese beiden Massen aber von ihm nicht besonders ausgeschieden worden seien. Kaiser erwidert darauf, daß er dies gerade im Interesse der Besteller unterlassen habe, denn das Gegentheil: die separate Verladung würde die Transportkosten beträchtlich erhöht haben, für den Böhmer, weil der Transport s e i n e r Kohlen auf zwei Schiffen hätte erfolgen, für den Munt, weil er für ein Schiff von 600 Tonnen hätte zahlen müssen (welche Behauptung bei der Bearbeitung des Falls als richtig angenommen werden soll). Es sei dolus, daß man ihm aus etwas, was ihm zum Verdienst anzurechnen sei, einen Vorwurf mache. Die Gegner führen ein Präjudiz des Hofgerichts in Gießen an, welches ihre Ansicht bestätigt habe. In einem strengen Winter, als in Gießen der Preis des Holzes auf 19 fl. gestiegen sei, habe ein dortiger Handelsmann X sich anheischig gemacht, wenn eine größere Zahl von Bestellungen einliefe, das Holz aus dem benachbarten Churhessischen per Eisenbahn kommen zu lassen und die Klafter für 17 fl. zu liefern. In Folge dessen seien massenhafte Bestellungen eingelaufen. Von dem durch X bestellten Holz sei am Bahnhof zu Frohnhausen vor der Auflabung etwa ein Drittel verbrannt und diesen Schaden, den X auf die Besteller habe wälzen wollen, habe das Gericht ihm selber auferlegt, weil, wie es in den Entscheidungsgründen zu dem Erkenntniß heiße, die Ausscheidung an die einzelnen Besteller noch nicht erfolgt gewesen sei. Auch in dem angezogenen Fall sei der gemeinsame Transport des gesammten Holzes im Interesse der Besteller erfolgt, weil nur auf diesem Wege ein so billiger Preis habe erzielt werden können, gleichwohl aber sei bem X das periculum auferlegt worden. Ohne Ausscheidung wisse man ja gar nicht, wessen Sache untergegangen sei, die Sache sei aus dem genus noch nicht herausgetreten, genus autem perire non censetur.

Wie sind beide Fälle zu entscheiden?

LIV.

A, seit langen Jahren von seiner Vaterstadt abwesend, wird durch den Tod seines Vaters dahin zurückgerufen. Dieser hatte ihn früher mehrmals brieflich gebeten, er möge doch nach seinem Tode gewisse Unterstützungen, die er einigen armen Familien bisher gewährt habe, denselben fernerhin zu Theil werden lassen, und auch seine Domestiken, namentlich die X, die ihm, wie er glaube, treu gedient habe, bedenken, ein Testament wolle er darüber nicht machen. A schickt nach eingezogenen Erkundigungen den von seinem Erblasser bisher unterstützten Familien die Kleidungsstücke seines Vaters zu, allein durch eine Verwechslung kommen die für die Wittwe H. Müller bestimmten an die Wittwe K. Müller. Von den Domestiken schenkte er jedem 20 Thlr., der X aber 50. Später findet sich, daß die X den Testor vielfach betrogen hat und ein Geschenk durchaus nicht verdiente. Kann er das Gegebene von der K. Müller und der X zurückfordern und mit welcher Klage in beiden Fällen? In Bezug auf die X sollen speciell folgende Fragen beantwortet werden:

1. Begründete die Bitte des Erblassers an den Erben für sie einen Anspruch? Sie beruft sich auf die bekannte Bestimmung von Justinian in l. 32 Cod. defideic. (6. 42).

2. Angenommen, dies sei nicht der Fall gewesen, ließ sich die Zahlung der 50 Thlr. nicht wenigstens unter den Gesichtspunkt der Erfüllung einer obligatio naturalis bringen, oder wie ist sie sonst aufzufassen?

3. Welchen Einfluß übt der Irthum über die Aufführung der X auf die Gültigkeit dieser Zahlung aus?

LV.

Der Professor der Philologie Masius an der Universität X hatte von der dortigen Röber'schen Buchhandlung regelmäßig alle literarischen Novitäten zur Ansicht zugeschickt erhalten, von der

Enslin'schen Buchhandlung, die bei seiner Berufung nach X eben-
falls mit solchen Zusendungen begonnen hatte, hatte er sich die-
selben verbeten. Im Januar 1851 überfiel ihn ein schweres
Leiden, das im December desselben Jahres seinem Leben ein
Ende machte. Im Februar desselben Jahres war die Enslin'sche
Buchhandlung in andere Hände übergegangen, und der neue
Besitzer, Tellkampf, welcher den sämmtlichen Mitgliedern der
Universität durch gedruckte Annoncen diese Veränderung ange-
zeigt und darin zugleich um die Erlaubniß gebeten hatte, ihnen
Novitätensendungen machen zu dürfen, machte auch dem Professor
Masius fortan derartige Zusendungen. Dieser fand sich nicht
in der Lage, dieselben zu öffnen und anzusehen, und nach seinem
Tode fand man in dem Arbeitszimmer des Verstorbenen einen
ganzen Haufen uneröffneter Bücherpaquete, die theils der
Röber'schen, theils der Enslin'schen Buchhandlung gehörten.
Der Erbe des Verstorbenen, der Dr. Strempel, ließ dieselben
sämmtlich den beiden Buchhandlungen zurückstellen; da diese
jedoch in Bezug auf die Annahme derselben Schwierigkeiten erhoben und sich ihre Ansprüche vorbehalten hatten, so verfügte
er sich persönlich zu ihnen, um die Sache auszugleichen. Beide
stützten ihre Weigerung auf denselben Grund, nämlich auf die
verspätete Rücksendung der Bücher, und verstanden sich nur zur
Zurücknahme der seit October gemachten Sendungen. Länger
als 2, höchstens 3 Monate dürfe kein Empfänger von Novitäten dieselben zur Ansicht behalten, auf der Factura sei die
Zeit nur auf 5 bis 6 Wochen angegeben und es sei hinzugefügt, daß Bücher, die innerhalb dieses Zeitraumes nicht zurück-
erfolgten, als fest behalten angesehen und nicht zurückgenommen
würden. Außerdem erfährt Strempel von beiden, daß einige
Bücherpakete und zwar bei beiden gleichmäßig diejenigen,
welche im Laufe der Monate Juli und August übersandt waren,

fehlten. Während dieser beiden Monate hatte der Verstorbene
eine Krankenwärterin, die wegen verschiedener Unredlichkeiten,
deren sie überführt worden war, entlassen ward, und es hat
alle Wahrscheinlichkeit für sich, daß sie die Bücherpaquete unter-
schlagen hat.

Strempel wünscht, bevor er in dieser Sache seinen Entschluß
faßt, von einem Rechtsgelehrten Belehrung über die ein-
schlagenden Fragen, und zwar

I. in Bezug auf seine Verpflichtung, die noch vorhandenen
Bücherpaquete mit Ausnahme der aus den drei letzten Monaten
zu behalten.

1. Hat die oben erwähnte Clausel der Factura, daß die nicht
zurückgesandten Bücher als behalten angesehen würden,
rechtliche Kraft?

2. Kann man, abgesehen davon, aus der Nichtzurücksendung
der Bücher während einer gewissen längeren Zeit den
stillschweigenden Willen folgern, sie zu behalten?

3. War diese Folgerung im vorliegenden Fall begründet?

4. Hätten nicht die Buchhandlungen selber die Bücher zurückfordern sollen?

5. Ist nicht der Enslin'schen Buchhandlung gegenüber jede
Verpflichtung dadurch ausgeschlossen, daß der Verstorbene
sich ausdrücklich jede Novitätensendung von ihr verbeten
hatte?

II. in Bezug auf seine Haftung für die verloren gegangenen Paquete.

1. Wenn, wie anzunehmen, die Wärterin dieselben in Empfang
genommen und verkauft hat, kann Strempel nicht darauf
hin jede Haftung ablehnen, daß die Obligation, welche
durch Entgegennahme eines solchen Paquets begründet
wird (welcher Art ist sie?), in diesem Falle gar nicht zu

Stande gekommen sei, indem eine unbefugte Person das für den Verstorbenen bestimmte Paquet in Empfang genommen habe?

2. Angenommen, die Obligation sei entstanden, läßt sich auf Grund derselben eine Haftung des Empfängers für die abhanden gekommenen Paquete deduciren? Läßt sie sich im vorliegenden Fall auf eine culpa seinerseits stützen, oder wenn nicht, kann man ihm wenigstens nicht insofern das periculum aufbürden, weil er schlechthin für die Handlungen seiner Dienstleute aufzukommen hat?

3. Wird eine Verschiedenheit der Verpflichtung gegenüber der einen und andern Buchhandlung aus dem Grunde anzunehmen sein, weil die eine die Novitätensendungen seit Jahren mit Zustimmung des Verstorbenen vornahm, die andere aber gegen ein ihr früher ausdrücklich erklärtes Verbot?

4. Angenommen, daß eine Civilklage gegen die Wärterin irgend einen Erfolg verspräche, können die beiden Buchhandlungen von Strempel verlangen, daß er in ihrem Interesse diesen Weg einschlage? Er seinerseits ist erbötig, ihnen die Klage zu cediren; haben sie nöthig, die Cession anzunehmen?

LVI.

Der A gibt bei seinem Aufenthalt in Dresden seinem Lohndiener den Auftrag, ihm ein Billet zur Besichtigung des grünen Gewölbes zu verschaffen. Ein solches Billet, welches bei der Benutzung desselben mit 2 Thlrn. bezahlt wird, ist für eine ganze Gesellschaft gültig, allein da an dem Tage sich keine Theilnehmer auffinden ließen, so entschloß sich A, der am folgenden Tage Dresden schon wieder verlassen mußte, das Billet trotzdem allein zu benutzen. Er stellte sich zur bestimmten Zeit ein und entrichtete den Preis. An dem Eingange fand er 3 Juden vor, welche, als ob es sich von selbst verstände, mit in das Gewölbe hineintraten. Dem A war dies insofern ganz lieb, als er jetzt, wie er meinte, nur $1/2$ Thlr. würde zu bezahlen haben, allein als die Besichtigung beendet war, weigerten sich die Juden, den auf sie entfallenden Theil zu entrichten, und begnügten sich damit, dem A dafür zu danken, daß er sie auf sein Billet mitgenommen habe. A hat den Fall später verschiedenen befreundeten Juristen mitgetheilt und sie um ihre rechtliche Ansicht gefragt. Die meisten haben sich dahin ausgesprochen, daß die Juden ihm zu nichts verpflichtet seien; er habe sie, bevor er sie zugelassen habe, fragen sollen, ob sie gemeinschaftliche Sache mit ihm machen wollten, in welchem Falle er die act. pro socio gehabt haben würde. Einige dagegen meinen, daß die Juden diesen Willen stillschweigend bereits dadurch an den Tag gelegt hätten, daß sie sich ihm angeschlossen hätten; entgegengesetzten Falls würden sie ebensogut, wie derjenige, welcher sich ohne Billet in ein Theater oder Concert geschlichen habe, ein furtum usus begangen haben und aus diesem Grunde haften. Auch könne man Seitens des A eine negotiorum gestio oder in rem versio annehmen. War es von Einfluß, ob die Juden die obige Einrichtung (Gesellschaftsbillets à 2 Thlr.) kannten, oder ob sie ihnen unbekannt war?

LVII.

Der Bäcker Müller verkauft sein Haus für 2600 Thlr. Courant dem Dr. Rose und zwar unter folgender Nebenbestimmung:

„daß, wenn dem Käufer oder dessen Erben gefällig sein möchte, das Haus wiederum zu verkaufen, dem Verkäufer oder dessen

Kindern das Vorkaufsrecht daran zustehen soll, jedoch mit
dem Vorbehalt, daß dann die Kaufsumme in vollwichtigem
Golde bezahlt und dann die Meliorationen vergütet werden
sollen. Wenn sich aber Verkäufer oder dessen Kinder nicht
dazu verstehen würden, bliebe dem Käufer oder dessen
Erben frei, gedachtes Haus frei zu verkaufen, und der Verkäufer und dessen Kinder sollten sodann das Verkaufsrecht
verlieren und solches gegen den ferneren Käufer nicht exer-
ciren können.

Nach mehreren Jahren ist das Haus durch eine Unvorsichtigkeit des Dr. Rose in Brand gerathen und fast ganz vom
Feuer verzehrt. Rose hat auf den Wiederaufbau desselben
2000 Thlr. Gold verwandt.

Nach seinem Tode lassen seine Erben das Haus öffentlich
verkaufen, und einer von ihnen, der Hofrath Römer, der zu
¼ Erbe ist, thut im Termin das höchste Gebot, nämlich
3900 Thlr. Noch bevor ihm von seinem Miterben der Zuschlag
ertheilt ist, meldet sich der Bäcker Müller und verlangt, daß ihm
das Haus für 2600 Thlr. Gold zugesprochen werde. Die
Erben aber behaupten, an den obigen Contract nicht mehr gebunden zu sein; wenn es aber der Fall wäre, so müsse er
1. den ehemaligen Kaufpreis, also 2600 Thlr. in Gold entrichten, 2. die Meliorationen vergüten, also 2000 Thlr., im
Ganzen also 4600 Thlr. Gold, zu welchem Preis ihm das
Haus gern zu Gebote stehe. Müller hingegen behauptet, da
der Dr. Rose den Brand des Hauses durch eigene culpa veranlaßt habe, so könne man den Wiederaufbau nicht als
Melioration ansehen.

Da die Erben aber trotzdem dem Hofrath Römer den Zuschlag ertheilen, so tritt der Bäcker Müller gegen denselben mit
einer Klage auf, worin er gegen Zahlung von 2600 Thlrn.

die Herausgabe des Hauses verlangt. Es sollen folgende Fragen beantwortet werden:

1. Kann Müller, wenn sein Anspruch begründet ist, denselben gegen den jetzigen Beklagten richten?

2. Ist derselbe an sich begründet, und wenn dies zu bejahen, worauf ist er zu richten?

3. Der größeren Einfachheit und Uebersicht wegen haben wir bisher angenommen, daß Müller bei dem Tode des Dr. Rose noch lebte, allein dies war in Wirklichkeit nicht der Fall, vielmehr war er bereits gestorben mit Zurücklassung dreier Intestaterben: eines Sohnes, des Krämers Müller, und zweier Enkel von seiner verstorbenen Tochter, des A. und B. Peters. Gesetzt, ihrem Erblasser ist das behauptete Recht zuzuerkennen, steht es auch?

    a. den drei benannten Personen zu. Für dritte Personen (hier die „Kinder") kann man sich nichts ausbedingen, l. 38 § 17 de V. O. (45. 1), der Umstand, daß sie später Erben werden, ist nach l. 17 § 4 de pact. (2. 14) einflußlos, den beiden Enkeln insbesondere steht noch entgegen, daß sie keine „Kinder" sind.

    b. Wenn sie nicht einstimmig sind, kann der Erbe eine die andern zwingen, ihre Zustimmung zu ertheilen oder für sich allein das Rücklaufsrecht ausüben?

LVIII.

Der regierende Fürst N. N. deponirte im Januar 1795 bei dem Dechanten des Stifts St. Mariae zu Erfurt J. Hunolb und dem Scholaster H. Meier ein Kapital von 20,000 Thlrn. gegen Empfang eines Depositenscheines. Es wurde dabei noch

eine Urkunde in doppelter Ausfertigung für beide Parteien auf-
gesetzt, in der es also heißt:

„daß die **Depositarii** diese Sache geheim halten, dem
„fürstlichen Herrn **Deponenti** aber zu aller Zeit, wie
„Rechtens, gegen Retrahirung des Depositen- oder statt
„dessen eines Mortificationsscheines vorerwähntes Depositum
„zurückgeben sollten.

„Daferne jedoch die Wiederabforderung des **Depositi** von
„ihm bei dessen Leben nicht geschehen, auch nach dessen
„Ableben Niemand den erhaltenen Depositenschein den Deposi-
„taren präsentiren und solchergestalt oben erwähnte Gelder
„zurückfordern würde, so sollten die Depositare diese Gelder
„kraft dieses an sich behalten, keineswegs aber schuldig sein,
„sie ohne wirklichen Wiederempfang des Depositenscheins zu
„extrahiren.‟

Der Fürst ist gestorben, ohne das Depositum zurückzufordern,
und bisher ist den Depositaren der Depositenschein nicht präsentirt.
Der Erbe des Fürsten hat bis jetzt den Schein noch nicht in
Händen und weiß überhaupt nicht, welche Bewandtniß es damit
hat, indem er den handschriftlichen Nachlaß seines Erblassers
noch nicht erhalten hat. Die Depositare wollen sich das Depositum
aneignen und haben sich, wie verlautet, schon darein getheilt.
Der Erbe verlangt ein Gutachten über die Fragen, ob er die
act. depositi auf Zurückgabe habe oder nicht wenigstens auf
Cautionsbestellung bringen könne.

Würde es für die Entscheidung des vorliegenden Falles von
Einfluß sein, ob der Fürst Landesherr wäre?

Mit diesem Rechtsfall hat folgender eine gewisse Aehnlichkeit.

Vor Kurzem starb in Brooklyn (New-York) ein nicht minder
wegen seiner Sonderlichkeiten als seines Reichthums bekannter
Mann. In seinem Testament fand sich u. a. folgende Bestim-

mung: „Ich besitze 71 Hosen. Es ist mein Wunsch, daß dieselben nach meinem Tode zur öffentlichen Versteigerung gelangen,
und daß der Erlös des Verkaufs an würdige Arme meiner
Pfarrei vertheilt werde. Doch müssen sie einzeln an verschiedene
Käufer abgelassen werden, und keiner darf mehr als eine der
Hosen kaufen." Die Bestimmung wurde getreulich ausgeführt.
Einige Tage nach der Versteigerung fiel es einem der Käufer
ein, die von ihm erstandene Hose einer genauen Untersuchung
zu unterwerfen. Zu seiner Ueberraschung und Freude fand er
dabei in dem obern Rande der Hose ein Säckchen mit 10
Hundert-Dollarsnoten sauber eingenäht. Die Sache wurde bald
ruchbar, und die übrigen 70 Hosenbesitzer ahmten das Beispiel
des Genannten ohne Verzug nach, und zwar mit demselben
angenehmen Erfolge. Die Erben des Testators haben gegen
sämmtliche 71 Hosenbesitzer eine Klage auf Herausgabe der
gefundenen Summen angestellt, weil er offenbar verrückt gewesen sei, als er die erwähnte Verfügung getroffen habe.

LIX.

Der Steuereinnehmer Lange in X hat sich wegen Kassen-
defects geflüchtet. Nach einigen Monaten schreibt er aus Holland an seinen Vater und ersucht ihn um Uebersendung von
500 Thlrn.; er wolle sich damit eine Handlung einrichten und
später seine in X zurückgelassene Frau nachkommen lassen. Der
Vater schickt das Geld und bezahlt auch den Kassendefect von
700 Thlrn. Sein Sohn hat sich aber später wieder aus Holland entfernt und nichts von sich hören lassen. Nach mehreren
Jahren kommt eine Frau mit 5 Kindern nach X, welche sich
dem alten Lange als Wittwe seines in Belgien verstorbenen
Sohnes zu erkennen gibt und die Alimentation ihrer Kinder

von ihm verlangt. Sie beweist, daß sein Sohn in Armuth gestorben, und der geringe Nachlaß völlig von den Gläubigern in Anspruch genommen ist, ferner daß sie ihm gültig angetraut war. Daß er noch eine Frau am Leben hatte, hat sie erst nach seinem Tode aus seinen Papieren erfahren. Der alte Lange wünscht von uns ein Gutachten über folgende Fragen:

1. Ob er den 5 Kindern seines Sohnes die Alimente geben,

2. sie zu Erben einsetzen müsse und auf wie viel? Sein Vermögen beträgt 6000 Thlr. Andere Kinder oder Enkel hat er nicht;

3. ob er ihnen dabei die ihrem Vater gesandten 500 Thlr. und die für ihn bezahlten 700 Thlr. anrechnen könne?

LX.

Der Medicinalrath Pfeifer ordnet in einem Testamente, in dem er seine Frau zur Erbin eingesetzt hat, folgendes Vermächtniß an:

„Meine Frau soll meinen beiden Schwestern Auguste und Louise Pfeifer von einem Kapital von 6000 Thlrn. die Zinsen jährlich mit 300 Thlr. auf ihre Lebenszeit verabreichen. Nach deren Ableben aber soll dieses Kapital von 6000 Thlrn. an die beiden Söhne meines verstorbenen Bruders, den Handlungslehrling Karl und den Studenten der Medicin Wilhelm Pfeifer zu gleichen Theilen als ein Legat vertheilt werden. Wenn aber einer von diesen vor meinem Tode versterben sollte, soll der andere überlebende Bruder die 6000 Thlr. völlig zu seinem Antheil bekommen."

Der Testator stirbt am 11. März 1825, seine Frau tritt die Erbschaft an und zahlt 5 Jahre hindurch jeder von ihren beiden Schwägerinnen jährlich 150 Thlr. aus, und zwar in der

Regel in zwei Terminen, um Johannis und Neujahr. Nachdem die Auguste Pfeifer am 13. April 1830 verstorben war, schickte die Erbin ihrer noch lebenden Schwägerin um Johannis wie bisher nur 75 Thlr., wogegen diese aber protestirte, und da auch am nächsten Neujahr wiederum nur die gleiche Summe eintraf, Klage erhob.

Im Jahre 1832 den 12. December starb Karl Pfeifer, und am 3. Juni 1836 verunglückten sein Bruder und seine Tante; auf der Rückfahrt von einem Besuche auf dem Lande überfiel sie die Nacht, die Pferde wurden scheu und stürzten mit dem Wagen in das Wasser. Gegen die verwittwete Pfeifer traten nun nach und nach die Erben aller bisher genannten Personen auf und zwar

1. die der Auguste Pfeifer, indem sie für das Jahr 1830 bis 1831 150 Thlr. in Anspruch nehmen. Die Beklagte verweigert die Zahlung, weil die Legatarin die beiden Termine Johannis 1830 und Neujahr 1831 nicht erlebt habe.

2. Die Erben der Louise Pfeifer verlangen für 6 Jahre die durch den Tod der Auguste erledigten 150 Thlr. nebst den Zinsen derselben.

3. Die Erben des Karl Pfeifer verlangen 3000 Thlr. nebst Zinsen. Die Verklagte behauptet, daß der Legatar die Bedingung des Legats, das Ableben seiner beiden Tanten, gar nicht erlebt habe, mithin das Legat nicht zur Existenz gekommen sei.

4. Die Erben des Wilhelm Pfeifer verlangen 6000 Thlr. nebst Zinsen.

Wie ist über diese 4 Klagen zu entscheiden?

LXI.

Im Jahre 1823 ging der Steuermann Gerd Klaussen von Brake im Oldenburgischen als Steuermann mit einem Hamburger Schiffe nach China. Was später aus ihm geworden ist, läßt sich nicht ermitteln, aller Wahrscheinlichkeit nach wird das Schiff von chinesischen Piraten genommen, und die Mannschaft niedergemetzelt worden sein. Als im Jahre 1837 dessen Vater, der Schiffscapitän Harm Klaussen, mit Hinterlassung von drei anwesenden Kindern verstarb, ward gerichtsseitig ein Viertel seines Nachlasses für den abwesenden Sohn einem zu diesem Zwecke bestellten curator absentis verabfolgt. Im Jahre 1860 erfolgte auf Antrag seiner jetzigen Intestaterben, nämlich der 7 Kinder seiner inzwischen verstorbenen Geschwister, dessen Todes=erklärung und die Auslieferung seines Nachlasses an sie zu gleichen Theilen. Einer derselben, der Schiffszimmermeister Brunke Klaussen, glaubt aber auf Grund der inzwischen von ihm eingezogenen rechtlichen Belehrung einen größeren Theil des Nachlasses in Anspruch nehmen zu können und stellt, da seine Miterben seine Ansprüche nicht anerkennen, gegen sie die act. familiae erciscundae an, die er in folgender Weise be=gründet.

Bei dem Tode ihres Großvaters sei das Gericht von der Voraussetzung ausgegangen, daß der verschollene Gerd Klaussen möglicher Weise noch wieder zurückkommen könne, und habe zu dem Ende ein Viertel des väterlichen Nachlasses für ihn ausge=schieden. Diese Voraussetzung sei nicht in Erfüllung gegangen, jenes Viertel habe also nach Art der B. P. furiosi nomine delata ursprünglich den Miterben zugewiesen werden müssen. Nach diesem Theilungsmodus gebühre ihm als dem einzigen Erben seines vorverstorbenen Vaters A $\frac{1}{3}$ von der Masse, das übrige $\frac{1}{3}$ den beiden Kindern von dessen Bruder B, das dritte den vier Kindern von dessen Schwester C, während nach dem jetzigen Theilungsmodus, bei dem das bei der Succession der Geschwisterkinder geltende Princip der Kopftheilung zu Grunde gelegt sei, nur $^1/_7$ auf ihn gekommen sei.

Die Beklagten behaupten die Richtigkeit des letzteren Theilungs= modus, indem sie sich darauf stützen, das der Gerd Klaussen, so lange nicht seine Todeserklärung ausgesprochen gewesen sei, als lebend und mithin als Erbe seines Vaters angesehen werden müsse. Nicht um eine nachträgliche Beerbung ihres Großvaters handle es sich hier, sondern um die ihres Onkels, mithin trete nicht die successio in stirpes, sondern in capita ein.

Von Seiten des Klägers wird dagegen ausgeführt, daß die Todeserklärung nur den Sinn habe, daß in dem Moment, wo sie erfolgt sei, der Tod, keineswegs aber den, daß bis zu diesem Moment das Leben als erwiesen angenommen werden solle. Wer dieses behaupte, müsse den Beweis führen; nur denjenigen, welcher den Tod, nicht denjenigen, welcher das Leben des Verschollenen behaupte, befreie sie vom Beweis. Wolle man aber auch das Gegentheil annehmen, so sei dies doch im vorliegenden Falle völlig gleichgültig, weil ihr Erblasser die Erbschaft seines Vaters nie angetreten habe, dieselbe falle durch Accrescenz an seine Miterben, beziehungsweise deren Erben.

Dem letzteren Einwand glauben die Beklagten durch Be= rufung auf die transmissio ex capite restitutionis begegnen zu können. Die Ansicht des Klägers über den Sinn der Todes= erklärung ist in ihren Augen einfach dadurch widerlegt, daß Jemand entweder todt oder lebendig sein müsse, ein Drittes — ein Mittelding zwischen beiden — sei ein Unding. Falle ver= möge der Todeserklärung der Tod ihres Onkels juristisch in das Jahr 1860, so habe er juristisch bis dahin gelebt.

Es sind folgende Fragen zu beantworten:

1. War vom Standpunkt des Klägers aus die act. familiae erciscundae die zutreffende Klage?

2. Angenommen, die von den Beklagten vertheidigte Ansicht über die Bedeutung der Todeserklärung sei die richtige, was ist von dem Einwande des Klägers über die mangelnde Antretung der Erbschaft zu halten?

3. Welche von den beiden Ansichten über die Bedeutung der Todeserklärung ist die richtige?

4. Wie ist schließlich über den Anspruch des Klägers zu erkennen?

LXII.

Der Makler Moritz Hirsch in X ist am 26. September 1860 mit Hinterlassung eines Testaments vom 4. Juli 1853 gestorben, dessen hier in Betracht kommender Inhalt folgendermaßen lautet:

§ 1. Zu meinen Erben, und zwar zu gleichen Theilen, setze ich ein meine beiden Söhne Karl und August und meine Tochter Bernhardine verwittwete Brand, jedoch unter folgenden näheren Modalitäten.

§ 2. Mein ältester Sohn Karl soll mein Wohnhaus, das er zur Zeit mit seiner Familie und mir und meiner Schwester bewohnt, zu dem Preise von 30,000 fl. behalten, jedoch soll er meiner Schwester die Zimmer im zweiten Stock, welche sie gegenwärtig bewohnt, unentgeltlich bis zu ihrem Lebensende lassen. Mit Rücksicht darauf sowohl als in Anbetracht der langjährigen Unterstützung, die er mir bei meinem Geschäft gewährt hat, erlasse ich ihm den zur Zeit noch 1430 fl. betragenden Rest des Kapitals von 10,000 fl., welches ich ihm seiner Zeit zum Zweck der Einrichtung seines Geschäfts vorgeschossen habe.

§ 3. Mein Sohn August hat durch seine bisherige Aufführung sattsam dargethan, daß er nicht im Stande ist mit Geld umzugehen. Käme mein Erbtheil in seine Hände, so würde er denselben ſicherlich in ebenſo leichtſinniger Weiſe durchbringen, wie vor 3 Jahren den Erbtheil ſeiner Mutter. Darum be= ſtimme ich in Betreff ſeiner Folgendes: Sein Erbtheil ſoll für den Fall, daß er ſich verheirathen und Kinder erhalten ſollte, für dieſe zurückgelegt werden, jedoch ſoll auch ihm ſelber die Möglichkeit eröffnet werden, ſich dadurch, daß er ſich beſſert, in den Beſitz deſſelben zu ſetzen.

§ 5. Zu dem Zwecke verfüge ich, daß die Schulden, die er im Moment meines Todes haben wird, aus ſeinem Erbtheil durch meinen älteſten Sohn bezahlt werden ſollen. Dieſer Erb= theil ſelber aber ſoll in ſicheren Papieren angelegt, und dieſe Papiere gerichtlich deponirt werden, von den Erträgniſſen aber ſoll mein Sohn jährlich 700 fl. erhalten, der Ueberſchuß zum Kapital geſchlagen werden.

§ 6. Als Zeichen einer ernſtlichen Beſſerung bei meinem Sohne will ich es angeſehen wiſſen, wenn er nach meinem Tode fünf Jahre hindurch keine Schulden mehr gemacht hat, worüber er eine eibliche Verſicherung ablegen ſoll. In dieſem Falle ſoll ſein Erbtheil ihm verabfolgt werden.

§ 7. Entgegengeſetzten Falles ſoll derſelbe für ſeine etwaigen Kinder zurückgelegt werden. Sollte er bis zu ſeinem 40. Jahre ſich nicht verheirathen, ſo ſoll er die vollen Revenüen ſeines Erbtheils beziehen, dieſe ſelber aber nach ſeinem Tode an ſeine Geſchwiſter oder deren Deſcendenz fallen.

§ 8. Will mein Sohn ſich dieſe Beſtimmungen nicht ge= fallen laſſen, ſo ſetze ich ihn auf den Pflichttheil ein und be= ſtimme dabei, daß ihm, der auf der Univerſität ein unverhältniß= mäßiges Geld gebraucht hat, zwar nicht die ganzen Studien= koſten, aber doch 1000 fl. angerechnet werden ſollen.

§ 13. Den Erbtheil meiner Tochter Bernhardine beſtimme ich in der Weiſe, daß ihr zunächſt ſämmtliche Werthpapiere, die

ich im Momente meines Todes besitzen werde, und die dem
Betrage ihres Erbtheils nahezu gleichkommen dürften, zu dem
Minimalcourse, den dieselben einen Monat nach meinem Todestage an der Frankfurter Börse haben werden, zufallen sollen;
den Rest soll sie seiner Zeit in baarem Gelde erhalten und denselben in Nassauer 5 % Obligationen anlegen. Für die Aussteuer von 4000 fl., die ich ihr seiner Zeit gegeben habe, und
die ebenso wie der Erbtheil ihrer Mutter im Concurse ihres
Mannes so gut wie draufgegangen ist, soll ihr nichts angerechnet werden.

Nach dem Tode des Testators haben der älteste Sohn und
die Tochter die Erbschaft angetreten, der zweite Sohn hat sich an
einen Rechtsgelehrten gewandt und ihm eine Reihe von Fragen
vorgelegt, von deren Beantwortung er seinen Entschluß ab-
hängig gemacht hat.

1. Ist die Bestimmung, welche ihm ein Drittel der Erbschaft zuwendet, ihm aber die freie Verfügung darüber vorent-
hält, gültig?

2. Enthält die Bestimmung des § 5 ein legatum debiti
für seine Gläubiger oder lediglich ein in seinem Interesse ange-
ordnetes legatum liberationis?

3. Können, wenn er neue Schulden machen sollte, die
Gläubiger seinen Erbtheil in Anspruch nehmen?

4. Ist die Bestimmung des § 6 in Bezug auf die con-
ditio jurisjurandi eine gültige, oder ist dieser Eid nicht in
Gemäßheit der Grundsätze des römischen Rechts zu erlassen?
Wird er mit gutem Gewissen den Eid leisten können, wenn er
während dieses fünfjährigen Zeitraumes laufende Rechnungen
nicht sofort bezahlt hat, oder ist er genöthigt, alles sofort baar
zu bezahlen?

5. Konnte der Testator den beiden andern Kindern die

Collation der 1430 fl. und der Aussteuer von 4000 fl. er=
lassen?

6. Konnte er dem Fragsteller die Collation von 1000 fl.
auferlegen? Sein Vater hat ihm 4 Jahre hindurch zum Zweck
seines Studiums jährlich 800 fl. gewährt, zu zwei verschiede=
nen Zeiten aber seine Schulden im Gesammtbetrage von etwa
1300 fl. bezahlt.

7. Das seinem Bruder vermachte Haus hat mindestens
einen Werth von 36,000 fl. Muß der Fragsteller es sich ge=
fallen lassen, daß dasselbe nur mit 30,000 fl. in Anrechnung
gebracht ist?

8. Unter den Werthpapieren des Testators, welche seine
Tochter erhalten soll, befand sich ein badisches Lotterie=Anlehn=
loos, welches wenige Tage nach dem Tode des Erblassers mit
einem Gewinn von 40,000 fl. herausgekommen ist. Seine
Tochter nimmt dasselbe für sich in Anspruch, indem sie dafür
mit Bezugnahme auf § 13 des Testaments lediglich den Cours
dieses Anlehnlooses einen Monat nach dem Tode des Testators
(28. Oct. 1860) mit 53 fl. in Anrechnung bringen will.
Kann sie es, oder gehört dieser Gewinn der Erbmasse?

9. Wie hoch wird sich der Pflichttheil belaufen? Abge=
sehen vom Hause besteht der Nachlaß aus 28,000 fl. Werth=
papieren, 6000 fl. baarem Geld und Inventar, 26,000 fl.
hypothekarischen Forderungen.

Außer diesen Fragen sollen bei der Bearbeitung des Falles
noch folgende zwei beantwortet werden:

10. Kann die Schwester des Verstorbenen auch im Falle
eines etwaigen Hausverkaufes Seitens ihres Neffen ihre Wohnung
beibehalten?

11. Kann sie, wenn sie sich mit ihm veruneinigen sollte,
ihre Wohnung aufgeben und dieselbe vermiethen?

LXIII.

Es stirbt 1820 der Pächter Janſſen mit Hinterlaſſung eines wegen eines Formfehlers nichtigen Teſtaments, worin er einen weitläufigen Verwandten, den Bäcker Stieglitz, zum Erben eingeſetzt hat. Nach ſeinem Tode aber nimmt der Sohn ſeiner Halbſchweſter, Schmidt, den Nachlaß in Beſitz und weigert ſich, denſelben herauszugeben, weil das Teſtament nichtig ſei. Stieglitz ſucht die Sache in Güte beizulegen und bietet dem Schmidt 100 Thlr., wenn er auf Anfechtung des Teſtaments verzichte und ihm den Nachlaß herausgebe. Dieſe Offerte nimmt dieſer um ſo lieber an, als ihm bekannt iſt, daß nicht er, ſondern der ſeit einiger Zeit auf Reiſen begriffene Schneidergeſelle Janſſen, Bruderſohn des Verſtorbenen, der nächſte Inteſtaterbe iſt. Stieglitz läßt das in der Pachtwohnung des Verſtorbenen vorgefundene Mobiliar ſowie 12 Säcke Korn und 3 Kühe in ſein Haus bringen und die noch auf dem Felde ſtehende Frucht ernten. Die fällige Pachtſumme für dieſes Grundſtück war ſchon vorher von Schmidt an den Verpächter, den Amtmann Niemeier, auf deſſen Mahnung mit 30 Thlrn. entrichtet, und bei Zahlung der 100 Thlr. an Schmidt hatte Stieglitz ausgemacht, daß Schmidt wegen der ausgelegten 30 Thlr. keine weiteren Anſprüche an ihn ſollte machen können. Stieglitz kündigt drei ausſtehende Kapitalien des Verſtorbenen, und einer von den Schuldnern trägt das ſeinige ab. Von den beiden andern erwidert der Gaſtwirth Moltke: er (Stieglitz) ſei zur Kündigung nicht berechtigt, indem er wegen Nichtigkeit des Teſtaments gar nicht Erbe geworden ſei. Der dritte Schuldner, Peters, erſucht den Stieglitz, ihm das Kapital noch ein halbes Jahr zu laſſen, was dieſer ihm auch zuſagt.

Nachdem Stieglitz die obige Forderung eingetrieben, das

Getreide in seiner Bäckerei verbraucht, die 3 Kühe sowie das Ackergeräth des Verstorbenen verkauft hat, tritt

I. der Amtmann Niemeier klagend gegen ihn auf und fordert von ihm für das Jahr 1820—1822 die Summe von 60 Thlrn. Pacht für das dem Janssen 1819—24 verpachtete Grundstück. Der Stieglitz wendet dagegen ein, daß er wegen Nichtigkeit des Testaments gar nicht Erbe des Janssen geworden sei, dies sei vielmehr der Sohn der Halbschwester des Verstorbenen, Schmidt. Derselbe habe die Erbschaft angetreten, indem er sich in den Besitz derselben gesetzt und die Gläubiger des Erblassers als die seinigen anerkannt, nämlich dem Kläger die 30 Thlr. Pacht pro 1819—1820 bezahlt habe. Dadurch, daß der Kläger die Summe von diesem angenommen, habe er ihn als Erben anerkannt. Auch Beklagter habe den Schmidt für den wahren Erben gehalten, sonst würde er ihm nicht 100 Thlr. für die Erbschaft gezahlt haben. Allein selbst wenn er, Beklagter, als Erbe angesehen würde, brauche er die Summe nicht oder wenigstens nicht ganz zu bezahlen, weil er im Jahre 1821 das fragliche Grundstück gar nicht benutzt, Kläger vielmehr es habe bestellen lassen. Damit habe er das Pachtverhältniß aufgehoben, jedenfalls das Pachtgeld für das Jahr 1821—1822 aus der gewonnenen Ernte erhalten. Kläger replicirt darauf: Beklagter sei Erbe geworden. Selbst wenn Schmidt das Testament habe anfechten können, so habe er von seinem Rechte keinen Gebrauch gemacht. Sollte aber Beklagter nicht als Erbe angesehen werden können, so müsse er als Käufer der Erbschaft haften, eventuell, weil er sich aus derselben bereichert habe. Wie war in diesem Proceß zu entscheiden?

II. Nachdem derselbe entschieden war, kehrt der Schneidergeselle Janssen zurück und fordert ein Gutachten, wie er sein

Recht auf die Erbschaft, welche Stieglitz, der nicht in den besten Verhältnissen ist, bereits consumirt hat, geltend machen soll? Kann er den Schmidt in Anspruch nehmen? Hat er eine Klage gegen den Erbschaftsschuldner, welcher bereits an Stieglitz Zahlung geleistet hat?

III. Kann Stieglitz von Schmidt die 100 Thlr. fordern, und Schmidt die 30 Thlr. Pachtgelder von Niemeier?

LXIV.

Der A findet 1825 unter den Papieren seines Erblassers B ein demselben von X im Jahre 1800 ausgestelltes Schuld-document, worin dieser bekennt, daß er von B ein mit 4 Proc. zu verzinsendes Kapital von 100 Thlrn. erhalten habe. Obgleich A des Geldes selbst bedürftig ist, so mag er doch den schon sehr betagten X, einen nahen Verwandten seines Erblassers, nicht mahnen, cedirt aber gegen Zahlung von 90 Thlrn. die Forderung auf die bisherigen Zinsrückstände dem C. Als 5 Jahre später der X verstirbt, und der D ihn beerbt, treten A und C mit ihren Klagen auf. D macht das Verbot der Zinsen supra alterum tantum geltend. Es fragt sich, welcher von beiden Klägern, oder ob alle beide sich den Abzug von 20 Thlrn. müssen gefallen lassen.

LXV.

Als der X gestorben, verkauft sein Universalerbe A den von demselben erbauten und von ihm benutzten Waarenspeicher „nebst allem, was sich an und in demselben befindet" dem B. Nachdem dieser denselben 12 Jahre besessen hat, wird bei einer Reparatur desselben hinter einem Bretterverschlag eine

verborgene Nische entdeckt, worin sich mehrere Pretiosen und
eine große Summe baaren Geldes befinden. A verlangt die
Herausgabe des Fundes, B verweigert sie aber, a) weil er den
Waarenspeicher „mit allem, was sich an und in demselben
befindet" gekauft, b) weil er die gefundenen Sachen usu=
capirt habe, c) weil sie nach Grundsätzen über den thesaurus
ihm zufielen.

LXVI.

A, B und C gehen an einem Bache spazieren. Jenseits
desselben sieht der A einen Geldbeutel auf der Erde liegen;
er theilt seine Entdeckung den beiden andern mit, und B pfeift
dem Hunde des C und läßt ihn den Beutel apportiren. Wie
der Hund mit demselben zurückschwimmen will, hetzt D, der am
andern Ufer spaziert, seinen Hund auf ihn und bekommt in
Folge davon den Beutel. Jeder beansprucht den Beutel, der
A, weil er ihn zuerst gesehen, der B, weil er durch den Hund
des C als Stellvertreter Besitz erworben, der C, weil der Hund
ihm gehört, der D, weil er ihn zuerst erhalten hat. Wer kann
den Beutel verlangen?

LXVII.

A kauft von der Frau des Goldschmieds B, die gewöhnlich
statt ihres Mannes den Laden besorgt, 2 Dutzend silberne Eß=
löffel, das Stück zu 4 Thlrn., bezahlt die Hälfte des Kaufpreises
baar und verspricht die andere Hälfte sofort zu übersenden. Er
wollte anfänglich nur ein Dutzend kaufen, weil er nicht mehr
baares Geld bei sich hatte, ließ sich aber durch die B be=
stimmen, gleich ein zweites Dutzend mitzunehmen, indem sie ihm
offerirte, er könne das Geld ja gelegentlich bringen oder schicken.

10*

Er hat dies bisher nicht gethan. Hat er an einem Dutzend
Löffel das Eigenthum erworben?

LXVIII.

Im Winter 1867 starb in X der Secretär Kollmann und
ward von seinem Neffen, Dr. Rumpf, beerbt. In der Nähe
des zur Erbmasse gehörigen, bisher vom Erblasser bewohnten
und nunmehr vom Erben bezogenen Hauses und von demselben
lediglich durch einen Felsenkeller und den dazu gehörigen Garten
nebst Wiese getrennt, befand sich eine seit 1852 errichtete Badeanstalt, welche vom Verstorbenen regelmäßig benutzt worden
war. Trotz der Nähe derselben war doch der öffentliche Weg,
welcher von seinem Hause zu ihr führte, ein sehr weiter,
und dieser Umstand hatte ihn schon im ersten Jahre nach Eröffnung der Badeanstalt veranlaßt, den Eigenthümer des Felsen-
kellers, den Bierbrauer Lenz, zu bitten, ihm zu verstatten, seinen
Weg zum Baden über sein Grundstück zu nehmen, was derselbe
ihm auch verstattete, — ob völlig unentgeltlich oder gegen
Vergütung, ist bisher nicht ermittelt. Als im Frühling 1868
die Badeanstalt wieder eröffnet ward, nahm auch Dr. Rumpf,
wie es sein Testator gewohnt gewesen war, seinen Weg über
den Felsenkeller, allein schon am dritten Tage trat, als er vom
Bade zurückkam, Lenz an ihn heran und sagte ihm, daß er die
Benutzung des Weges fernerhin nicht dulden könne, indem
mehrere von seinen Kunden in der Nachbarschaft schon seit
Jahren ihn ebenfalls um die Erlaubniß angegangen hätten und sich
dabei stets auf die dem verstorbenen Secretär gewährte Ver-
günstigung berufen hätten. Er habe darauf stets erwidert, daß
er dies nur dem alten Herrn zu Liebe gethan habe; verstatte
er es jetzt auch ihm, so müsse er es Allen verstatten, und sein
Garten und seine Wiese würden ein öffentlicher Weg.

Dr. Rumpf, der ein Recht auf die Benutzung des Weges zu haben glaubt, hat darauf Klage erhoben und zuerst possessorisch um vorläufigen Schutz im Quasibesitz der Weggerechtigkeit gebeten. Von Seiten des Gegners wird das Dasein des Quasibesitzes bestritten, indem, selbst angenommen, daß der Testator denselben gehabt habe, der Besitz als factisches Verhältniß auf den Erben durch bloße Antretung der Erbschaft nicht übergehe, sondern einer speciellen Aneignung bedürfe, welche im vorliegenden Fall zwar versucht, aber nicht durchgesetzt worden sei. Der Kläger glaubt, daß die zweimalige unangefochtene Ausübung der Weggerechtigkeit vollkommen genügt habe, um den Quasibesitz des Erblassers auf ihn zu übertragen. Das Gericht ist nicht dieser Ansicht gewesen, denn es hat dem Kläger den Beweis auferlegt, daß sein Erblasser und er die angebliche Wegservitut im letzten Jahr (vom Moment der Klage an gerechnet) mindestens dreißigmal benutzt hätten. Diesen Beweis hat Kläger nicht führen können und ist in Folge dessen mit seiner possessorischen Klage abgewiesen worden. Er hat dagegen appellirt und seine Appellation namentlich darauf gestützt: der Richter voriger Instanz habe die von ihm angestellte Klage nach Maßgabe des römischen interdictum de itinere beurtheilt, während Kläger ihm zu der Annahme, daß dieses Rechtsmittel von ihm gewählt worden sei, gar keinen Anhaltspunkt geboten habe, er vielmehr das interd. uti possidetis in Anwendung auf Prädialservituten im Auge gehabt habe. Zu dem Erwerb des Besitzes von „positiven Servituten, deren Ausübung in einer eigenen unabhängigen Handlung bestehe", bedürfe es nach Savigny's Recht des Besitzes § 46 nur, „daß die Handlung, die den Gegenstand des Rechts ausmacht, irgend einmal ausgeübt und zwar als Recht ausgeübt ist". Beides sei bei ihm der Fall gewesen.

Kläger hat sich inzwischen auch veranlaßt gefunden, das Petitorium anzustellen. Er stützt die Existenz der Weggerechtig= keit auf Bestellung von Seiten des Beklagten, eventuell auf Ersitzung. Der Beklagte leugnet, daß es seinerseits auf Ein= räumung einer Servitut abgesehen gewesen sei; schlimmsten Falls könne nur eine Personalservitut angenommen werden, welche bekanntlich mit dem Tode des Inhabers untergehn.

Wie ist in beiden Processen zu entscheiden?

LXIX.

Zu einer Zeit, wo die dänischen und hannöverischen Fried= richsd'or mit $13\frac{1}{8}$ Proc. Agio gegen Silber (100 Thlr. Gold = $113\frac{1}{8}$ Silber, d. i. das Stück mit 5 Thlr. 16 gGr.) be= zahlt wurden, erhielt der B von dem A ein verzinsliches Darlehn von 1000 Stück. Als nach mehreren Jahren der Cours derselben auf $7\frac{1}{2}$ Proc. gefallen war, kündigt B dem A die Schuld. Dieser verlangt jetzt außer den 1000 Stück noch die Differenz zwischen dem damaligen und jetzigen Course, indem er sich auf eine Entscheidung beruft, die das Gericht kurz vorher in einer Streitsache zwischen dem C und D gefällt hat. Der C hatte nämlich dem D ein verzinsliches und hypothekarisch eingetragenes Darlehn von 18,000 Thlrn. Courant gegeben, und zwar hatte er von dieser Summe auf den Wunsch des D 1000 Thlr. in preußischen Thalerstücken und 17,000 Thlr. in Friedrichsd'or, welche damals zu 5 Thlr. 6 gGr. standen, also im Ganzen 3000 Stück bezahlt. Als nun später der Cours derselben auf 5 Thlr. 10 gGr. gesunken war, hatte der C das Kapital gekündigt. D war erbötig, 3000 Stück Friedrichsd'or und 1000 Thlr. Courant zurückzuzahlen, allein C verlangte außerdem noch die Differenz zwischen dem jetzigen und ehe=

maligen Course, also 750 Thlr. Courant, und das Gericht verurtheilte ben Beklagten dazu, wogegen er freilich Appellation einlegte.

Wie ist in beiben Fällen zu entscheiben?

LXX.

Bei der bevorstehenden Rückkehr des Königs Friedrich Wil= helm IV. von Preußen von seiner bei Antritt seiner Regierung im Jahre 1840 unternommenen Hulbigungsreise war von Seiten ber Stadt Berlin ein feierlicher Empfang besselben beabsichtigt, und der Tag des Einzuges auf den 15. September festgesetzt. Mit Rücksicht hierauf mietheten sehr viele Personen in ben Straßen, burch bie ber Zug gehen sollte, Zimmer unb Fenster auf jenen Tag für hohe Preise. Später erfuhr man, baß ber Einzug erst am 17. Septbr. stattfinden werde. Viele von ben Vermiethern verlangten trotzdem ben für ben 15. September accorbirten Miethzins unb vermietheten auf ben 17. anberweitig. Waren sie bazu berechtigt?

LXXI.

Die beiben Häuser bes Maurermeisters Niemann unb bes Oeconomen Danz in ber kleinen meclenburgischen Stadt X liegen neben einanber, beibe grenzen mit einem burch ein Gelänber ge= trennten Hofraum an einanber. Da ber Hofraum, welcher ins= besonbere zur Einfahrt in bie beiberseitigen Scheunen biente, für bas Wenden des Fuhrwerks etwas zu eng war, so vereinbarten sich beibe Nachbarn, ben beiberseitigen Hofraum mit Ausnahme eines geringen unmittelbar an ben Häusern gelegenen Theiles zur Herstellung einer gemeinsamen Einfahrt zu verwenben. Die=

selbe erhielt nach der Straße hin ein Thor und nach den Seiten
jedes Hauses hin bis in die Gegend der Scheunen ein Stacket,
dieses wurde auf gemeinschaftliche Kosten errichtet, jenes auf
Kosten des betreffenden Eigenthümers. Der Anstoß zu dieser
Vereinbarung war von dem Niemann, dessen Auffahrt bisher besonders schmal gewesen war, ausgegangen, und sein Mitpaciscent
hatte diese Gelegenheit benutzt, um sich in Bezug auf eine Mistgrube, welche sich in harter Nähe an dem Grundstück seines
Nachbarn befand, und welche wiederholt Gegenstand von Differenzen zwischen ihnen gewesen war, eine rechtlich sicherstellende
Erklärung von Seiten des letzteren zu erwirken. So kam denn
am 8. Juni 1852 ein Vertrag zwischen ihnen zu Stande, welcher
die beiden obigen Verhältnisse betraf und schriftlich aufgezeichnet
wurde. Demselben lag ein Plan bei, auf dem die bisherige
Abgrenzung der beiden Hofräume und die projectirte Breite und
Länge der gemeinschaftlichen Auffahrt verzeichnet waren. Mit
Rücksicht auf diesen Plan heißt es im § 2 des Vertrages: „Die
früheren Grenzen der beiden Grundstücke sind auf dem Plan
mit blauer, die jetzigen mit rother Tusche angegeben." In § 3
und 4 wird die Einrichtung und Unterhaltung der „gemeinschaftlichen Auffahrt" nebst dem damit verbundenen „gemeinschaftlichen Thor" auf gemeinschaftliche Kosten verabredet. In § 5
heißt es: „Niemann begibt sich für immer aller etwaigen Einwendungen gegen die Lage der auf dem Grundstück des Danz
befindlichen, hart an der Grenze angelegten Dunggrube."

Im Jahre 1863 ward das Grundstück des Danz von seinem
Erben an den jetzigen Eigenthümer, den Oekonomen Gerdes,
veräußert. Gegen letzteren erhebt 1864 Niemann eine act.
negatoria, dahin gerichtet, daß Beklagter die Mistgrube entweder in einer Weise, welche jeden Ausfluß der Mistjauche aus
ihr unmöglich mache, auszufüttern oder die Grube zu verlegen

habe. Aus dieser Mistgrube bringe nämlich die Jauche in den
Keller seines 1862 gebauten Hintergebäudes, und zwar so stark,
daß der Keller geradezu unbrauchbar geworden sei, und daß er
gewärtigen müsse, daß die im Hintergebäude wohnende Partei
dieserhalb ihm die Wohnung kündigen werde.

Der Beklagte setzt der Klage, ohne den thatsächlichen Grund
derselben zu bestreiten, die Einrede des eigenen Rechts und der
gegnerischen Verschuldung, wie er sie titulirt, entgegen. Jene
will er dadurch begründen, daß es

1. Niemandem verwehrt werden könne, auf seinem Grund=
stücke eine Mistgrube zu haben; die unangenehmen Folgen
berechtigter Anlagen müsse im nachbarlichen Verhältniß
sich Jeder gefallen lassen.

2. Daß Kläger dem Vorgänger des Beklagten gegenüber auf
alle Einwendungen gegen die Mistgrube verzichtet habe.

Die zweite Einrede stützt er darauf, daß Kläger, als er die
Absicht ausgesprochen habe, ein Hintergebäude zu bauen, aus=
drücklich von ihm darauf aufmerksam gemacht worden sei, daß
die Nähe der Dunggrube für den Keller sehr nachtheilig werden
könne, und daß er bei der Anlage desselben darauf Bedacht neh=
men möge, was dieser aber gänzlich unterlassen habe. Nach
dem Satz: quod quis ex culpa sua damnum sentit, non
intelligitur damnum sentire (l. 203 de R. J. 50. 17) habe
er den Schaden sich selbst zuzuschreiben.

Zugleich stellt er seinerseits eine actio negatoria dahin
an, daß dem Kläger die Benutzung der Auffahrt, soweit diese
auf seinem, des Beklagten, Grund und Boden liege, untersagt
werde. Nach dem einheimischen Partikularrecht müssen alle
„Eigenthumsveränderungen" im Grundbuch eingetragen wer=
den, in Bezug auf die von seinem Vorgänger mit dem Kläger
errichtete gemeinschaftliche Auffahrt sei dies aber nicht geschehen.

Kläger replicirt in Bezug auf die Einrede des eigenen Rechts:

1. sein Verzicht auf Erhebung von Einwendungen gegen die Dunggrube habe lediglich die Lage, nicht die nachtheiligen Einwirkungen derselben zum Gegenstand gehabt, und er sei

2. nur dem Danz gegenüber ausgesprochen. Mit der Veräußerung des Grundstückes an den Beklagten sei derselbe hinfällig geworden. Danz könne sich auf diesen Verzicht nicht mehr berufen, da derselbe für ihn alles Interesse verloren habe,

1. 136 § 1 de V. O. (45. 1): Si qui viam ad fundum suum dari stipulatus fuerit, postea fundum partemve ejus ante constitutam servitutem alienaverit, evanescit stipulatio. l. 11 de servit. (8. 1) . . corrumpit stipulationem, in eum casum deducendo, a quo stipulatio incipere non possit.

Der Berufung des Beklagten auf den Verzicht aber stehe der Satz entgegen: res inter alios acta tertiis nec nocet nec prodest.

In Bezug auf die Widerklage bemerkt er, daß es sich bei der Errichtung der gemeinschaftlichen Auffahrt gar nicht um das Eigenthum, sondern um gegenseitige Errichtung einer Servitut gehandelt habe, wie sich schon daraus ergebe, daß beide Theile es unterlassen hätten, eine Eintragung im Grundbuch vornehmen zu lassen; für Servituten sei die Eintragung gesetzlich nicht erforderlich. Die hier behauptete Servitut sei also gültig errichtet, eventuell sei sie erworben durch Ersitzung.

Bei der Beurtheilung des Rechtsstreites sind die Behauptungen der Parteien in Bezug auf das einheimische Partikularrecht als richtig anzunehmen, ebenso die Behauptung des Beflagten über die Warnung des Danz in Bezug auf die Anlage des Kellers. An der Miftgrube ift seit 1852 keine Aenderung vorgenommen.

LXXII.

Müller und Meier, zwei Nachbarn, lebten in beständiger Fehde mit einander und versäumten keine Gelegenheit, um sich gegenseitig zu ärgern. Meier's Dienstmädchen hört eines Abends einen großen Lärm in Müller's Hühnerstall und meldet ihrem Herrn, in Müller's Hühnerstall müsse ein Marder eingebrochen sein, sie wolle schnell zu Müller's hinüber und es ihnen anzeigen. Ihr Herr verbietet es ihr aber, indem er hinzufügt, das sei dem Müller ganz recht, er solle jetzt für einen Streich bezahlt werden, den er ihm vor fünf Jahren gespielt habe. Seine, Meier's, Frau habe damals vergessen gehabt, die Wäsche des Abends von der Bleiche zu nehmen, und wie sie sich in der Nacht daran erinnert habe, sei dieselbe bereits gestohlen gewesen. Müller habe später allenthalben geäußert, wenn Meier sich mit ihm auf freundnachbarlichen Fuß gesetzt hätte, so würde er seine Wäsche nicht eingebüßt haben, ihn, Müller, würde es nur ein Wort gekostet haben, denn er habe recht gut bemerkt, daß die Frau Meier die Wäsche vergessen habe, und habe auch voraus gesehen, daß sie gestohlen werden würde. In Folge des von Meier ertheilten ausdrücklichen Verbots unterblieb die von dem Dienstmädchen beabsichtigte Benachrichtigung, und Müller fand am folgenden Morgen alle seine Hühner erwürgt. Dieser Vorfall sowie eine andere Handlung von seiner Seite rief später zwei Klagen zwischen beiden Personen hervor. Es trat nämlich Meier mit einer actio injuriarum gegen Müller auf, in der er Folgendes vortrug. Vor Kurzem habe Müller sich einen Hund angeschafft und demselben den Namen Meier beigelegt.

Er benutze denselben beständig, um ihn, den Kläger, zu injuriiren. Wenn er nämlich in seinem Garten sei, so rufe Müller seinen Hund mit dem Namen Meier und lege ihm die gemeinsten Schimpfwörter bei. So habe er sich z. B. gestern in folgender Weise vernehmen lassen, indem er dabei beständig nach ihm, dem Kläger, hingeschielt habe: „Meier, verdammte Kröte, willst Du gleich zu Kreuze kriechen, sonst schlage ich Dir die Beine vom Leibe. Du gemeines Vieh Du, Du verdienst mehr Schläge, als Brod. Aber ich will Dich noch so mürbe machen, daß Du es nicht vergißt. Und kömmst Du mir wieder in den Garten, so geht es Dir schlecht, Du elende Kreatur."

Müller läßt sich auf diese Klage in folgender Weise vernehmen. Jeder könne seinen Hund nennen, wie er wolle. Am wenigsten aber könne Kläger einen so verbreiteten Namen wie „Meier" ausschließlich für sich in Anspruch nehmen; derselbe passe ebensogut für Hunde wie „Sultan" oder „Azor". Des Klägers Kater heiße Hans, ebenso wie sein, des Beklagten, Sohn, und der Kläger möge ihn, wenn er wolle, immerhin Müller nennen; er, Beklagter, sei weit entfernt davon, darin eine Anspielung auf sich zu erblicken. Er nenne seinen Hund mit dem angegebenen Namen, weil er auf diesen am besten höre; übrigens spreche er, der Beklagte, ihn nicht Meier, sondern Mayer aus und verpflichte sich, ihn nie anders zu nennen, der Kläger würde also nie darüber in Zweifel sein können, ob er oder der Hund gemeint sei.

Seinerseits stellt der Beklagte eine actio doli an auf Ersatz von 18 Hühnern, die bei der oben erwähnten Gelegenheit durch den Marder erwürgt seien. Durch den dolus des Klägers sei die Benachrichtigung von Seiten des Dienstmädchens unterblieben.

Der Kläger will aus Veranlassung dieser Widerklage gleichfalls eine actio doli wegen Ersatzes der Wäsche anstellen, deren Diebstahl nur durch die Bosheit des Beklagten ermöglicht worden sei.

Was ist von diesen Klagen zu halten?

LXXIII.

Eine junge Dame, die A, wurde von einer andern, der B, um den Preis eines kostbaren Shawls gefragt und gab als solchen 20 Thlr. an, worauf jene erwiderte, sie werde sich wohl irren, denn 40 Thlr. sei das Wenigste, was er gekostet haben könne. Die A beharrte aber auf ihrer Behauptung und bot der B eine Wette von 5 Thlrn. und zugleich den Shawl selbst zu dem Preise an, „den er sie gekostet habe,“ und die B nahm beides an. Wie beide nun bei dem Kaufmann, von dem die A den Shawl gekauft hat, sich nach dem Preise desselben erkundigen, erfahren sie, daß derselbe 45 Thlr. betrage, und daß ein Verehrer der A, dessen Namen er verschweigen müsse, ihm 25 Thlr. gezahlt und ihm aufgegeben habe, wenn die A komme, ihr nur 20 Thlr. für den Shawl abzufordern. Wie steht es mit der Wette und dem Verkauf an die B?

LXXIV.

In der kleinen märkischen Stadt K. gab es im Jahre 1839 zwei werthvolle Pelzröcke, beide ähnlich zum Verwechseln, beide im Besitz von geheimen Räthen, der eine in dem des pensionirten geheimen Regierungsraths von Rabenhorst, der andere in dem des geheimen Commercienraths Würfel. Im Winter bei strenger Kälte trafen beide Röcke Abends regelmäßig im Vorzimmer des Club-locals zusammen, während ihre Besitzer drinnen Whist spielten;

der Clubbiener nannte sie die Geheimrathspelze und, wenn er sie unterscheiden wollte, den einen den Regierungs-, den andern den Commercienpelz. Eine Reihe von Jahren hindurch hatten beide Pelze in dem angegebenen Verhältniß sicher neben einander in R. existirt, und es war Dank der Umsicht des Clubbieners, welcher jedem derselben seinen bestimmten Haken zugewiesen hatte, nie eine Verwechslung vorgekommen, bis in den letzten Stunden des Jahres 1839 eine Verwechslung eintrat, die den einen von ihnen für immer aus R. entführen sollte. Am Sylvesterabend des genannten Jahres befanden sich die beiden Röcke mit ihren Besitzern im Club zur gewohnten Stunde an gewohnter Stelle. Der geheime Commercienrath wollte mit seiner Familie den Ball im rothen Löwen besuchen und brach daher früher als gewöhnlich auf. Im Vorzimmer war der Klubbiener nicht anwesend, indem er von einem Vorstandsmitglied nach der Post geschickt war, um ausgebliebene Zeitungsnummern zu reklamiren; sonst wäre nicht geschehen, was jetzt geschah, nämlich daß der Commercienrath statt seines Pelzes den Zwillingsbruder desselben anzog und damit in den rothen Löwen ging. An jedem andern Tage wäre das Versehen völlig unschädlich geblieben, an jenem Tage aber ward es wahrhaft verhängnißvoll! Der Sylvesterabend des Jahres 1839 war nämlich jener in den Annalen der Stadt R. beispiellos bastehende, ewig unvergeßliche Tag, wo mittelst einer, wie man glaubte, von einigen Berliner Gaunern ausgeführten keken Razzia den Honoratioren der Stadt ihre sämmtlichen Röcke, Mäntel, Shawls u. s. w. gestohlen wurden. Die ganze Honoratiorenwelt mit wenig Ausnahmen befand sich im rothen Löwen, Alles gab sich dem Frohsinn und der Freude hin, insbesondere als man sich zum gemeinschaftlichen Mahle niedergesetzt hatte. Kurz vor 12 Uhr ergriff der Kreisgerichtsdirector Küchler, unbestritten der erste

Toastredner der Stadt, wenn nicht der ganzen Provinz, das
Wort, um, wie er seit Decennien an diesem Abend gewohnt
war, die Damen und zugleich das neue Jahr zu begrüßen. Alles,
was Ohren hatte im rothen Löwen, das gesammte Dienstpersonal
drängte sich in den Saal, um seinen Worten zu lauschen; nur
einer der Ballgäste, ein im rothen Löwen logirender Fremder,
der sich durch den Wirth als Arthur von Greifenklau in die
Gesellschaft hatte einführen lassen und sich in kürzester Zeit zum
Löwen des Abends aufgeschwungen hatte, entfernte sich; — —
wie sich später zeigte, um nicht wieder zu erscheinen. Während
dies im Ball- und Eßsaal vorging, trug sich in einem der Gast-
zimmer des Hotels, welches an dem Abend als Garderobe diente,
etwas nicht minder Berichtenswerthes zu. Als Küchler seine Rede
begann, war dasselbe noch zum Ersticken voll von Mänteln, Röcken,
Shawls u. s. w.; als er sie schloß, war alles total leer, und
die erste Neuigkeit, welche das neue Jahr den versammelten Ball-
gästen im rothen Löwen zu K. brachte, war die Nachricht, daß
sämmtliche Röcke u. s. w. gestohlen seien; die Honoratioren gingen am 1. Jan. 1840 früh morgens in Balltoilette nach Hause.

Als der geheime Regierungsrath von Rabenhorst sich an
jenem Abend aus dem Club entfernen wollte, war der Klubdiener
längst wieder zurückgekehrt und nicht wenig überrascht, ihn zu
erblicken, indem, wie er sich mit einem Blick auf den Pelzrock
ausdrückte, „eigentlich der Herr geheime Commercienrath noch da
sein, der Herr geheime Regierungsrath aber schon fortgegangen
sein müßten." In Folge der Verwechslung, die mit den beiden
Pelzröcken vorgekommen war, blieb dem Rabenhorst nichts übrig,
als den Pelzrock des Commercienraths anzuziehen. Er gab
seinem Bedienten auf, denselben am folgenden Morgen seinem
Eigenthümer zuzustellen und den seinigen zurückzubringen — ein
Auftrag, von dem der Bediente jedoch nur den ersten Theil aus-

zuführen in der Lage war; — statt des Rockes brachte er seinem Herrn nur die Nachricht zurück, daß derselbe im rothen Löwen gestohlen sei.

Selten mag in einer Stadt eine Civilrechtsfrage ein so allgemeines Interesse erregt und so dazu beigetragen haben, das juristische Urtheil zu klären und juristische Bildung in weiteren Kreisen zu verbreiten, als die Frage, welche die Sylvesternacht des Jahres 1839 für die Stadt K. heraufbeschworen hatte, und vom Standpunkt einer höheren Auffassung aus durfte man behaupten, daß der Verlust sich reichlich bezahlt gemacht hatte.

Drei Verhältnisse waren es, über welche das juristische Urtheil sich schlüssig zu machen hatte, und sie sind es, die bei der Bearbeitung dieses Falles in's Auge gefaßt werden sollen.

I. Der Anspruch des von Rabenhorst gegen den Würfel.

Die Verwechselung der Röcke Seitens des letzteren ist die unzweifelhafte Ursache, daß ersterer den seinigen eingebüßt hat. Hat er eine Klage gegen ihn? Die Stimmen in K. waren getheilt, die Nichtjuristen waren für Bejahung, die Juristen fast durchgehends für Verneinung, nur zwei jüngere glaubten und zwar der eine in dem Gesichtspunkte eines furtum usus (Würfel habe ohne Erlaubniß des Eigenthümers sich einer fremden Sache bedient), der andere in der act. legis Aquiliae utilis oder in factum eine Hülfe entdeckt zu haben. Würfel seinerseits behauptet, ohne alle Schuld zu sein, indem nicht bloß die beiden Röcke sich zum Verwechseln ähnlich gesehen hätten, sondern der Clubdiener, der ihm den seinigen immer gereicht, und auf den er seinerseits sich verlassen habe, zu der Zeit, als er sich entfernt habe, nicht anwesend gewesen sei.

II. Anspruch des Rabenhorst gegen die Clubgesellschaft.

Die Juristen glauben denselben in folgender Weise begründen zu können. Die Gesellschaft habe eine eigene Garderobe für die Mitglieder der Gesellschaft eingerichtet und einen eigenen Diener zur Entgegennahme und Verabfolgung der Röcke angestellt, ebendamit also die Mitglieder ermächtigt, sie demselben anzuvertrauen.

> l. 5 § 10 de inst. (14. 3) ... plane si affirmaverit mihi recte me credere operariis suis, non institoria, sed ex locato tenebitur.

Daß ein Mitglied des Clubvorstandes den Diener vorübergehend fortgeschickt habe, sei eine culpa gewesen, der Diener habe in der Garderobe bleiben müssen, dieser Umstand aber habe die Verwechselung der Röcke und damit den Verlust des von Rabenhorst'schen zur Folge gehabt.

Der Clubvorstand seinerseits setzt dem entgegen, daß das Reclamiren ausgebliebener Zeitungen ebenfalls zu den Obliegenheiten des Clubdieners gehöre, und daß jedenfalls die Fortsendung desselben nur als culpa levis gelten könne, während es bei der hier Platz greifenden actio depositi der culpa lata bedürfe.

III. Anspruch der Eigenthümer der im rothen Löwen entwendeten Röcke gegen den Löwenwirth.

Der Löwenwirth pflegt bei seinen Bällen die Garderobe einem Lohndiener zu überlassen, welcher den Ertrag an Trinkgeldern für sich behält, dafür aber am Tage des Balles und auch am Abend, soweit ihn der Dienst in der Garderobe nicht in Anspruch nimmt, in der Wirthschaft hülfreiche Hand leistet. Bei Beginn der Rede des Küchler hatte auch er sich, dem Beispiel der übrigen Dienerschaft folgend, in den Saal verfügt, indem er das Garderobezimmer zwar verschloß, aber den Schlüssel nicht abzog. Der Löwenwirth hält sich zu nichts verpflichtet, weil ihn die ganze Garderobe nichts angehe, er habe sie dem Lohndiener zu eigenem Vortheil überlassen, es sei ein Geschäft, das dieser an solchen Abenden für sich unternehme, und zu dem er ihm nur unentgeltlich das Local überlasse. Die Ansicht der Juristen über die Haftung des Gastwirths, von dem allein die Betheiligten Schadloshaltung gewärtigen können, indem der Lohn= diener nichts besitzt, ist getheilt. Die Einen stellen dieselbe völlig in Abrede, die Andern nehmen sie an, aber auch diese sind uneinig über die Klage. Einige halten bei der eigenthüm= lichen Gestaltung des Falles (indem der Wirth selber eine eigene Garderobe eingerichtet habe) die act. de recepto für völlig am Platz, Andere wollen zu der actio depositi greifen, wogegen von anderer Seite bemerkt wird, daß der Gastwirth durch An= stellung des allgemein als zuverlässig anerkannten Lohndieners keine culpa (in eligendo), weder lata, noch levis, begangen habe, während dagegen von gegnerischer Seite auf

l. 1 § 35 Depos. (16. 3) sed et si quis deposito se obtulit, periculo se depositi obligasse, ita tamen ut non solum dolum, sed etiam culpam et custodiam praestet, non tamen casus fortuitos.

verwiesen wird, in der jedoch die Vertheidiger jener Ansicht die casus fortuitos gerade auf Fälle wie den vorliegenden be= ziehen wollen.

LXXV.

In dem Testament des verstorbenen X lautet § 10 also:
Meinen drei Neffen, dem A, B und C, welche ich bisher nach Kräften unterstützt habe und bis an mein Ende unterstützen werde, vermache ich außer den in § 11 erwähnten Sachen noch an baarem Gelde und zwar

bem A 300 Thlr.,

bem B 250 Thlr.,

bem C 150 Thlr.,

welches Geld sich in meinem Nachlaß baar vorfinden wird und von meinem Erben sofort ausgezahlt werden soll."

In dem Schreibbureau des Verstorbenen finden sich 3 Rollen mit preußischen Thlrn., die eine bezeichnet mit der Aufschrift: „300 Thlr. für A", die andere: „250 Thlr. für B", die dritte: „150 Thlr. für C"; die beiden ersten enthalten die bezeichnete Summe wirklich, die dritte nur 100 Thlr. Das baare Geld, welches sich sonst noch in der Masse befindet, beträgt nur 20 Thlr. Bekommt C 100, 120 oder 150 Thlr.?

2. Würde es einen Unterschied gemacht haben, wenn der Erblasser also bestimmt hätte:

„Von dem baaren Gelde, welches sich in meinem Nachlasse befindet, soll der A 300, der B 250 und der C 150 Thlr. erhalten";

und sich jetzt in der mit dem Namen des einen Legatars bezeichneten Rolle zu wenig, sonst aber kein baares Geld im Nachlaß fände? Und gesetzt, es fände sich genug, um das Fehlende zu ergänzen, würde der Erbe dazu verpflichtet sein?

LXXVI.

In dem Seebade Westerland auf der Insel Sylt ereignete sich folgender Fall. Es ist dort sehr häufig, daß die Badegäste den etwas zweifelhaften Genuß eines Mittagsessens an den dortigen Wirthstafeln sich dadurch zu würzen suchen, daß sie sich nach der Suppe für besondere Rechnung Austern bestellen. Ein am Tage vorher eingetroffener Badegast, der Rechnungsrath Rübländer, der von dieser Sitte keine Kunde hat, erscheint am folgenden Mittag mit Frau und zwei Töchtern an einer dieser Wirthstafeln, nachdem die Suppe bereits abgetragen ist, indem gerade die Austernschalen entfernt werden. Als ihm nach

11*

der Suppe der zweite Gang servirt wird, macht seine Frau ihn
darauf aufmerksam, daß die andern Gäste vor dem zweiten
Gange noch Austern erhalten hätten, und daß ihnen dieselben
vorenthalten würden, er solle sich das nicht gefallen lassen. Er
ruft darauf dem Kellner mit gereizter Stimme zu: „Was ist
denn das? Warum bekommen wir keine Austern?" Antwort
des Kellners: „Wollen Sie denn auch Austern? Das hätten
Sie ja nur sagen können. Wie viel wollen Sie denn?" Er-
widerung des Rübländer: „Ich verlange ebensoviel, wie alle
die andern Herrschaften auch gehabt haben." Da während der
Zeit ihm seine Tochter in's Ohr geraunt hat, daß sie vor einem
Herrn eine Schüssel mit einem ganzen Dutzend Austern habe
stehen sehen, so fügt er sofort hinzu: „Ich weiß, es sind Gäste
da, die ein ganzes Dutzend bekommen haben; da verlange ich
für jeden von uns ebenfalls ein Dutzend."

Die in der Nähe sitzenden Gäste durchschauten das Mißverständniß, welches hier obwaltete, fanden sich jedoch, sei es aus
welchen Gründen immerhin, nicht veranlaßt, es zu lösen. Erst
als der Rechnungsrath am Ende der Tafel die von ihm selbst
gemachte Rechnung zahlen wollte, zeigte es sich, daß er sie
ohne Wirth gemacht habe, indem die Differenz der Rechnungen
2 Thlr. (den Betrag der 4 Dutzend Austern) betrug. Der
Rechnungsrath weigerte sich hartnäckig, die zwei Thlr. zu zahlen.
Nie, sagte er, würde er sich bei seinen Verhältnissen erlauben,
an einem Mittag 2 Thlr. für Austern auszugeben, er habe sie
bestellt in der Meinung, daß sie mit zum Diner gehörten. Beides
soll als sicher angenommen werden. Es fragt sich nur, ob er
nicht dennoch angehalten werden kann, den Betrag zu entrichten,
sei es auf Grund der bloßen Thatsache, daß er die Austern verzehrt hat, sei es auf Grund einer ihm zu imputirenden culpa?
Er seinerseits will umgekehrt eine culpa des Kellners darin

finden, daß derselbe ihn über sein offensichtliches Mißverständniß nicht aufgeklärt habe, während der Gastwirth meint, daß es an ihm gewesen sei, sich zu erkundigen, indem er doch sich habe sagen können, daß ein Gastwirth bei einem Diner für 20 Silbergroschen nicht für 15 Sgr. Austern geben könne. Jedenfalls ginge die culpa des Kellners ihn nichts an, er halte sich an seine Gäste, diese möchten die Culpafrage mit dem Kellner ausmachen.

Unter den Badegästen ward der Fall viel besprochen, und einer derselben theilte einen Fall mit, der vor Jahren, als man von Frankfurt nach Leipzig noch nicht zur Eisenbahn reisen konnte, sondern mit der Post fahren mußte, auf einer der Poststationen vorgekommen war. Kurz vor Eintreffen der Post, mit der eine Menge kleiner Handelsleute von Frankfurt zur Leipziger Messe fuhr, hatte eine muthwillige Hand auf dem Speisezettel durch Radiren bei einigen Speisen die Zahlen gefälscht, so insbesondere bei Forellen, welche mit 48 kr. verzeichnet standen, die 4 ausradirt. Die Folge davon war, daß sich fast die ganze Gesellschaft Forellen bestellte, ja mehrere in Anbetracht des ungewöhnlich niedrigen Preises sogar zweimal. Wie die Irrung in diesem Fall ausgeglichen worden war, wußte der Berichterstatter nicht anzugeben.

Um den letzteren Fall für den Zweck, dem er hier dienen soll, noch instructiver zu machen, soll angenommen werden, daß die Fälschung der Preise sich auch auf die Weine erstreckt habe, und daß einige der Passagiere sich einige Flaschen Wein zu dem vermeintlichen Preis haben geben lassen, um sie mit auf die Reise zu nehmen, sowie daß der Urheber dieser Fälschung, wie es in dem obigen Fall in der That geschah, nach einiger Zeit durch eigene Unvorsichtigkeit sich verrieth. So würden denn für diesen Fall drei Fragen zu beantworten sein:

1. Konnte der Wirth von den Gästen für die von ihnen bestellten Speisen den Preis verlangen, den er selber dafür angesetzt hatte, oder bloß den, den sie auf der Speisekarte vorgefunden hatten?

2. Mußte er ihnen die Flaschen Wein, welche sie mit auf die Reise nehmen wollten, ebenfalls zu dem gefälschten Preisansatz überlassen?

3. Konnte der Wirth den Verlust, den er bei dieser Gelegenheit etwa erlitten hat, von dem Urheber der ganzen Irrung, dem X, ersetzt verlangen und mit welcher Klage? Wird es in dieser Beziehung einen Unterschied machen, ob die Thäterschaft des X erst nach kürzerer oder längerer Zeit, z. B. erst nach zwei Jahren an's Tageslicht gekommen ist?

LXXVII.

Der Rechnungsführer der Stadt B. war aus der abgelegten Rechnung einen Receß schuldig geblieben. Er erkannte denselben vorbehältlich einer nochmaligen Revision der Rechnung an und versprach, ihn, so lange er uneingefordert stehen bliebe, zu verzinsen. Der Receß blieb über 30 Jahre bei dem Rechnungsführer stehen, der ihn während dieser Zeit richtig verzinste. Die Stadt verlangt nunmehr Bezahlung des Recesses, und der Schuldner nimmt jetzt erst eine genaue Revision seiner Rechnung vor, und es stellt sich heraus, daß der Receß weit weniger beträgt, als das Kapital, welches er bisher verzinst hat. Der verklagte Schuldner bestreitet daher nicht nur einen Theil der Hauptforderung, sondern schützt auch auf den Grund der bisher zu viel bezahlten Zinsen die Einrede der Compensation vor. Die Stadt replicirt, die Rechte, welche von dem Beklagten aus der vorbehaltenen Revision der Rechnung abgeleitet würden seien verjährt. Der Beklagte dagegen duplicirt, die Stadt habe, indem sie von ihm die Zinsen auf ein mit dem fraglichen Vorbehalt versehenes Obligationsverhältniß angenommen habe, hiermit auch den Vorbehalt selbst und alle hieraus fließenden Rechte und Verbindlichkeiten während der ganzen Dauer der Verjährung genehmigt. Sowie er seinerseits durch die Zinszahlung seine Verbindlichkeit anerkannt habe, so habe umgekehrt auch die Stadt durch die Annahme der Zinsen die Verbindlichkeit anerkannt, welche ihr aus dem Obligationsverhältniß obgelegen. Ein und dasselbe Obligationsverhältniß in Beziehung auf den einen Theil durch Verjährung erlöschen zu lassen, während dasselbe durch Anerkennungshandlungen für den anderen Theil bei Kraft erhalten werden solle, sei ein juristischer Widerspruch, da Rechte und Verbindlichkeiten, welche in einem und demselben Rechtsverhältnisse ihren Grund hätten, correlater Natur seien und daher so lange nebeneinander juristisch existiren müßten, als ihr gemeinschaftlicher Grund in Wirksamkeit bestehen bleibe.

Wie ist in Bezug auf die Verjährungseinrede zu erkennen? Und wie ist die Berechnung in Bezug auf Kapital und Zinsen zu machen, d. h. sind die zu viel gezahlten Zinsen von dem zu leistenden Kapital erst jetzt abzuziehen, oder haben sie das ursprünglich geschuldete Kapital successive verringert? Dieses soll zu 4000, das vermeintliche zu 5000 und die Zinsen mit 5 Proc. zu 250 fl. angenommen werden.

LXXVIII.

Zu den in Folge des Lüneviller Friedens auf Grund des Reichsdeputationshauptschlusses von 1803 säcularisirten Klöstern gehörte auch das Kloster zu L. Die mit dem Kloster verbundene

Kirche ward von der preußischen Regierung der neuerrichteten katholischen Kirchengemeinde zu L. zugewiesen, und es ward ein Theil der Klosterintraden, welche im Uebrigen in die Klosterkammer flossen, zur Dotirung dieser Kirche verwandt. Diese erhob einige Jahre später durch ihre gesetzlichen Vertreter gegen die preußische Klosterkammer einen Anspruch auf Herausgabe eines Kapitals von 500 Thlrn., welches im Jahre 1769 von dem verstorbenen Freiherrn von D. „der Klosterkirche zu L." zu dem Zweck hinterlassen worden sei, um von den Zinsen an seinem Todestage jährlich Seelenmessen zu halten. Dasselbe gebühre nach Absicht des Stifters und nach dem Wortlaut des Testaments nicht dem Kloster, habe also mit dem ihm gehörigen Vermögen auch nicht eingezogen werden können, sondern der „Klosterkirche", also der gegenwärtigen Klägerin.

Von Seiten der Klosterkammer wird dagegen Folgendes ausgeführt. Die Klosterkirche zu L. sei nicht, wie Klägerin annehme, ein selbständiges juristisches Subject, sondern lediglich ein im Eigenthum des Klosters zu L. befindliches Gebäude gewesen, das streitige Kapital habe daher nicht der Klosterkirche, sondern dem Kloster gehört, und sei als solches mit dem gesammten Klostervermögen von der preußischen Regierung eingezogen worden. Der § 35 und 36 des Reichsdeputationshauptschlusses bestimme ausdrücklich, daß der Ursprung und die Bestimmung der einzelnen Vermögensstücke der zu säcularisirenden Klöster, Abteien u. s. w. keinen Einfluß ausüben solle; es sei mithin auch völlig gleichgültig, ob das streitige Kapital zu Seelenmessen bestimmt gewesen sei, genug, es habe zum Klostervermögen gehört.

Klägerin replicirt dagegen Folgendes: für eine testamentarische Zuwendung sei allein der Wille des Testators maßgebend. Dieser Wille aber habe im vorliegenden Fall das

Kapital ausdrücklich der „Klosterkirche zu L." zugewandt, nicht dem Kloster, mithin habe dasselbe auch nicht mit dem Vermögen des Klosters eingezogen werden können, um so weniger, da der § 65 des von der Klägerin zur Grundlage ihres Rechts genommenen Reichsdeputationshauptschlusses ausdrücklich bestimme, daß „milde Stiftungen conservirt werden sollten". Habe sich das Kapital bisher im Besitz eines Nichtberechtigten: des Klosters befunden, so sei jetzt in der Klägerin das vom Testator gemeinte Rechtssubject geschaffen. Der Umstand, daß dies erst jetzt geschehen sei, würde selbst nach römischem Recht vermöge des Satzes: agere non valenti non currit praescriptio jede Anwendung der Verjährung ausschließen, nach kanonischem Recht aber genössen Kirchen bekanntlich das Privilegium der 100-jährigen Verjährung.

Bei der Entscheidung des vorliegenden Falles ist mit der Beklagten davon auszugehen, daß die ehemalige Klosterkirche zu L. keine selbständige juristische Persönlichkeit besaß, sondern nur ein im Eigenthum des Klosters befindliches, zu kirchlichen Zwecken verwandtes Gebäude war. Die Entscheidung selber ist auf folgende Fragen zu richten:

1. War das Kloster berechtigt, das „der Klosterkirche" legirte Kapital in Empfang zu nehmen?

2. Durfte unter dieser Voraussetzung die preußische Regierung dieses Kapital mit einziehen, oder mußte sie nach § 65 cit. dasselbe als „milde Stiftung" conserviren?

3. Angenommen, die gegenwärtige Klägerin könne als das vom Stifter gemeinte Subject angesehen werden, wie verhält es sich mit der Verjährung ihres Anspruchs?

LXXIX.

Zu den lehrreichsten Fällen über die Lehre vom Schatz, welche je vorgekommen sein dürften, — man möchte glauben, daß er als Musterfall dieser Lehre für Unterrichtszwecke ausgedacht worden sei! — gehört der folgende, den der Herausgeber der Mittheilung eines befreundeten Praktikers verdankt.

In der Stadt F. bedurfte eine Kirchhofmauer einer Reparatur. Dieselbe lag vor der Stadt und umgab die dortige protestantische, ehemalige Klosterkirche nebst dem Gottesacker und war an der schadhaften Stelle begrenzt von einem öffentlichen Wege und einem Privatgrundstücke, welche am Fuß der Mauer im rechten Winkel auf einander stießen. Nachdem die Reparatur in Angriff genommen war, stürzte ein Theil der Mauer in der Nacht ein und zwar theils auf den an dem Kirchhof vorbeiführenden öffentlichen Weg, theils auf das angrenzende Grundstück des Oekonomen Thorwald. Kinder aus den benachbarten Häusern waren am folgenden Morgen die ersten am Platz, und beim Spielen auf dem Steinhaufen fanden sie allerhand runde Metallstücke, von deren Werth sie keine Ahnung hatten. Kurze Zeit darauf stellten sich die Maurergesellen ein, welche sehr bald erkannten, daß jene Metallstücke Geldstücke waren — wie sich später zeigte, Silber- und Goldmünzen, sämmtlich aus der Zeit vor dem dreißigjährigen Kriege. Die Maurergesellen ließen sich von den Kindern die Geldstücke einhändigen und fanden beim näheren Nachsuchen in dem Steinhaufen noch eine große Menge ähnlicher Geldstücke.

Nachdem der Vorfall ruchbar geworden war, und der Fund sich als ein höchst werthvoller herausgestellt hatte, fanden sich für denselben eine Menge von Competenten ein. Ob dieselben sämmtlich Klage erhoben haben, und mit welchem Erfolg, ist dem Verfasser nicht bekannt, thut auch nichts zur Sache. Für den Zweck, dessentwegen der Fall hier mitgetheilt wird, kommt es darauf an, den Fall für den juristischen Unterricht so instructiv wie möglich zu machen, und es sollen daher auch solche Gesichtspunkte herangezogen werden, welche von den Betheiligten selber vielleicht gar nicht benutzt worden sind.

Die Competenten scheiden sich in zwei Klassen: diejenigen, welche die Rechte des Grundeigenthümers und die, welche die Rechte des Finders in Anspruch nehmen.

I. Zu der ersteren Klasse gehören:

1. der Fiscus, welcher die ihm an den „in locis religiosis" gefundenen Schätzen in l. 3 § 10 de jure fisci (49. 14) zugesprochene Hälfte verlangt. Wie der Kirchhof selber, so sei auch die Kirchhofmauer eine res religiosa.

2. die protestantische Gemeinde: nach Grundsätzen des heutigen Rechts ständen die Kirchhöfe und mithin auch deren Mauern im Eigenthum der Gemeinde.

3. die Stadt F.: der Schatz sei gar nicht in der noch stehenden Mauer, sondern in dem auf den öffentlichen, ihr gehörigen Weg gefallenen Stück derselben gefunden.

4. der Oekonom Thorwald: dieses Stück sei ebensogut auf sein Grundstück, wie auf den öffentlichen Weg gefallen.

Welche von den vorhandenen Geldstücken in dem auf den öffentlichen Weg und welche davon in dem auf Grundstück des Thorwald gefallenen Theil der Kirchhofsmauer gefunden sind, läßt sich das nicht ermitteln, da die Kinder so wenig wie die Maurergesellen darauf geachtet haben. Es fragt sich daher, ob die Competenten unter 3 und 4 nicht wohl thun werden, ihre Ansprüche gemeinschaftlich zu verfolgen, oder ob, wenn dieser Vorschlag von der einen Seite auf Widerspruch stoßen sollte, dem andern Theil, der, wenn er eine Klage (welche?) auf die ganze Hälfte des Schatzes anstellen würde, wegen der Unmöglichkeit des ihm obliegenden Beweises, daß der Schatz auf seinem Grundstück gefunden sei, abgewiesen werden würde, ob nicht diesem Theil mindestens nach Analogie der l. 5 pr. de R. V. (6. 1) die Klage auf die Hälfte der den Grundeigenthümern gebührenden Hälfte am Schatze ohne weiteren Beweis zugestanden werden müßte.

II. Zur zweiten Klasse gehören:

1. die Eltern der Kinder,
2. die Maurergesellen.

In Bezug auf dieses Streitverhältniß kommt es auf die Fragen an:

1. Können Kinder unter 7 Jahren — es soll angenommen werden, daß die sämmtlichen Kinder in diesem Alter stanben — nach römischem Recht Besitz erwerben und, wenn durch Tradition, auch durch Occupation?

2. Wenn dies zu verneinen, können sie nicht durch das bloße Finden (ohne Besitzaneignung) das Eigenthum am Schatz erwerben, oder setzt dieser Erwerb, wie Puchta, Pandekten § 154 annimmt, den Besitzerwerb voraus?

3. Erstreckt sich das Recht der Eltern auf den ganzen Schatz d. h. auch auf diejenigen Geldstücke, welche die Maurergesellen unter dem Schutt hervorgesucht haben, oder bloß auf diejenigen Geldstücke, welche ihre Kinder ergriffen hatten? Ein Beweis darüber, welche und wie viel Geldstücke diese gefunden haben, läßt sich nicht führen.

4. Ebensowenig darüber, welches von den Kindern die Geldstücke zuerst entdeckt hat; das Einzige, was wir wissen, besteht darin: als die Maurergesellen kamen, hatte jedes

ber Kinder Geldstücke, mit benen es spielte. Dieselben gehörten brei Elternpaaren an; haben diese gleichen Antheil am Schatz, oder kommt es auf Beweis an?

5. Können bie Finber bie Bestimmung bes § 39 J. de R. D. (2. 1) für sich anrufen, ber zufolge bei einem Funbe „in religioso loco“ bem Finber ber ganze Schatz gehören soll? Wie verträgt sich bamit bie oben citirte l. 3 § 10 de jure fisci?

LXXX.

Das österreichische allgemeine bürgerliche Gesetzbuch § 392 spricht bem Finber „verlorener Sachen“, wenn auf Grunb ber von ihm bei ber Obrigkeit erstatteten Anzeige unb ber vorgeschriebenen öffentlichen Bekanntmachung innerhalb Jahresfrist sich kein Eigenthümer ber gefunbenen Sachen gemelbet hat, „bas Recht zu, bie Sache ober ben baraus gelösten Werth zu benutzen“; mit Ablauf ber Verjährungszeit verwanbelt sich bies Recht in bas „Eigenthumsrecht“. Von ben gefunbenen Sachen unterscheibet es in § 398 ben Schatz, ber „in Gelb, Schmuck ober anberen Kostbarkeiten besteht, bie so lange im Verborgenen gelegen haben, baß man ihren vorigen Eigenthümer nicht mehr erfahren kann“, unb von bem bas eine Drittel „zum Staatsvermögen gezogen wirb“, bas anbere bem Finber, bas britte bem „Eigenthümer bes Grunbes“ zufällt, welche Bestimmung burch ein neueres Gesetz bahin geänbert ist, baß jebe ber beiben letztgenannten Personen bie Hälfte bes Schatzes erhalten soll.

In Luzern, wo bas genannte Gesetzbuch nebst ber angegebenen Mobification gilt, waren im Jahre 1866 in einem ber bortigen Gasthöfe eines Tages zwei Dienstmägbe unter Anleitung unb Aufsicht bes Hotelbesitzers mit Reinigen ber Betten beschäftigt.

Beim Hinaustragen einer Pferdehaarmatratze aus einem der Zimmer fiel ein Päckchen zu Boden, welches das Dienstmädchen Anna Stutz sofort aufhob und der draußen im Gang befindlichen Schwägerin des Hotelbesitzers überbrachte, um dasselbe diesem, dem Herrn Brenner, einzuhändigen. Beim Oeffnen des Packets fanden sich in demselben 63 Napoleonb'or. Brenner gab jedem der beiden Mägde und der Schwägerin einen Napoleonb'or als „Finderlohn". Es erfolgten die vorgeschriebenen Anzeigen und Bekanntmachungen, und da sich innerhalb Jahresfrist Niemand meldete, so betrachtete Brenner im Sinne des citirten § 392 sich berechtigt, das Geld zu benutzen. Es erhob jedoch die Anna Stütz ihrerseits Ansprüche darauf, und da er diese bestritt, Klage. Es kommt dabei auf folgende Fragen an.

1. Liegt hier im Sinn des Gesetzes ein „Schatz" oder ein „Fund" vor? Im ersten Fall hat Klägerin nur $\frac{1}{2}$, im zweiten den ganzen Fund zu beanspruchen. Die Matratzen werden wenigstens alle 10 Jahre einmal gereinigt.

2. Hat Klägerin das Packet allein gefunden, oder in Gemeinschaft mit dem anderen Dienstmädchen und der Schwägerin des Brenner?

3. Welche Klage ist anzustellen?

4. Der Beklagte setzt der Klage entgegen:

   a) ein Dienstbote in einem Gasthofe könne nie etwas in demselben auf eigene Rechnung finden, indem es zum Pflichtenkreise eines solchen Dienstboten gehöre, alle von Reisenden liegen gelassenen und verlorenen Sachen dem Wirth abzuliefern, der seinerseits auf alle Reclamationen Rede und Antwort zu stehen habe.

   b) Klägerin habe auf ihr etwaiges Recht dadurch Verzicht

geleistet, daß sie den ihr von ihm gereichten „Finderlohn" ohne weiteren Vorbehalt angenommen habe.

In Bezug auf den „Finderlohn" im Sinne des angeführten Gesetzbuches ist zu bemerken, daß der Eigenthümer, welcher die gefundene Sache vom Finder her-
ausbegehrt, nach § 391 gehalten ist, demselben „auf
Verlangen zehn vom Hundert des gemeinen Werthes
als Finderlohn zu entrichten."

5. Nur dann ist der Finder verpflichtet, die Sache dem vorigen Besitzer ohne Finderlohn zurückzugeben, wenn „der
vorige Besitzer aus den Merkmalen der Sache oder aus
anderen Umständen deutlich erkannt wird." Ist hiernach
ein Gast, der eine im Gasthofe vergessene Sache zurück-
fordert, verpflichtet, dem Gastwirth oder seinen Leuten den
Finderlohn zu entrichten?

LXXXI.

Der B verstattet dem A während einer Reparatur, die
dieser mit seinem Stall vornimmt, seinen Wagen in seine,
des B, Scheune zu stellen. An einem Tage, wo A abwesend
ist, benutzt B ohne dessen Erlaubniß und Vorwissen diesen
Wagen zu einer Spazierfahrt, ohne ihn zu beschädigen. Nach
einiger Zeit ward in des B Scheune zur Nachtzeit Feuer angelegt, und dieselbe brannte ab, ohne daß B Zeit gehabt hätte,
den Wagen des A herauszuholen, nur mit genauer Noth
rettete er sein in der Scheune stehendes Vieh, während auch sein
eigener Wagen verbrannte. A verlangt mit der actio depositi
den Ersatz des Wagens und stützt sich dabei auf zwei Gründe:

1. Das furtum usus, welches den B für den Casus verantwortlich mache.

2. Auf dessen culpa beim Brande, da er seine eigenen Sachen gerettet, den Wagen des A aber habe verbrennen lassen. Darin liege nach l. 32 Dep. (16.3) eine culpa lata, eine fraus.

B wendet ein:

1. Das furtum usus sei dem heutigen Recht gänzlich fremd, es sei in unserem Strafgesetzbuch stillschweigend beseitigt;

2. es sei hier nur eine culpa levis anzunehmen, denn es sei Niemandem zu verargen, daß er zuerst seine eigenen Sachen rette, auch sein eigener Wagen sei mit verbrannt.

LXXXII.

Ein Maler (M) übergibt ein Gemälde, das er zu verkaufen wünscht, einem Kunsthändler (K) zu dem Zweck:

I. es in seinem Schaufenster auszustellen. Welcher Art ist das Verhältniß, wenn

1. K sich für die Benutzung des Schaufensters monatlich einen bestimmten Preis entrichten läßt?

2. wenn er es aus bloßer Gefälligkeit thut?

3. wenn er selber im Interesse seines Geschäfts den Maler darum angegangen hat?

4. haftet er in allen Fällen für den gleichen Grad der culpa?

Wie ist das Verhältniß, wenn

II. die Absicht der Parteien darauf ging, daß K das Gemälde verkaufen solle, und dabei

1. ein Minimalpreis von 1000 Mk. gesetzt und zugleich ausgemacht war, daß K gewisse Procente vom Kaufpreis erhalten solle?

2. wenn ihm für seine Mühewaltung von vornherein ein Fixum von 50 Mk. zugesichert war?

3. wenn er sie unentgeltlich zugesichert hatte? Angenommen, es gelingt ihm, statt des von M gesetzten Preises von 1000 Mk. einen Käufer zu 1500 Mk. zu finden, kann er die 500 Mk. für sich behalten?

4. wenn er seinerseits dem Maler die Proposition gemacht hat, er möge ihm das Gemälde überlassen, er schaffe ihm dafür einen Käufer zu 1000 Mk.? Muß er es behalten, wenn er keinen Käufer findet, oder wenn er mehr dafür erzielt hat, den Ueberschuß herausgeben? Steht er für das periculum ein?

LXXXIII.

Die Hündin des A hat im Stalle des B Junge geworfen, sie selber ist später zum A zurückgekehrt, dagegen sind die Jungen zur Zeit noch bei dem B, und da derselbe sich weigert, sie dem A herauszugeben, so stellt dieser Klage an, und zwar hat er, um nicht zum Beweise des Eigenthums genöthigt zu sein, zu einem possessorischen Rechtsmittel gegriffen, das er nicht weiter bezeichnet hat. Beklagter bestreitet, daß Kläger an den Jungen Besitz gehabt habe. Als dieselben zur Welt gekommen seien, habe er, B, an der Mutter bereits den Besitz gehabt und folglich als bonae fidei possessor an den Jungen Besitz und Eigenthum erlangt. Aber selbst wenn das Gegentheil anzunehmen sei, so finde doch ein possessorisches Rechtsmittel nicht Statt. Die beiden interdicta recuperandae poss. nicht, weil er, Beklagter, den Besitz der Jungen weder vi, noch precario erworben habe, das interdictum retinendae possessionis nicht, weil es sich hier nicht um Schutz eines bestehenden, sondern um Wiedererlangung eines verloren gegangenen Besitzes handle. Für den Fall seiner Verurtheilung glaubt Beklagter ein Retentionsrecht wegen der Unterhaltungskosten der Hunde in Anspruch nehmen zu können. Dagegen sucht Kläger zu deduciren, daß sein Besitz gegenwärtig noch bestehe, indem der Besitz an Hausthieren bekanntlich dadurch nicht untergehe, daß sie vorübergehend ausblieben. Als die Mutter die Jungen geworfen habe, habe sich dieselbe noch in seinem Besitz befunden, mithin seien auch die Jungen in seinen Besitz gekommen, und da Seitens des Beklagten kein äußeres Factum eingetreten sei, welches dies Besitzverhältniß geändert habe, so dauere es zur Zeit noch fort, und es stehe ihm, Kläger, daher, wenn er die Jungen holen wolle und daran vom Beklagten verhindert werde, das interd. utrubi (.... quominus is eum ducat, vim fieri veto) zu. Das Retentionsrecht werde demjenigen versagt, der, wie hier Beklagter, auf unrechtmäßige Weise in den Besitz einer Sache gekommen sei.

LXXXIV.

Der Dr. Windhaus bestellt im Frühling 1865 Zwecks einer Brunnencur bei dem Kaufmann Gutzeit 24 Flaschen Kissinger Rakoczy-Brunnen. Als er nach 14 Tagen seine Cur beginnen will und eine Flasche öffnet, findet er, daß das Wasser ganz abgestanden schmeckt, und er schließt daraus, daß es keinesfalls von diesjähriger Füllung ist und mithin wegen des geringen Gehaltes an Kohlensäure für den beabsichtigten Zweck sich nicht eignet, und er wird durch eine zweite Flasche, die er öffnet, in dieser Annahme bestärkt. Er schickt daher sämmtliche 24 Flaschen dem Gutzeit mit dem Bemerken zurück, daß er sie nicht gebrauchen könne, indem das Wasser nicht von diesjähriger Füllung sei. Gutzeit erwidert ihm jedoch darauf, daß von „diesjähriger Füllung" zwischen ihnen nicht die Rede gewesen sei, weder bei der Bestellung noch bei der Lieferung, und stellt, da Windhaus Zahlung verweigert, Klage an.

Der Beklagte stützt die Behauptung des Versprechens „diesjähriger Füllung" darauf, daß Kläger ihm im April einen Preiscourant von vorräthigen Mineralwassern „diesjähriger Füllung" zugesandt habe. Kläger gibt dies zu, sucht jedoch die Bedeutung dieses Factums dadurch zu entkräften,

1. daß dem Preiscourante keine Jahresangabe beigefügt gewesen sei. Derselbe sei schon im Jahre 1860 gedruckt, es sei absichtlich die Jahresangabe auf demselben unterblieben, damit dieselbe mit jedem neuen Jahre schriftlich nachgetragen werden könne. Dies sei in diesem Jahre unterblieben, folglich sei die Notiz über die „diesjährige Füllung" auf dem Preiscourant ebenso nichtssagend, wie die bekannte Jahresangabe auf den Orgeldreherliedern: „gedruckt in diesem Jahre".

2. Aber selbst wenn das laufende Jahr auf den Preiscourant angegeben worden wäre, würde Kläger doch aus dem Grunde nicht für diesjährige Füllung haften, weil Beklagter bei seiner Bestellung diese Eigenschaft nicht besonders betont habe.

Daß die zwei geöffneten Flaschen nicht von diesjähriger Füllung seien, wolle Kläger nicht bestreiten, aber daraus folge nichts für die 22 anderen Flaschen, in Bezug auf sie sei der Beweis nicht erbracht. Wie Beklagter für sie den Preis zu entrichten habe, so auch für die 2 Flaschen, weil er sie geöffnet und dadurch deren anderweiten Verkauf unmöglich gemacht habe. Schließlich glaube er noch den Umstand für sich geltend machen zu können, daß Beklagter die Flaschen 14 Tage behalten habe, ohne sie zu öffnen; darin liege eine stillschweigende Billigung der klägerischerseits geleisteten Waare.

LXXXV.

Der A hatte seinen einzigen Verwandten, den B, zum Erben eingesetzt, seiner Frau, der X, den lebenslänglichen Nießbrauch seines Vermögens vermacht. Nach dem Tode des Testators ward die Erbschaft vom Erben angetreten, und die Wittwe des Verstorbenen blieb im Besitz des Vermögens und so auch in dem des ihrem Manne gehörigen Wohnhauses. Nach einigen Jahren brannte dasselbe ab, und der Erbe erhob dafür die Brandversicherungssumme.

Steht der Wittwe, wenn der Erbe aus diesem Gelde ein Haus an derselben Stelle wieder erbaut, der Nießbrauch an demselben zu? Wenn er aus dem Gelde allein den Wiederaufbau nicht bestreiten kann und von seinem eigenen Gelde zuschießt, ist die Nutznießerin dann nicht berechtigt, gegen das Anerbieten, ihm bis zur Beendigung des ususfructus diesen Betrag zu verzinsen, den ferneren Nießbrauch in Anspruch zu nehmen? Kann sie verlangen, daß er die Versicherungssumme zum Wiederaufbau verwende, oder darf er den Bauplatz verkaufen, und stehen ihr in diesem Falle irgend welche Rechte zu?

Würde es auf die Entscheidung des Falls einen Einfluß ausüben, wenn der Wittwe bloß der Nießbrauch des Wohnhauses vermacht wäre, und welchen? War sie in dem Falle verpflichtet, die jährliche Assecuranzprämie zu bezahlen?

LXXXVI.

Der A bestellt bei dem Lotteriecollecteur B ein Loos, Nr. 1313, statt dessen aber bekommt er durch ein von beiden nicht bemerktes Versehen die Nummer 1331. Als nun auf dieses Loos ein bedeutender Gewinn gefallen ist, nimmt B denselben in Anspruch, indem er behauptet, daß der Vertrag wegen eines error in corpore nichtig gewesen sei. Wie ist in diesem Fall zu entscheiden, und wie in dem Fall, wenn auf dieses Loos eine Niete, auf Nr. 1313 hingegen ein Gewinn gefallen wäre, und A denselben in Anspruch nähme?

LXXXVII.

Die verwittwete Frau Senatorin Burkhard war sehr gefährlich erkrankt. Als während dieser Krankheit ihr Arzt eines Tages zu ihr kam, traf er ihre Tochter, die verheirathete Bastian, an ihrem Bette sitzen, und die Mutter theilte ihm mit, daß sie derselben 500 Thlr. und zwar eine Obligation zu diesem Betrag gegen den Z geschenkt habe, wofür ihre Tochter ihr eine Grabstelle im Familienbegräbniß ihres Mannes zugesagt habe, und ersuchte ihn, diese Uebereinkunft vor den Erben zu bezeugen. Der Arzt meinte, es sei doch sicherer, über einen solchen Act eine Urkunde aufzunehmen und setzte darüber folgendes Instrument auf, das er von zwei Zeugen unterschreiben ließ: „Letzter Wille der Frau Senatorin Burkhard. Ich testire hiermit, daß meine Tochter Mathilde 500 Thlr. haben soll, und soll die Obligation von 500 Thlrn. gegen Z ihr sofort übergeben werden." Nach dem bald darauf erfolgten Tode der Kranken und der Beisetzung ihrer Leiche im Familienbegräbniß ihres Schwiegersohnes wird Seitens der übrigen Erben die Rechtsgültigkeit der aufgesetzten Urkunde bestritten und die Herausgabe der Obligation verweigert. Was ist von der Urkunde zu halten? Welches Rechtsgeschäft war von der Mutter beabsichtigt, und reichte die vorliegende Form zu dem Zwecke aus? Welche Klage hat die Miterbin, um auf Vollziehung der mütterlichen Zuwendung zu bringen? Hätte die von der Erblasserin ange-

orbnete bloße Uebergabe der Obligation genügt, um den gewünschten Zweck zu erreichen?

LXXXVIII.

Der B nimmt mit seiner Frau, um ihrer gemeinschaftlichen
Tochter bei ihrer Verheirathung an den X eine Dos zu geben,
von dem A ein Darlehn von 1500 Thlrn. auf, beide verpflichteten sich in einem instrumentum quasi publicum als
Selbstschuldner unter Bestellung einer hypotheca omnium
bonorum und der Versicherung, daß sonst keine Hypothek auf
ihrem Vermögen laste. A zahlt darauf im Auftrage der beiden
Ehegatten die benannte Summe an den X aus. Der B geräth
bald nachher in Concurs, und seine Frau macht ihr gesetzliches
und privilegirtes Pfandrecht wegen der Dos geltend. A wünscht
von uns zu wissen:

1. Ob die Frau nicht dadurch auf ihre Hypothek oder wenigstens
   zu seinen Gunsten auf die Priorität derselben verzichtet
   habe, daß sie die von ihrem Manne gegebene Versicherung,
   daß auf seinem Vermögen kein Pfandrecht ruhe, mit unterschrieben habe?
2. Ob sie, wenn er sie aus dem Darlehn in Anspruch nehmen
   wolle, sich der exceptio SC. Vellejani bedienen könne?
3. Ob er sich nicht im Nothfall dem X gegenüber schadlos
   halten könne, etwa mit der act. negotiorum gestorum
   oder condictio causa data causa non secuta?

LXXXIX.

Unter den Freunden eines guten Tokayers in X war es
ein lautes Geheimniß, daß man denselben echt nur aus dem

Hofkeller beziehen könne und zwar von dem Hofkellermeister Ehrlich, der sich zum Grundsatz gemacht hatte, gegen anständige Vergütung auch nicht hoffähige Personen an dem Hofkeller participiren zu lassen. Nachdem derselbe gestorben, versiegte diese Quelle anfänglich, in dem sein Nachfolger Muhlert allen ihm in dieser Beziehung gemachten Zumuthungen hartnäckigen Widerstand entgegen stellte. Nach einiger Zeit aber vernahm man die tröstliche Nachricht, daß die Hofkellerquelle wieder zu fließen begonnen habe, und daß insbesondere auch der Tokayer zum alten Preise zu haben sei und zwar in größeren Quantitäten, als man ihn von dem Vorgänger des jetzigen Hofkellermeisters je hatte erhalten können. In Folge dessen hatte letzterer einen ganz bedeutenden Absatz, und es erfolgten selbst Bestellungen von außerhalb. Die Sache war jetzt stadtkundig und kam auch dem Oberhofmarschallamt zur Kunde, das sich veranlaßt sah, eine Untersuchung gegen den Muhlert einzuleiten, aus der letzterer jedoch völlig gerechtfertigt hervorging. Es zeigte sich nämlich, daß er auch nicht eine einzige Flasche veruntreut hatte, sondern daß er — angeblich um sich der unausgesetzten Fragen, Bitten, Bemerkungen u. s. w. in Bezug auf diesen Punkt zu erwehren — auf eigene Kosten sich verschiedene Weine hatte kommen lassen und dieselben als Hofkellerweine zu sehr hohen Preisen abgegeben hatte. Die vermeintliche Krone des Hofkellers; der Tokayer entpuppte sich als ein guter Ruster und war mindestens um das Fünffache zu hoch bezahlt. Die Abnehmer desselben, höchlich verstimmt über diese Enttäuschung und die Neckereien, die sie zu ertragen haben, beabsichtigen, den Muhlert zu belangen, sei es mit der act. doli oder iniuriarum auf arbiträre Strafe oder mit der act. emti auf Rücknahme des Weines; sie wünschen einen rechtlichen Rath darüber, ob sie wohl thun werden, eine dieser Klagen anzustellen. Von einer Seite ist ihnen nämlich die Ansicht geäußert, daß sie überall keine Klage hätten, indem auch sie in dolo gewesen seien, bei gegenseitigem dolus aber eine Compensation des dolus eintrete. Wer in einem solchen Fall genöthigt sei zu klagen, auf dem bleibe der Schaden hängen. Darum würde auch Muhlert gegen diejenigen, welche ihm den Preis des Weines noch nicht bezahlt hätten, keine Klage haben.

Wie verhält es sich mit den beiderseitigen Ansprüchen aus diesem Geschäft?

XC.

Der Oekonom Winter logirt bei seiner Durchreise durch H. am 28. September im Gasthof zum goldnen Lamm und berichtigt bei seiner Abreise seine Rechnung von 4 fl. 30 kr. an den Oberkellner, indem er demselben, wie er glaubt, fünf Einguldenscheine übergibt. Den Ueberschuß von 30 kr., den dieser ihm herausgeben will, lehnt er mit den Worten ab: „Behalten Sie den Rest für sich als Trinkgeld." Am folgenden Tage entdeckt er, daß er sich versehen und in der Eile einen Zehnguldenschein für einen Einguldenschein angesehen hat, und setzt den Gastwirth einige Tage später, nachdem er seine Reise beendet hat, in Kenntniß, indem er sich die zu viel bezahlten 9 fl. zurück erbittet. Der Gastwirth will sich dazu nicht verstehen, theils weil er nicht für die Versehen der bei ihm logirenden Gäste einzustehen habe, theils weil er nicht rechtzeitig über den obigen Vorfall benachrichtigt worden sei. Hätte Winter ihn umgehend, wie er es gesollt, benachrichtigt, so würde er noch Gelegenheit gehabt haben, dem Oberkellner, der am 1. Octbr. seinen Dienst verlassen habe, ohne anzugeben, wohin er gehe, die 9 fl. bei Auszahlung seines Lohns in Abzug zu bringen.

Winter wünscht zu wissen, ob er wohl daran thut, Klage gegen ihn zu erheben. Die Punkte, auf die es ankommt, sind:

I. Ob und mit welcher Klage er den Oberkellner selber hätte belangen können?

  1. Der condictio indebiti, an die man denken könnte, scheint entgegenzustehen

    a) der Umstand, daß Winter ausdrücklich den „Rest" als Trinkgeld dem Oberkellner überlassen, und

    b) daß er sich nicht über die Existenz und den Betrag der Schuld, sondern bloß über das Zahlmittel geirrt hat.

  2. Angenommen, der Oberkellner habe den Irrthum des Winter sofort entdeckt, wie würde dessen Benehmen juristisch zu charakterisiren sein? Schließt der Umstand, daß das Geld ihm vom Eigenthümer selber gegeben wurde, eine Unredlichkeit seinerseits aus?

II. Kann diese Klage mit Erfolg gegen den Gastwirth angestellt werden?

Es sind folgende Einwendungen zu besorgen:

  1. ein Gastwirth hafte nur aus den Contracten der Kellner, Zahlung aber sei kein Contract.

  2. Er hafte nur so weit, als seine Leute ordnungsmäßig verführen, nicht für ihre Betrügereien und sonstigen Delicte.

  3. Der Kläger habe sich eine doppelte culpa zu Schulden kommen lassen, nämlich:

    a) bei der Zahlung — er hätte das Geld genauer ansehen sollen.

    b) bei der Anzeige — er hätte sie sofort machen sollen.

    Es komme hier der Grundsatz: quod quis ex sua

culpa damnum sentit, damnum sentire non vi-
detur zur Anwendung.

XCI.

Der Gastwirth Breit zu X im Großherzogthum Hessen ist
im Jahre 1865 mit Hinterlassung eines am 4. Juni 1853
errichteten Testaments gestorben, in dem es (abgekürzt) folgendermaßen heißt:

§ 1. Zu meinem Universalerben setze ich in Ermangelung
eigener Kinder den Sohn meiner verstorbenen Frau, der mir
wie ein rechtes Kind geworden ist, den Friedrich Krüger, ein,
jedoch unter folgenden näheren Modalitäten.

§ 2. Mein Stiefsohn soll nur den Hauptstock meines Vermögens erhalten, d. i. meinen hierselbst belegenen Gasthof nebst
der ganzen Einrichtung, den dazu gehörigen Ländereien vor
der Stadt, Fuhrwerk u. s. w. Dagegen soll mein Kapital-
vermögen an meine Verwandte A und B fallen. Dazu rechne
ich nicht bloß meine ausstehenden Kapitalien und Werthpapiere, sondern auch die Ausstände in den Büchern. Jedoch
soll, was am Tage meines Todes in der Kasse ist, zur Bestreitung der laufenden Baarauslagen für die Wirthschaft verwandt
werden.

§ 3. Mein Stiefsohn soll die ausstehenden Kapitalien und
Ausstände beitreiben oder, wenn die Legatare es vorziehen,
cediren, beides auf deren Kosten. Ebenso sollen die Beerdi-
gungskosten und sonstige durch meinen Tod veranlaßten Kosten
sowie die Legate in § 5 hiervon bestritten werden, so daß, wie
es meine Absicht, die Gastwirthschaft mit alle dem, was dazu
gehört, völlig frei und ohne Abzug in die Hände meines Stief-
sohns gelangt.

§ 4. Allen meinen Dienstleuten, welche im Moment meines Todes in meinem Dienste stehen und mir mindestens ein Jahr treu und ehrlich gedient haben, vermache ich und zwar den männlichen 40 fl., den weiblichen 30 fl.

Ueber die Ausführung dieser Bestimmungen sind zwischen den Legataren und dem Erben Differenzen ausgebrochen, die einer Beurtheilung unterzogen werden sollen.

I. Von den Ländereien ist ein Theil zum Zweck der Anlegung der vor X vorbeiführenden Eisenbahn expropriirt worden, der Betrag mit 5730 fl. steht noch aus und soll nächstens ausgezahlt werden. A und B beanspruchen denselben als zu den „ausstehenden Kapitalien" gehörig.

II. Kurz vor dem Tode des Verstorbenen erfolgte aus einer Concursmasse, bei welcher derselbe mit über 4000 fl. betheiligt war, eine Auszahlung von 1963 fl. Beide Theile beanspruchen diesen Posten für sich, der Erbe, weil das baare Geld ihm zufalle, die Legatare, weil die Summe an die Stelle der ausstehenden Kapitalien getreten sei.

III. Besonders streitig ist das Rechtsverhältniß an den Ausständen. Nach dem im Jahre 1861 erfolgten Tode der Frau des Testators fand sich derselbe so vereinsamt, daß derselbe seinen Stiefsohn, der damals die Eisenbahnrestauration in Z gepachtet hatte, aufforderte, zu ihm zu ziehen und als sein Compagnon mit in sein Geschäft zu treten. Krüger führte den Wunsch seines Stiefvaters aus und trat am 1. April 1862 als Compagnon in das Geschäft ein. Hierauf stützt er seine Weigerung, die Ausstände zum ganzen Betrage den Legataren auszulehren; die Hälfte derselben gebührt seiner Behauptung nach ihm. Zu diesem Streitpunkt gesellt sich noch ein anderer. Der Hofgerichtsrath Helldorf, welcher früher Jahre lang in Z mit sehr schmalen Mitteln als Accessist und Landgerichtsassessor hatte existiren müssen, hatte im Laufe dieser Zeit von 1854 bis 1863 in der Gastwirthschaft des Verstorbenen eine beträchtliche Schuld contrahirt. Seine Beförderung und seine Verheirathung hat ihm die Mittel verschafft, dieselbe abzutragen, und er hat an den Erben kürzlich eine Abschlagszahlung von 700 fl. geleistet. Nach dem Art. 15 des großh. hessischen Verjährungsgesetzes vom 19. März 1853, welches mit dem 1. Januar 1854 in Kraft getreten ist, verjähren die Forderungen der Gastwirthe in einem Jahre, und nach Artikel 30 „ist mit Verjährung einer Klage auch das ihr zu Grunde liegende Recht erloschen". Krüger behauptet darauf hin, daß jene Abschlagszahlung und alle noch folgenden ausschließlich ihm gebühren. Schon nach gemeinem Recht könne eine verjährte Forderung nicht cedirt und folglich auch nicht legirt werden, denn zum Zweck der Realisirung der Cession und des Legats bedürfe es der Uebertragung der Klage, welche aber bei einer verjährten Forderung nicht mehr existire. Das hessische Verjährungsgesetz gehe noch einen Schritt weiter, indem es mit dem obigen Artikel die nach gemeinem Recht vielfach angenommene Fortdauer einer obligatio naturalis ausdrücklich verwerfe.

Wilhelm Müller, Commentar über das großh. hess. Verjährungsgesetz vom 19. März 1853. Marburg und Leipzig 1854 S. 173: „daß ... somit von einem Verbleiben einer obligatio naturalis keine Rede mehr sein kann".

Die sämmtlichen verjährten Ausstände des Verstorbenen seien mithin im Sinn dieses Gesetzes als etwas juristisch gar nicht Existirendes zu betrachten. Zahle der Schuldner dennoch, so sei dies im Sinne des Gesetzes nicht eine Zahlung, nicht als Einlaufen eines Rückstandes, sondern als reiner Glücksfall, als eine Schenkung von Seiten des Zahlenden zu betrachten,

Die Legatare verlangen, daß der Erbe in Ausführung der Bestimmung des Testaments, welche ihm die Beitreibung der ausstehenden Rückstände auferlege, den auf mehr als 1000 fl. sich belaufenden Rest der Schuld des Hofgerichtsraths Hellborf einklage. Nach Art. 33 des Gesetzes sei er dazu befugt. Denn dieser Artikel laute: „Jeder . . . . kann auch einer bereits vollendeten Verjährung ausdrücklich oder stillschweigend entsagen. Als eine solche Entsagung ist jedes Mal die Zahlung anzusehen ohne Unterschied, ob dem Zahlenden die Erlöschung des Rechts durch Verjährung bekannt war oder nicht." Durch theilweise Zahlung habe Hellborf auf die Verjährungseinrede auch für den Rest der Schuld verzichtet. Das obige Gesetz habe damit dieselbe Bestimmung, welche die l. 7 § 15, 16 de SC. **Maced.** (14. 6) nach richtiger Ansicht über die exceptio SCi. **Macedoniani** ausspreche, auf die Verjährungseinrede übertragen.

Der Erbe, welcher eben so wie der Verstorbene mit dem Schuldner von jeher auf freundschaftlichem Fuß gestanden hat, weigert sich, denselben zu belangen und stützt seine Weigerung darauf, daß ihm gesetzlich gegen denselben eine Klage überall nicht zustehe. Die Interpretation des allerdings zweideutigen Art. 30 von Seiten der Gegner sei verfehlt; in dem angeführten Commentar, dessen Verfasser als Mitglied des Justizministeriums an der Vorbereitung und Entwerfung des Gesetzes selber thätigen Antheil genommen habe, finde man nicht einmal die Möglichkeit dieser Interpretation angedeutet, — zum besten Beweise, daß dieser Sinn dem Gesetz völlig fremd sei, dasselbe vielmehr lediglich die Anfechtung der bereits geleisteten Zahlung im Auge gehabt habe.

IV. Der Erbe glaubt den sämmtlichen männlichen Dienstboten im Ganzen genommen nur 40 fl., den sämmtlichen weiblichen nur 30 fl. zahlen zu brauchen, während jeder Einzelne von ihnen diese Summe beansprucht.

Haben sie nachzuweisen, daß sie die bestimmte Zeit „treu und ehrlich" gedient haben, oder muß der Erbe beweisen, daß sie nicht treu und ehrlich gewesen sind?

V. Der Kellner Weinberg hatte dem Verstorbenen seit länger als 5 Jahren gedient, war jedoch im Momente seines Todes nicht anwesend, indem er als Landwehrmann zu den Herbstmanövern hatte erscheinen müssen. Eine Kündigung seinerseits war dies Mal ebenso wenig erfolgt, wie die früheren Male, wenn seine Militärdienstpflicht ihn abrief; der Verstorbene, der ihn gern hatte, hielt ihm in solchen Fällen die Stelle offen und richtete sich vorübergehend anderweitig ein.

Der Erbe bestreitet ihm seinen Anspruch auf das Legat, weil er nicht, wie es im Testament erfordert werde, „im Moment des Todes im Dienst des Testators gewesen sei".

XCII.

Der **A** bestimmt in seinem Testamente, worin **B** und **C** zu Erben eingesetzt sind: der **B**, von dem ich noch 700 Thlr. zu fordern habe, soll dafür meiner Haushälterin **X** die 500 Thlr., die ich ihr schulde, und wofür ich ihr mein gesammtes Mobiliar hiermit verpfände, ausbezahlen, die übrigen 200 Thlr. aber soll er für sich behalten, dafür soll aber der **C** die Obligation gegen den **Z** auf 150 Thlr. im Voraus haben.

Welche Vermächtnisse liegen hier vor, und von welchen Personen und mit welchen Klagen können sie geltend gemacht werden? Kommt etwas darauf an, ob die vom Testator genannten Schuldverhältnisse wirklich existiren?

XCIIᵃ.

Unter den Papieren des verstorbenen Rentiers Wilhelm Pabst zu Frankfurt a. M. findet sein zum alleinigen Erben eingesetzter Bruder Georg Pabst folgende Urkunde vor:

„Ich Endesunterschriebener, Johann Voigt, Müllermeister auf der Dohlenmühle zu Mesenheim, habe an meinen Neffen Carl Scholz zu Rabenau, meine daselbst gelegenen Immobilien (a, b, c) zu 5300 fl. verkauft und mir wegen des Kaufgeldrestes zu 3000 fl., welcher mit $4\frac{1}{2}$ Proc. zu verzinsen ist, das Eigenthum vorbehalten. Diesen Rest nebst den davon fällig werdenden Zinsen cedire ich Herrn Wilhelm Pabst zu Frankfurt in der Weise, daß sich derselbe, insoweit ich bei ihm Verbindlichkeiten eingegangen habe und eingehen werde, daran ohne weitere Umschweife erholen kann, und stelle ihm diese meine Forderung als Pfand ein, so jedoch, daß der etwaige Ueberschuß an mich zu zahlen ist. Dem debitor cessus soll hiervon Kenntniß gegeben werden mit der Wirkung, daß er gültig nur an den Cessionar zahlen kann. Auch gebe ich demselben alle Rechte aus dem mir bis zur völligen Zahlung zustehenden Eigenthumsvorbehalt. Frankfurt am Main, 1. Juni 1860.

Johann Voigt."

Darunter befindet sich folgender Vermerk:

„Den debitor cessus habe ich heute durch recommandirten Brief von vorstehender Cession in Kenntniß gesetzt. Frankfurt, 2. Juni 1860.

Wilhelm Pabst."

Es sollen in Bezug auf dieses Instrument folgende Fragen beantwortet werden:

1. Kann der Erbe des Pabst, der von dem Verhältniß

seines Erblassers zu dem Aussteller der Urkunde nichts Näheres weiß, auf Grund dieser Urkunde den obigen Posten von dem Carl Scholz beitreiben, ohne daß es auf irgend einen Beweis seinerseits weiter ankommt? Er behauptet, daß es Sache des Johann Voigt sei, den ihm in der Urkunde vorbehaltenen „etwaigen Ueberschuß" nachzuweisen; so weit ein solcher Ueberschuß nicht dargethan werden könne, falle der ganze Posten ihm, dem Cessionar, zu.

2. In welcher rechtlichen Weise kann er den Eigenthums-vorbehalt der Urkunde geltend machen?

3. Hat Karl Scholz die exceptio legis Anastasianae? Kann er die Angabe des Betrages verlangen, für welchen die Forderung gegen ihn in obiger Weise dem Wilhelm Pabst überlassen worden ist?

XCIII.

1. Der A leiht dem B 3000 Thlr., wofür dieser ihm seine beiden Häuser verpfändet. Der B verkauft das eine derselben an X, das andere an Z. Gegen diesen tritt der A mit der act. hypothecaria auf. Wegen Insolvenz des B kann Z die exceptio excussionis nicht mit Erfolg vorschützen, er verlangt aber mit Beziehung auf L. 9 qui potiores (20. 4) die Cession der Forderung. Mit der cedirten Klage tritt nun Z gegen den X auf; dieser aber verweigert die Zahlung, weil er, wie er sagt, zu derselben nur verpflichtet sei gegen Cession der geltend gemachten Forderung; wenn ihm diese aber cedirt sei, so stelle er wieder die hypothekarische Klage gegen den Z an und bekomme seine 3000 Thlr. zurück. Nach dem Grundsatz: dolo facit, qui petit, quod rediturus est könne er der Klage des Z die exc. doli entgegensetzen.

2. Bei einem furchtbaren Orcan in der Gemarkung G. ward das in Garben gebunde und in Haufen zusammengestellte Getreide der verschiedensten Besitzer durch einander geweht und schließlich auf das am Abhange eines Berges liegende Grundstück des X getrieben, wo es sich mit dessen Getreidegarben vermischte. In welcher Weise kann hier den übrigen Eigenthümern gegen diesen eine rechtliche Hülfe gewährt werden? Etwa in Form der act. comm. dividundo, d. h. ist hier Miteigenthum entstanden?

Wenn in Form der rei vindicatio, würde dann nicht jeder der Kläger beweisen müssen, welche Garben ihm gehörten, und da Niemand diesen Beweis erbringen kann, abgewiesen werden müssen?

3. Am Ende des Jahres 1869 brachte ein Wiener Blatt über das Schicksal des Haupttreffers bei der letzten Ziehung der Kreditloose folgende Mittheilung:

„Wenige Stunden vor Beginn der Ziehung traf Herr A mit seinem Freunde B zufällig auf der Ringstraße zusammen und wurde von demselben zu einer kurzen Spazierfahrt eingeladen. Herr A lehnte die Einladung unter dem Vorwande ab, daß er die Absicht habe, sich zur bevorstehenden Ziehung vier Kreditloose zu kaufen, und befürchte, die Zeit zur Anschaffung derselben zu versäumen, wenn er von der projectirten Spazierfahrt nicht rechtzeitig zurückkommen sollte. Herr B erhielt durch diese Mittheilung die Anregung, sich gleichfalls einige Loose anzuschaffen, und richtete sonach an A die Bitte, daß er ihm unter Einem den Ankauf von vier Loosen besorgen möge. Noch vor der Ziehung erhielt B ein Couvert mit Loosen nebst der Rechnung über die Anschaffung von vier Stück Kreditloosen, die er sofort beglich. Das Couvert wurde einstweilen in dem feuersichern wertheimischen Kassenschrank deponirt, und die beiden

Freunde unterhielten sich noch an demselben Abende bei einem Glase Wein in gemüthlichster Weise. Nachdem die Haupt= treffer bekannt geworden waren, beeilten sich die beiden Freunde, die in ihrem Besitze befindlichen Papiere zu revidiren. Mit Entsetzen bemerkte Herr A, daß er seinem Freunde in der Eile fünf statt vier Loose übersendet hatte, während er selbst nur drei Stücke in Händen behielt. Gleichzeitig aber entdeckte auch B, daß er fünf Loose besaß und unter diesen das Loos mit dem Haupttreffer! Die von Herrn A an Herrn B gerichtete Auf= forderung, den Gewinn zu theilen, wurde zurückgewiesen, und es blieb dem durch eigene Unachtsamkeit Verkürzten nichts übrig, als den gerichtlichen Weg zu betreten, um Herrn B gegenüber sein wirkliches oder vermeintliches Recht durchzusetzen. Dieser Schritt ist nunmehr erfolgt, und Herr A hat einer hiesigen Advocaten= kanzlei den Auftrag zur Einleitung des Civilprocesses gegeben. Die gerechte Entscheidung dieses Processes wird jedenfalls einen erkleklichen Aufwand an salomonischer Weisheit in Anspruch nehmen."

Die Ansichten der Juristen über diesen Fall sowohl in Wien als außerhalb waren außerordentlich getheilt. Die einen meinten, daß A sämmtliche Loose vindiciren könne, indem eine gehörige Eigenthumsübertragung überall nicht erfolgt sei, da der Ir= thum des A dieselbe ausgeschlossen habe (l. 25 § 1 i. f. de usufr. 7. 1); ihr zufolge würde also dieser berechtigt sein, den ganzen Gewinn zu fordern. Eine zweite Ansicht will den Gewinn g a n z dem B zusprechen, weil er, obschon gehalten, e i n Loos zurückzugeben, doch die Wahl habe, welches er geben wolle. Eine dritte Ansicht will ihn beiden zu gleichen Theilen, eine vierte im Verhältniß von $\frac{1}{5}$ (A) und $\frac{4}{5}$ (B) zuweisen.

Zu allen drei Fällen ist zu vergleichen S. 172 oben, 173 oben.

XCIV.

Das großartige Etablissement des X zu Z. sollte bei einer festlichen Gelegenheit, von der zu erwarten stand, daß sie Tausende von Fremden nach Z. ziehen würde, eingeweiht werden, und X hatte allen Handwerkern, die ihm zu jenem Zweck etwas zu liefern hatten, den zweitletzten Tag vor jenem Fest als äußersten Termin bezeichnet und sich von ihnen für den Fall des Verzugs den vollen Ersatz seines Schadens versprechen lassen. Der A hat gegen jenen Termin die Vollendung der ihm übertragenen Gasbereitungsanstalt, der B die Lieferung aller Kron= und Armleuchter, aus denen das Gas ausströmen soll, übernommen. Beide erfüllen aber trotz wiederholter Interpellation ihr Versprechen nicht, und die Folge davon ist, daß das Etablissement gerade während der Zeit, wo X nach dem mäßigsten Anschlage 2000 Thlr. verdient haben würde, unbenutzt bleibt, indem bei der einmal getroffenen Einrichtung eine andere Beleuchtung, als durch Gas völlig unmöglich ist. X verlangt daraufhin von A die Zahlung von 2000 Thlrn. Dieser bestreitet seine Verpflichtung in folgender Weise: „Beim Schadensersatz,“ sagt er, „soll geleistet werden, was der Verletzte ohne das fragliche Factum gehabt haben würde. Den Fall nun angenommen, ich hätte zur rechten Zeit erfüllt, so würde Dir dies doch nichts geholfen haben, weil B nicht geleistet hatte, mithin bin ich zu nichts verpflichtet.“ X wendet sich an den B, und dieser erwidert in gleicher Weise wie A: „Wenn ich auch geleistet hätte, so würdest Du dennoch jenen Schaden erlitten haben, mithin ist meine mora nicht die Ursache desselben.“ X dreht aber das Argument um, indem er zu A sagt: „Freilich hätte ich, auch wenn Du rechtzeitig geleistet hättest, mein Etablissement nicht eröffnen können, weil der B noch nicht geleistet hatte, allein dann hätte

13*

dieser mir unzweifelhaft die 2000 Thlr. zahlen müssen, weil
ich dann ja gegen ihn den Beweis, daß allein durch seine mora
jener Schaden angestiftet ist, hätte führen können. Dadurch,
daß auch Du nicht rechtzeitig erfüllt hast, beraubst Du mich der
Möglichkeit jenen Anspruch gegen B durchzuführen. Ich be-
lange Dich also nicht, weil Du den ursprünglichen Schaden
mit verschuldet hast, sondern weil Du durch Deine mora mir
die Verfolgung meines Anspruchs, nämlich den Beweis, daß
B jenen Schaden verschuldet hat, unmöglich gemacht hast.“
Daß Jemand dadurch, daß er einem Andern den Beweis seines
Anspruches gegen einen Dritten und damit die Verfolgung
dieses Anspruches unmöglich macht, zum Schadenersatz verpflichtet wird, erkennt das römische Recht in manchen Anwendungen an, z. B. in

> L. 30 § 1 ad leg. Aq. (9. 2),
>
> L. 35 de dolo (4. 3),
>
> L. 10 § 3 de edendo (1. 13),
>
> L. 27 pr. de furtis (47. 2).

Gegen diese Argumentation wendet C wieder ein: „Ihr zufolge kannst Du jedenfalls nicht von mir und B die 2000 Thlr.
gemeinschaftlich fordern, also bleibt Dir, wenn Du überhaupt klagen
willst, nur die Wahl, entweder Jeden von uns auf das Ganze
in Anspruch zu nehmen oder nur Einen. Was den zweiten Fall
betrifft, so müßtest Du, wenn Du mich in Anspruch nehmen
wolltest, ein Argument gegen mich vorbringen, das Du nicht
nur gegen mich, sondern auch gegen B benutzen könntest, denn sonst
würde damit nicht bewiesen werden, daß gerade ich Dir verpflichtet
bin. Dein Argument paßt aber ebensogut gegen B wie gegen
mich. Da Du nun den Nachweis nicht führen kannst, daß bloß
einer von uns den Schaden veranlaßt hat, unser Antheil an
demselben vielmehr ein völlig gleicher ist, so muß auch Jeder

von uns auf 2000 Thlr. in Anspruch genommen werden. Weil Du aber auf diese Weise 4000 Thlr. erhalten würdest, wozu Du jedenfalls nicht berechtigt bist, so ergibt sich aus diesem offenbar unrichtigen Resultat, daß der Weg, der zu demselben führt, ein verkehrter sein muß. Da nun die bisher angeführten drei Möglichkeiten, nämlich daß Jeder von uns oder Beide zusammen oder bloß Einer von uns das Ganze zu zahlen hat, ausgeschlossen sind, so bleibt nur die vierte und letzte, daß Du von Keinem von uns etwas erhältst, und das ist allein das Richtige. Es verhält sich mit diesem Fall um nichts anderes, als mit dem, wenn Du wüßtest, daß einer von uns beiden Dir etwas gestohlen hätte, Du aber nicht beweisen könntest, wer von uns der Dieb wäre. In diesem Fall würdest Du von keinem von uns etwas bekommen." Wie ist der obige und der zum Vergleich herumgezogene Diebstahlsfall zu entscheiden?

XCV.

An der holländischen Küste trieb in den dreißiger Jahren unseres Jahrhunderts ein todter Walfisch an und ward von zwei verschiedenen Punkten aus zu gleicher Zeit bemerkt. Von beiden Punkten steuerten zwei Boote mit Fischern aus, um sich des Walfisches zu bemächtigen. Sie langten zu derselben Zeit, aber von gerade entgegengesetzter Seite bei demselben an, und die Fischer bestiegen ihn zugleich von zwei Seiten und kamen in der Mitte zusammen, wo sich ein Streit zwischen ihnen entspann. Währenddessen kam ein drittes Boot, und die Fischer aus demselben stellten den Streitenden vor, sie sollten den Streit auf dem Lande entweder fortsetzen oder vergleichsweise oder gerichtlich ausmachen; sie, die Neuangekommenen, wollten den Walfisch inzwischen an's Land bringen. Dieser Rath ward

befolgt, und die Fiſcher des dritten Bootes zogen den Wal=
fiſch an's Land. Als nun die andern, die ſich inzwiſchen ver=
glichen hatten, den Fiſch für ſich in Anſpruch nahmen, ver=
weigerten die jetzigen Beſitzer die Herausgabe deſſelben, und ihr
Advocat verfocht ihre Sache mit folgenden Gründen, die einer
Prüfung unterworfen werden ſollen. Wir wollen der Kürze
wegen die Fiſcher aus den beiden erſten Booten als zwei
einzelne Perſonen, A und B, betrachten. Der Advocat der
Beklagten behauptet nun, daß ſeine Clienten das Eigenthum
des Walfiſches durch Occupation erworben hätten, indem ſie
an dieſer res nullius zuerſt den Beſitz erlangt hätten. Daß
nämlich A und B den Beſitz nicht vorher gehabt hätten, ergebe
ſich aus folgender Argumentation. Sie hätten nämlich

a) den Beſitz nicht in solidum erworben, weil dies juriſtiſch
unmöglich ſei,

b) nicht pro parte divisa, weil hier, was zunächſt das
corpus bei dem Beſitz betreffe, weder die Annahme
körperlicher Theile bei der ungetheilten Einheit des
Objects ſtatthaft ſei, noch auch, wenn der Beſitz körper=
licher Theile hier an ſich denkbar wäre, eine äußerlich er=
kennbare Demarcationslinie für eine ſolche Theilung vor=
liege. Was den animus bei dem Beſitz betreffe, ſo gelte
hier daſſelbe, was unter c zu bemerken ſei. Der Beſitz
ſei auch nicht erworben

c) pro parte indivisa, weil ſie nicht die darauf gerichtete
Abſicht gehabt hätten. Jeder von beiden habe das Ganze
apprehendiren wollen, mithin fehle es hier an dem ge=
eigneten animus. Hätten ſie aber gemeinſchaftlich pro
parte indivisa erwerben wollen, ſo hätten ſie ihre
Abſicht auf die Erlangung eines beſtimmten ideellen
Theiles richten müſſen, ja mit Rückſicht auf L. 26 de acq.

poss. (41. 2) ... certa pars, quae introducitur ex emtione vel ex donatione vel ex qualibet alia causa u. ſ. w. hätte dieſer Theil durch eine juriſtiſche Thatſache gegeben ſein müſſen (Puchta, Pandekten § 129).

d) A allein hätte den Beſitz nicht erworben, weil B, und B nicht, weil A ihm im Wege geſtanden hätte.

Mithin ſei der Walfiſch bis zu dem Augenblick, wo ſeine Clienten ihn mit ſich geführt hätten, eine beſitz= und herren= loſe Sache geweſen und ſei demnach ihnen zuzuſprechen.

XCVI.

Bei dem Gaſtwirth X deponiren gegen einen Schein zwei ihm unbekannte Perſonen, die ſich A und B nennen, einen ver= ſiegelten Beutel mit 100 Friedrichsd'or und geben ihm auf, denſelben nur ihnen beiden zuſammen wieder herauszugeben. Nach einiger Zeit kommt der A und producirt einen angeblich von B ausgeſtellten Schein, worin dieſer den Gaſtwirth er= mächtigt, dem A allein den Beutel auszuliefern, wozu X ſich auch bereit finden läßt. Bald darauf kommt der B und ver= langt, da A, ſein socius, ſich mit der ganzen Societätskaſſe aus dem Staube gemacht habe, den Beutel. X erklärt ihm, daß er denſelben ſchon an A ausgeliefert habe, und da B ihn auf die Beſtimmung des Contractes, vermöge welcher die Aus= lieferung nur ſtattfinden ſolle, wenn beide Deponenten zuſammen ſich dieſerhalb meldeten, aufmerkſam macht, erwidert X, daß dann auch B allein den Beutel nicht fordern dürfe, er möge mit dem A zuſammen wieder kommen.

XCVII.

Der A hat gegen den X häufig einen Anſpruch von 80 Thlrn. geltend gemacht, den dieſer völlig beſtritten. Wie er wieder einmal den X wegen dieser Forderung angeht, sagt dieser: „Ich bin der Sache überdrüssig geworden und will lieber die 80 Thlr. zahlen, als ihre alte Litanei immer von Neuem hören. Ich verspreche Ihnen hiermit, wenn Sie Ihrerseits die Grundlosigkeit ihrer Ansprüche zugestehen und nie wieder weder gegen mich, noch gegen Andere von unserem ganzen Schuldverhältniß ein Wort fallen und vor Allem sich nicht wieder von einem Advocaten aufhetzen lassen wollen, die 80 Thlr. zu zahlen." A willigt seinerseits ein und acceptirt das Versprechen.

Da X später trotzdem nicht zahlt, so glaubt A, daß er ihn überlistet habe. Denn, sagt er zu sich, schweige ich, so rührt X sich nicht; mahne und verklage ich ihn, so bekomme ich noch weniger etwas, da ich meinen ehemaligen Anspruch aufgegeben und dafür ein Versprechen erhalten habe, dessen Wirksamkeit gerade davon abhängt, daß ich nicht klage.

Können wir dem A helfen?

XCVIII.

Der Leihhausdiener Fuchs in X hatte seit Jahren eine Menge von Veruntreuungen verübt, insbesondere in der Weise, daß er manchen Eigenthümern der versetzten Sachen dieselben gegen eine mäßige Vergütung zurückgegeben hatte. Bei der gegen ihn eingeleiteten Untersuchung stellte sich unter Anderem auch heraus, daß er dem Salomon Kritz die von ihm versetzten Werthgegenstände seiner Frau zurückgestellt hatte. Da die Rückgabe derselben von dem Kritz aus dem Grunde verweigert wird, weil sie seiner Frau gehören, so sieht sich die Leihhausadministration zur Erhebung der act. hypothecaria gegen die Ehefrau desselben, Susanna Kritz, veranlaßt. Daß ihr Mann diese Sachen mit ihrer Einwilligung verpfänbet habe, wagt Beklagte nicht zu leugnen, sie fügt jedoch hinzu, unb bies soll als wahr angenommen werden, baß sie ihre Einwilligung nur gegen bie Zusicherung ber innerhalb vier Wochen zu erfolgenben Einlösung ertheilt habe. Ihr Anwalt hat bie Zulässigkeit ber Klage in folgenber Weise bestritten:

I. Es sei nie ein Pfandrecht entstanden. Denn

1. habe es ihr Mann nicht ertheilen wollen, ba er mit bem Fuchs von vornherein einig gewesen sei, baß ihm bie versetzten Effecten sofort wieder verabfolgt werden sollten; es sei also von vornherein nur auf ein Scheingeschäft abgesehen gewesen, aus welchem ein wirkliches Pfandrecht nicht entstehen könne. Ob ihr Mann in dolo gewesen sei, könne ihr gegenüber nicht releviren, ba ber dolus nur in personam wirke;

2. habe er es nicht können, inbem bie ihm von ihr bazu ertheilte Erlaubniß wegen bes SC. Vellejanum unb ber Auth. si qua mulier nichtig gewesen sei.

II. Wenn aber ein Pfandrecht je entstanden sei, so sei es untergegangen .

1. mit Ablauf von 4 Wochen nach geschehener Verpfänbung. Die Befugniß ihres Mannes zur Verpfänbung ihrer Sachen habe nicht weiter reichen können, als ihre Einwilligung, b. h. nicht über 4 Wochen hinaus;

2. durch erfolgte Rückgabe bes Pfandes wegen § 25 ber Leihhausordnung: „Durch Einlösung unb Rückgabe erlischt ber Pfandnexus." Es sei nicht hinzugefügt, bei wem bie Einlösung, unb burch wen bie Rückgabe zu erfolgen habe, sondern bie Bestimmung laute ganz objectiv. Aber selbst wenn babei an bie Leihhaus-

abministration zu benken sei, so habe biese nach Grunb=
sätzen über bie act. institoria (l. 5 § 10 de inst.
act. 14. 3) bie Delicte ihres Dieners zu vertreten.

Die Klägerin sucht bie Berufung auf bas SC. Vellejanum
unb bie Authentica baburch zurückzuschlagen, baß es sich hier=
bei gar nicht um eine Intercession einer Frau für ihren Ehe=
mann unb überhaupt gar nicht um ein Rechtsgeschäft ber Frau,
sonbern um eine Hanblung bes Mannes hanble, zu ber sie nur
ihre Zustimmung ertheilt habe.

Würbe es auf bie Entscheibung von Einfluß sein, wenn
bie Frau von vornherein um bie zwischen ihrem Mann unb
bem Leihhausbiener getroffene Verabrebung wußte?

XCIX.

Metzner verpachtet im Sommer 1866 zum 1. November
an Lauterbach einen Teich, inbem er ihm bemerkt, baß bas
jetzt noch stehenbe Schilf „Eigenthum" bes bisherigen Pächters
Dornbaum sei. Dieser unterläßt, bas Schilf rechtzeitig
schneiben zu lassen. Als es enblich im Lauf bes Monats De=
cember burch seine Leute geschieht, eignet Lauterbach, bevor bas
Schilf abgeholt wirb, sich basselbe an unb weigert sich, es
herauszugeben, inbem er behauptet, baß Dornbaum vom
1. November an, mit welchem Tage seine Pacht zu Enbe ge=
gangen sei, gar nicht mehr befugt gewesen sei, bas Schilf
schneiben zu lassen.

Welche rechtliche Hülfe gibt es hier für ben Dornbaum,
etwa bie act. conducti gegen ben Metzner, ober eine Eigen=
thums= ober Besitzesklage gegen ben Lauterbach? Wirb bieser
ber klägerischen Behauptung bes erfolgten Eigenthumsüberganges
entgegensetzen können, baß ein Pächter nur burch Perception

Eigenthum erwerbe, die Perception aber im vorliegenden Fall noch nicht vollendet, vielmehr durch ihn, Beklagten, verhindert worden sei? Ist die dem Beklagten mitgetheilte Bemerkung über das dem Kläger zustehende „Eigenthum" auf die Entscheidung von Einfluß?

C.

Zu den celebersten Civilrechtsfällen der letzten Decennien gehört der Lucca-Pistoja-Actien-Streit in Frankfurt, der seiner Zeit die Gerichte (und in Vertretung derselben auch die deutschen Spruchfacultäten) in hohem Grade beschäftigt und eine Reihe von Schriften in's Leben gerufen hat.*) Um denselben, wie im Folgenden geschehen soll, für Unterrichtszwecke zu benutzen, ist eine vollständige Mittheilung des Streitmaterials weder geboten noch gerathen, vielmehr soll aus demselben nur so viel und nur dasjenige herausgegriffen werden, was für den didaktischen Zweck geeignet erscheint.

Im Jahre 1846 bildete sich eine Actiengesellschaft zur Erbauung einer Eisenbahn von Lucca nach Pistoja mit einem Kapital von 8,400,000 Lire. Dieselbe erhielt von der großh. toskanischen Regierung Concession für 99 Jahre und die Garantie für 5 Proc. Zinsen für dieselbe Zeit, beginnend mit der

---

*) Es möge genügen, zwei namhaft zu machen, von denen die erste sich für, die zweite gegen den Beklagten ausgesprochen hat: L. Goldschmidt (Prof. in Heidelberg), Der Lucca-Pistoja-Actien-Streit. Handelsrechtliche Erörterungen. Frankfurt a. M. 1859. R. Jhering, Der Lucca-Pistoja-Actienstreit. Ein Betrag zu mehreren Fragen des Obligationenrechts, insbesondere der Theorie des dolus und der Lehre von der Stellvertretung. Darmstadt und Leipzig. 1867. Abdruck in den vermischten Schriften des Verfassers. Leipzig. 1879. S. 241 fg.

Eröffnung der Strecke von Lucca nach Pescia. Diese Eröffnung erfolgte 1852, dagegen war man mit der Strecke von
Pescia nach Pistoja, welche wegen eines dort zu erbauenden
Tunnels den bei Weitem schwierigsten Theil des Unternehmens
bildete, nicht fertig geworden. Zum Zweck der Vollendung
dieses Bahntheils genehmigte die toskanische Regierung durch
Decret vom 8. Dec. 1852 die Emission einer zweiten Actien-
serie von 4,500,000 Lire (beziehungsweise durch Decret vom
4. März 1853 noch außerdem 750,000 Lire, im Ganzen also
5,250,000 Lire). Von den den alten Actien zugesicherten
336,000 Lire jährlicher Zinsgarantie wurden auf diese neuen
225,000 Lire übertragen, so daß also den Zeichnern 5 Procent
Zinsen auf 99 Jahre in Aussicht gestellt wurden. Aber freilich
unter der beachtenswerthen Bedingung, daß die noch fehlende
Bahnstrecke bis zum 1. Januar 1855 vollendet sein würde —
eine Bedingung, die, wie sich später zeigte, der Schwierigkeit
der Aufgabe sehr wenig entsprach, indem die Vollendung der
Bahn die dreifache Zeit, statt 2 nämlich 6 Jahre, und noch
zwei neue Anleihen im Nominalbetrage von 7,200,000 und
3,500,000 Lire (effectiv von über 6 Millionen) erforderte,
wobei allerdings großartige Treulosigkeiten englischer Techniker
und Bankiers einen mitwirkenden Einfluß ausübten. An Ort
und Stelle war das obige Kapital von $4\frac{1}{2}$ Millionen nicht
aufzubringen — hier hatte man zu dem Unternehmen kein
Vertrauen — und so wandte man sich denn nach auswärtigen
Märkten, insbesondere London, wo es jedoch, da man dort den
wahren Stand der Sache kannte, nicht gelang, die Actien selbst
zu einem höchst niedrigen Course (man erzählte sich, daß sie
dort zu 60 Procent ausgeboten seien) unterzubringen. Das
Bankierhaus B. H. Goldschmidt in Frankfurt a. M. war in
dieser Beziehung glücklicher, aber freilich durch Anwendung von

Mitteln, über beren moralischen und rechtlichen Charakter hier kein Urtheil gefällt werden soll. Es war klar, daß das Publikum nur durch Ueberrumpelung zur Zeichnung von Actien bestimmt werden konnte; hatte es Zeit, sich vorher zu erkundigen, so ließ sich das Schicksal einer darauf gerichteten öffentlichen Aufforderung im Voraus berechnen. So ward benn der Plan bis zum entscheidenden Moment, bem 18. April 1853, im tiefsten Geheimniß gehalten. An jenem Tage ließ das genannte Bankhaus durch Sensale folgendes Programm verbreiten, auf welches hin in wenig Stunden so bebeutenbe Zeichnungen erfolgten, baß die Liste an der Börse besselben Tages für geschlossen erklärt werden mußte.

„Zur Vollendung der Eisenbahn von Lucca nach Pistoja, von welcher die größte Strecke von Lucca nach Pescia bereits in Exploitation ist, wurde die Gesellschaft dieser Eisenbahn ermächtigt, eine Anleihe von Lires 5,250,000 Prioritäts-Actien aufzunehmen.

„Diesen Prioritäts-Actien sind laut großherzoglichen Decreten vom 8. Dec. 1852 unb 4. März 1853 von ber toskanischen Regierung 5 Proc. Zinsen pro anno auf 99 Jahre garantirt; außerdem werden biese Prioritäts-Actien gleichmäßig mit ben Stamm-Actien (im Betrage von Lires 8,400,000) an bem Mehrertrage der Gesammtstrecke von Lucca nach Pistoja participiren, nachbem die Besitzer der Stammactien 2$\frac{1}{2}$ Proc. Zinsen erhalten haben werben.

„Nach ben mit großer Genauigkeit aufgenommenen Daten bürfte auf eine Rentabilität bei biefer Bahn von bebeutenb mehr als 10 Proc. zu rechnen sein, ba solcher durch den Anschluß an die Bahn von Pistoja nach Florenz, von Lucca nach Pisa, unb an die große italienische Centralbahn eine große Zukunft bevorsteht.

„Von diesen 5,250,000 Lire Prioritäts=Actien sind nun für den hiesigen Platz 3,000,000 Lire reservirt worden, auf welche das Haus B. H. Goldschmidt in Frankfurt a. M. Ein=zeichnungen entgegennimmt und zwar zum Course von 93 Proc.

Frankfurt a. M., den 18. April 1853."

Das Loos derjenigen, welche diesem Programm und ins=besondere der Versicherung der (unbedingten) Zinsgarantie Glauben geschenkt hatten, war ein wenig beneidenswerthes, denn nach einem rasch vorüberziehenden Steigen des Courses dieser Actien erfolgte ein unausgesetztes Fallen desselben, im Jahre 1855, seitdem die Zinsen nicht mehr entrichtet wurden, bis auf 40 Proc.; im Jahre 1858 sogar bis auf 35 $\frac{1}{4}$ Proc. Der Umstand, daß, die Bedingung, unter der die Concession ver=längert und die Zinsgarantie ertheilt worden war: die Voll=endung der Bahn bis 1855 nicht in Erfüllung gegangen war, entzog den Actionären alle Rechtssicherheit und zwang sie, in die Aufnahme neuer Darlehne mit theilweiser Transferirung der ihnen zugesicherten Zinsgarantie zu willigen. Im Jahre 1859 erfolgte ein — den Verhältnissen ganz entsprechender — Beschluß der Generalversammlung zu Lucca, wodurch die ganze Bahn der Leopolda=Eisenbahn=Gesellschaft in der Weise abgetreten ward, daß die Actionäre der ersteren Bahn nach einem gewissen Vertheilungsmodus Actien der letzteren Bahn erhielten; sie wurden zu dem Zwecke bei Verlust ihrer Ansprüche öffentlich aufgefordert, ihre Actien einzusenden und convertiren zu lassen. Das Bankhaus Goldschmidt, von vielen der Frank=furter Actionäre befragt, wie sie sich in dieser Lage zu ver=halten hätten, verweigerte jede Auskunft; nachdem dieselben die Actien nach Lucca abgesandt hatten, stützte es darauf in den von diesen erhobenen Processen die Einrede, daß Kläger das

Streitobject pendente lite alienirt und zerstört und sich damit die Redhibition der Prioritätsactien unmöglich gemacht hätten.

Das im Bisherigen vorgetragene thatsächliche Material bildete im Wesentlichen die Grundlage der vielen theils zu verschiedenen Zeiten, theils gleichzeitig gegen B. H. Goldschmidt erhobenen Klagen, und dieses Material hat in den Satzschriften der Parteien die eingehendste rechtliche Verwendung gefunden. Der Zweck, um dessentwillen der Rechtsfall hier mitgetheilt wird, gebietet eine Beschränkung in der Wiedergabe der von den Parteien geltend gemachten rechtlichen Gesichtspunkte. Es kommen zwei verschiedene Klagen in Betracht.

I. Klage des Actionärs Küchler gegen B. H. Goldschmidt.

Angestellt ist die actio emti auf Rücknahme der gelieferten, beziehungsweise der an ihre Stelle getretenen Actien gegen Rückgabe des dafür vom Kläger gezahlten Betrages nebst Zinsen von 5 Proc. nach Abzug der in den ersten Jahren von der Gesellschaft entrichteten Zinsen.

Begründet wird sie

1. auf Nichtleistung der im Programm zugesicherten dicta promissa und

2. auf dolus wegen wissentlicher Entstellung der Wahrheit.

Die beiden Gründe werden darauf gestützt, daß Beklagter die Bedingung der Zinsgarantie verschwiegen und das Unternehmen als ein überaus rentables gerühmt habe.

Der Beklagte setzt der Klage folgende Einwendungen entgegen.

1. Der Anspruch wegen dicta promissa sei nicht begründet, denn

a) sei das Programm nicht unter den Gesichtspunkt der dicta promissa zu bringen, indem es an keine bestimmte Person, sondern allgemein an das Publikum gerichtet gewesen sei.

b) Die verheißene Rentabilität der Bahn sei keine
   Zusicherung obligatorischer Art, sondern eine bloße
   Anpreisung ohne alle verpflichteten Kraft l. 19 pr.
   de aed. ed. (21. 1).

c) Die versprochene Zinsgarantie sei zugesichert
   „laut großh. Decrets“, d. h. in Gemäßheit der in
   demselben bezeichneten Bedingungen, die jeder
   Zeichner aus dem im Bureau des Beklagten zur Ein=
   sicht liegenden Abdruck des Decrets hätte entnehmen
   können.

2. Dem Anspruch aus dem dolus setzt Beklagter entgegen:
   a) daß er gar nicht in dolo gewesen sei, wofür er auf
      1 b Bezug nimmt;
   b) daß der dolus in der Person des Betrügers allein
      nicht genüge, sondern daß es erstens einer durch
      denselben bewirkten Täuschung des Klägers bedürfe,
      woran es im vorliegenden Falle fehle, da der Kläger
      habe wissen müssen — das Wissenmüssen aber
      stände dem Wissen gleich — daß keine Regierung eine
      Eisenbahnconcession ertheilen und eine Zinsgarantie
      übernehmen werde ohne Ansetzung einer Baufrist. Auf
      diese als stillschweigende Bedingung der Zinsgarantie
      habe auch im vorliegenden Fall jeder der Zeichner
      gefaßt sein müssen, das Gegentheil involvire eine culpa
      lata. Zweitens aber fehle es in dem vorliegenden
      Fall an dem Causalnexus zwischen dem dolus und dem
      Schaden. Nicht die Aussicht auf die Zinsgarantie sei
      bei jenen Zeichnungen das Motiv der Betheiligung ge=
      wesen, sondern einfach die Lust zum Speculiren, die
      Hoffnung, einige Procente zu profitiren. Auch wenn
      der Zinsgarantie im Programm gar nicht gedacht

worden wäre, würde der Andrang zum Zeichnen kein geringerer gewesen sein. Kläger habe daher den Beweis zu liefern, daß nur die Rücksicht auf die verheißene Zinsgarantie ihn zum Zeichnen veranlaßt habe, und daß er sonst gar nicht gezeichnet haben würde. Sobann gebreche es auch noch insofern am Causalnexus, als Kläger nicht sowohl durch den dolus des Beklagten in Schaden gerathen sei, als vielmehr dadurch, daß die Leitung des ganzen Unternehmens in treulosen und ungeeigneten Händen gelegen habe. Hätten tüchtige Leute an der Spitze gestanden, so würde man in zwei Jahren mit den vorhandenen Mitteln den ganzen Bau haben fertig stellen können.

3. Beiden Ansprüchen stehe entgegen, daß Kläger das ursprüngliche Object gar nicht mehr zurück liefern könne, indem derselbe die Actien zum Zwecke der Conversion nach Lucca gesandt habe.

II. Klage des Actionärs Roth gegen Königswärter.

An dem Unternehmen des B. H. Goldschmidt in Bezug auf die obige Actienemission participirten noch andere Frankfurter Bankhäuser, ohne aber als solche im Programm hervorzutreten. Einer derselben, M. Königswärter, hatte auswärtigen Geschäftsfreunden kurz vor der bevorstehenden Emission von derselben Nachricht gegeben und sie unter Beilegung des Programms zur Betheiligung aufgefordert. Derselbe richtete insbesondere auch an Herrn Roth in X folgenden Brief:

„Frankfurt a. M., den 15. April 1853.

Mit Gegenwärtigem erlaube ich mir, Ihnen einen Prospectus über eine am 18. dieses hier zu emittirende, von Toslana mit 5 Proc. garantirte Prioritäts-Anleihe zu begleiten, und wird solche nach meinem Erachten bei unsern Kapitalisten starken

Anklang finden, da die 5 procentigen Toskanischen 103 stehen, und diese Prioritäts noch eine Dividende in Aussicht stellen.

Da ich mich selbst bei der Anleihe betheiligt habe, so kann ich Ihnen wahrscheinlich eine mäßige Summe zu dem Emissions= preise von 93 Proc. zusichern, falls Sie mich per Telegraph hierzu ermächtigen.

Ihren werthen Aufträgen entgegensehend, zeichne

Achtungsvoll

M. Königswärter.''

Der Brief traf am 17. in X ein, und Roth ertheilte am 18. dem Königswärter auf telegraphischem Wege den Auftrag zur Zeichnung einer namhaften Summe, worauf er einige Stunden nachher die Antwort erhielt, daß der Auftrag ausge= führt sei. Er hat jetzt den Königswärter auf Rückgabe des gezahlten Betrages gegen Restitution der ursprünglichen, bez. der dafür an die Stelle getretenen Actien belangt. Ist diese Klage ebenso zu beurtheilen, wie die obige gegen Goldschmidt, d. h. kommen auch auf sie die Grundsätze über den Kauf zur Anwendung oder, wenn nicht, welche andern, und worin liegen die Abweichungen? Daß Königswärter den ganzen Stand der Sache ganz ebenso gewußt hat, wie Goldschmidt, soll als fest= stehend angenommen werden. Würde Kläger eventuell auch den Goldschmidt in Anspruch nehmen können? Die Zeichnung für ihn ist nicht auf seinen Namen, sondern auf den des Königs= wärter erfolgt, er glaubt aber, das Bedenken, das man diesem Umstande entnehmen könnte, dadurch beseitigen zu können, daß das trügerische Programm des Goldschmidt mitgewirkt habe, ihn zur Zeichnung zu veranlassen, und daß dieser auf Grund des Programms allen Zeichnern und Besitzern der Actien für die darin zugesicherte Zinsgarantie einzustehen habe.

CI.

In der Stadt X besteht ein Verschönerungsverein, der sich die Errichtung öffentlicher Anlagen auf einem ihm von der Stadt zu dem Zweck zur Verfügung gestellten Terrain zur Aufgabe gestellt und aus seiner Mitte ein Comité zur Besorgung der Geschäfte gewählt hat. Im Herbst 1883 schloß dieses mit dem Handelsgärtner Münchmeier daselbst einen Vertrag ab, worin derselbe die Ausführung eines von ihm vorher entworfenen Planes dieser Anlagen, zu denen unter anderm auch mehrere mit hochstämmigen Rosen von genau bestimmten Sorten zu bepflanzende Beete gehörten, zu der runden Summe von 2400 Mark zum Frühjahr 1884 übernahm. Bald nachher trat ein ungewöhnlich früher und starker Frost ein, welcher in dem größten Theil von Europa fast alle im Freien stehenden Rosen vernichtete, was ein außerordentliches Steigen der Rosenpreise zur Folge hatte. Münchmeier nahm davon Anlaß, dem Comité die Anzeige zu machen, daß er sich außer Stand sehe, die erforderlichen Rosen zum Frühling zu beschaffen, und schlug eine andere Bepflanzung vor. Das Comité wollte sich jedoch darauf nicht einlassen, und beschloß, gegen Münchmeier, der ihm bereits mehrfach Anlaß zur Unzufriedenheit gegeben und damit seiner Ansicht nach den Anspruch auf ein Entgegenkommen seinerseits verwirkt hatte, Klage zu erheben. Es beauftragte einen dortigen Rechtsanwalt, Münchmeier auf vollständige Ausführung des Vertrages zu belangen, und stellte demselben eine von sämmtlichen Mitgliedern unterschriebene Proceßvollmacht aus.

Die Klage ist Anfang Februar erhoben worden, und zwar im Namen „des Comités des hiesigen Verschönerungsvereins". Der Beklagte hat ihr eine Reihe von Einwendungen entgegengesetzt, die einer Prüfung unterzogen werden sollen.

1. Das Subject, auf dessen Namen hier geklagt werde, existire gar nicht, ein Comité sei keine juristische Person. Die Klage hätte erhoben werden müssen im Namen der einzelnen Individuen, aus benen das Comité zusammengesetzt sei.

2. Ebensowenig sei der Verschönerungsverein eine juristische Person, zu dem Zweck hätte es der Ertheilung der Rechte einer juristischen Persönlichkeit Seitens der Staatsgewalt beburft, an der es hier fehle. Die richtige Form der Klage sei gewesen, daß die sämmtlichen Mitglieder des Comités im Namen der sämmtlichen Mitglieder des Verschönerungsvereins geklagt hätten, mit personae incertae habe der Beklagte keine Verpflichtung sich einzulassen.

3. Zu dem Zweck hätten jene sich von diesen erst zur Anstellung der Klage ermächtigen lassen oder eine Generalversammlung des Vereins einberufen müssen, welche die Erhebung der Klage beschlossen hätte und zwar einstimmig. Der Verein sei eine Societät, im Societätsverhältniß aber gelte nicht der Grundsatz der Majorität — keiner der socii könne über den Antheil der andern verfügen — sondern der der Einstimmigkeit.

4. Der Beklagte habe mit benjenigen Individuen contrahirt, die im Herbst des vorigen Jahres bei Abschluß des Vertrages Mitglieder des Verschönerungsvereins gewesen seien, nur sie hätten einen Anspruch gegen ihn erworben, nicht diejenigen, welche dem Vereine erst später beigetreten seien.

Sollte die Klage von Neuem erhoben werden, so müßte es im Namen der Ersteren geschehen; zu ihnen gehörten aber auch diejenigen, welche inzwischen ausgetreten, oder die Erben derjenigen, welche inzwischen verstorben seien. Auch sie müßten ihre Zustimmung zur Erhebung der

Klage ertheilen, benn im vorliegenden Fall handle es sich um eine untheilbare Leistung, welche mithin nur von sämmtlichen Berechtigten in solidum, nicht von einzelnen pro parte beansprucht werden könne. Da aber das Interesse in der Person der ausgeschiedenen oder verstorbenen Mitglieder hinweggefallen sei, so sei damit eine Betheiligung derselben beziehungsweise ihrer Erben an der Klage ausgeschlossen.

l. 136 § 1 de V. O. (45. 1),

l. 32 Loc. (19. 2),

l. 11 de serv. (8. 1).

Die Erhebung der Klage setze demnach voraus, daß

1. alle diejenigen, welche zur Zeit des Abschlusses des Vertrages Mitglieder des Vereins gewesen seien, ihm zur Zeit noch angehörten,

2. daß sie sämmtlich ihre Zustimmung zur Erhebung der Klage ertheilten und die Proceßvollmacht unterschrieben.

5. Aber wenn die Klage auch in formell richtiger Weise erhoben würde, so sei der Anspruch doch aus einem materiellen Grunde dadurch ausgeschlossen, daß es sich hier nicht um ein Interesse vermögensrechtlicher Art handle. Welchen pecuniären Nutzen oder Schaden hätten die Mitglieder des Vereins davon, ob die Beete in den Anlagen mit hochstämmigen Rosen, oder ob sie mit andern Gesträuchen, wozu er sich erbiete, bepflanzt würden? Es handle sich hier um ein rein ästhetisches Interesse, das, ganz abgesehen von seiner gänzlich mangelnden objectiven Bestimmbarkeit — der Eine ziehe Rosen, der Andere andere Zierpflanzen vor — als ein Interesse nicht ökonomischer Art nicht Gegenstand des Rechtsschutzes sein könne.

Das Recht schütze nur Geldinteressen (l. 9 § 2 de statul. (40. 7). Welchen Maßstab solle denn der Richter zur Anwendung bringen, um die Differenz des ästhetischen Interesses zwischen Rosen und andern Gesträuchen in Geld auszudrücken, wie er es doch müsse, wenn er den Beklagten auf Leistung des Interesses verurtheilen wolle? Die Rosen selber könne und werde er nicht liefern, es erübrige also nichts als seine Verurtheilung in Geld.

6. Angenommen aber auch, der Anspruch auf Leistung der Rosen sei ein rechtlich durchführbarer, so sei der Beklagte durch vis major von seiner Verpflichtung befreit worden. Der im vorigen Herbst eingetretene frühzeitige äußerst strenge Frost habe nicht bloß die bei ihm vorhandenen Rosen, die er für die Anlagen in Aussicht genommen habe, sämmtlich vernichtet, sondern dasselbe sei auch bei allen Handelsgärtnern geschehen, mit denen er in Verbindung stehe. Daß er aus dem Auslande zu unerschwinglichen Preisen Rosen beziehe, könne man von ihm nicht verlangen, da weder die Kläger, noch er bei Abschluß des Vertrages auf eine solche gänzlich außerhalb seines gewöhnlichen Geschäftsbetriebs fallende Eventualität Bedacht genommen hätten, beide Theile hätten nichts Anderes im Auge gehabt, als daß er die Rosen aus seinem eigenen Vorrath stellen solle, dies sei das genus gewesen, aus dem die Leistung habe beschafft werden sollen, dieses genus aber sei untergegangen, und damit sei er frei geworden.

7. Aber selbst wenn seine Verpflichtung noch fortexistire, so müsse ihm doch so lange Aufschub gewährt werden, dieselbe zu erfüllen, bis die Rosenpreise wiederum die frühere

Höhe erreicht hätten. Eine mora sei in seiner Person zur Zeit nicht anzunehmen, da

„auch Zahlungsunfähigkeit, wenn sie durch unverschuldete Unglücksfälle herbeigeführt worden ist, als
Entschuldigungsgrund angesehen werden muß". Winb=
scheid, Lehrbuch des Pandektenrechts, II § 277 a. E.

Wenn schon ein Schuldner, der durch unverschuldete Un=
glücksfälle der nöthigen Geldmittel beraubt worden sei, ent=
schuldigt werde, obschon man ihm doch entgegensetzen könne,
daß es anderwärts nicht an Geld fehle, um wieviel mehr
er, der sich darauf berufen könne, daß es auch ander=
wärts an Rosen fehle. Es komme ihm im Interesse
seiner handelsgärtnerischen Ehre darauf an, daß der
Richter ausdrücklich constatire, daß er nicht in mora
sei, sondern aus unverschuldetem Leistungsunvermögen die
Leistung unterlassen habe.

8. Endlich bemängele er auch noch die zu frühzeitige Anstellung
der Klage. Der Termin der Leistung sei das Frühjahr
1884, sei also zur Zeit (Februar) noch nicht gekommen,
die Klage müßte daher schon der bloßen plus petitio
tempore wegen abgewiesen werden. Ein facere könne
erst verlangt werden, nachdem die nöthige Zeit zur Be=
schaffung desselben verflossen sei.

l. 72 § 2 de V. O. (45. 1) .. ut tantum
temporis praetereat, quanto insula fabri-
cari possit.

l. 98 § 1 ib. nec tamen recte agetur, si
nondum praeterierit temporis tantum, quo ..
potuerit redemtor.

l. 124 ib. .... ante finem biennii stipulatio
non committitur.

Die Klage könne also erst erhoben werden nach Ablauf des Frühjahrs.

CII.

Der Conditor Koch erhebt Klage gegen die Generalin von Bülow, worin er Folgendes vorträgt.

Die Beklagte sei eine Woche vor Weihnachten vorigen Jahres bei ihm vorgefahren und habe ihn gefragt, ob er ihr ein gewisses Gebäck aus einer auswärtigen Bezugsquelle, die sie ihm angegeben habe, zu Weihnachten besorgen könne, wozu er sich bereit erklärt habe. Er habe es sofort bestellt, und die Sendung würde auch frühzeitig genug eingetroffen sein, wenn nicht der um diese Zeit eingetretene ungewöhnlich starke Schnee-fall eine Störung des Eisenbahnverkehrs bewirkt hätte. In Folge davon sei das Packet erst am Abend des 24. December eingetroffen und habe von ihm erst am folgenden Tage nach be-endeter Kirchzeit bei der Steuerbehörde, bei der er es habe ver-zollen müssen, in Empfang genommen werden können, er habe es dann sofort der Beklagten zugestellt, von deren Leuten es angenommen, später aber mit dem Bemerken zurückgebracht worden sei, daß die Generalin die Annahme verweigere, da es nicht zum heiligen Abend da gewesen sei, wo sie ihre Kinder damit hätte bescheren wollen. Der Kläger beansprucht Ersatz seiner Auslagen gegen Abnahme der Waare.

Er macht für seinen Anspruch einen doppelten Gesichts-punkt geltend:

1. den des Mandats. Er habe im Auftrage der Be-klagten den gewünschten Gegenstand aus der ihm von ihr angegebenen Quelle bezogen; ob auf seinen oder ihren Namen, mache nichts aus, das Geschäft sei ein Mandat, und daraus ergebe sich, daß die Klägerin ihm seine Aus-

lagen erſetzen müſſe. Für den Erfolg des Mandats habe der Mandatar, wenn er dasjene gethan, was ihm aufgetragen, nicht einzuſtehen, der casus treffe den Mandanten.

> l. 56 § 4 Mand. (17. 1). Sumtus bona fide necessario factos, etsi negotio finem adhibere procurator non potuit, judicio mandati restitui necesse est.

Für den Fall, daß dieſer Geſichtspunkt vom Richter verworfen würde, mache er eventuell als zweiten

2. den des Kaufcontracts geltend, der für ihn ſogar noch vortheilhafter ſei, da er ihm die Möglichkeit verſchaffe. nicht bloß ſeine Auslagen erſetzt zu erhalten, ſondern auch die üblichen 20 Procent, die er bei Bezug auswärtiger Waaren zu berechnen pflege und als Geſchäftsmann berechnen müſſe, darauf zu ſchlagen.

Wegen angeblich verſpäteter Lieferung der Waare könne die Beklagte die Annahme derſelben nicht ablehnen. Denn

a) habe er rechtzeitig geliefert. Die Beſtellung habe gelautet auf Weihnachten, um Weihnachten d. i. am erſten Feſttage, aber habe er die Waare geliefert. Hätte die Beklagte ſie am heiligen Abend haben wollen, ſo hätte ſie dies ausdrüdlich bemerken müſſen, der von ihr gebrauchte Ausdruck Weihnachten umfaſſe auch die Feſttage, ein mehrſinniger Ausdruck ſei aber bekanntlich gegen denjenigen zu interpretiren, der ihn gebraucht habe,

> l. 38 § 18 de V. O. (45. 1) . . . verba contra stipulatorem interpretanda sunt.

b) Angenommen aber, es ſei nicht rechtzeitig geliefert, ſo trage er doch keine Schuld daran, da das verſpätete

Eintreffen des Paquets durch casus bewirkt worden
sei, er sei mithin nicht in mora.

c) Aber selbst die mora in seiner Person angenommen,
so habe er sich durch die spätere Realoblation von
der mora befreit, und durch Zurückweisung derselben
sei nunmehr die Beklagte in mora accipiendi versetzt worden.

d) Jedenfalls aber habe die mora des Schuldners nicht
die Wirkung, den Vertrag aufzuheben, der Gläubiger
erhalte dadurch lediglich das Recht, sein Interesse zu
fordern. Er warte ab, wie hoch die Beklagte dasselbe
in Geld veranschlagen, und wie sie es beweisen wolle.
Ob ihre Kinder das Gebäck einen Tag früher oder
später verspeisten, komme doch nicht in Betracht. Sie
habe ein so großes Quantum bestellt, daß dieselben
auch beim besten Appetit damit am heiligen Abend
nicht hätten fertig werden können, so daß jedenfalls
der größte Theil desselben für die folgenden Tage
hätte zurückgelegt werden müssen. So entpuppe sich
also die verweigerte Annahme der nur um wenige
Stunden später gelieferten Waare Seitens der Beklagten
als eine reine Chicane, der der Richter nach bekannten
Rechtsgrundsätzen keine Folge geben dürfe. Für ihn
hätte das Gebäck gar keinen Handelswerth, es sei am
hiesigen Ort gänzlich unbekannt und komme durch die
Versendungskosten und den Zoll so hoch zu stehen, daß
er dafür gar keine Abnehmer habe, während dasselbe
für die Beklagte, deren Passion einmal darauf stehe,
zur Zeit noch ganz denselben Affectionswerth habe wie
früher.

e) Die Abnahme der Waare sei einmal durch die Leute

der Beklagten erfolgt und könne durch spätere Rück=
sendung nicht wieder rückgängig gemacht werden. Be=
vor die Leute das Paquet annahmen, hätten sie sich er=
kundigen sollen, ob die Herrschaft mit der Entgegen=
nahme desselben einverstanden war, unterließen sie
dies, so gelte dies für sie als Annahme.

CIII.

Die Commerzienräthin Dalmer schenkte ihrer Köchin Auguste
Schmidt am Weihnachtsabend einen Stoff zu einem Kleide mit
dem Bemerken, daß sie denselben bei dem Kaufmann Lamprecht,
von dem er bezogen sei, gegen einen andern, der ihr besser
gefalle, umtauschen könne.

Angenommen, dies geschieht, wie ist das Geschäft juristisch
zu beurtheilen? Wird der eine Stoff gegen den andern um=
getauscht, d. h. ist das Geschäft als Tauschcontract
zwischen der Köchin und dem Kaufmann zu charakterisiren?
Oder als Auflösung des alten Kaufcontracts, der wie von
Seiten des Verkäufers, so auch von Seiten der Käuferin durch
Baarzahlung bereits erfüllt worden war, und Abschluß
eines neuen? Bedenken könnte der Umstand erregen, daß der
zweite Contract nicht zwischen denselben Personen abgeschlossen
wird. Wie würde sich hier in der Person der Köchin die Zahlung
des Preises deduciren lassen? Den Preis hat nicht sie, sondern
ihre Herrschaft gezahlt. Zu dem Zwecke scheint die Annahme
nöthig zu sein, daß sie dem Verkäufer, den jetzt ihr gehörigen
Kleiderstoff für den ursprünglichen Preis zurückverkauft, und
daß nach Abschluß des neuen Contractes die beiderseitigen Kauf=
preisforderungen mit einander compensirt werden.

Ließe sich in dem Umtausch des Stoffs nicht auch eine

Modification der Ausführung des ursprünglichen Kauf-contracts erblicken? Angenommen, es kauft Jemand das Object x mit dem Vorbehalt, y dagegen umtauschen zu dürfen, involvirt die Wahl von y einen neuen Contract, oder fällt sie nicht als eine Modalität der contractlich vereinbarten Erfüllung unter den Gesichtspunkt des alten Vertrages? Wenn das letztere Verhältniß anzunehmen ist für den Fall, daß der Käufer selber sich den Umtausch vorbehalten hat, wird es dadurch ein anderes, daß er diesen Vorbehalt zu Gunsten einer andern Person gemacht hat? Wenn nicht, wer würde in diesem Fall den Kaufcontract in Bezug auf den zweiten Kleiderstoff ab-geschlossen haben: die Herrschaft oder die Köchin? Welcher von beiden Personen würde mithin, wenn derselbe schadhaft wäre, die actio redhibitoria zustehen?

Würde sich in dem obigen Verhältniß etwas ändern, wenn die Köchin, die lieber einen Wintermantel will, den Kleiderstoff gegen einen Wintermantel unter Aufzahlung der Preisdifferenz eintauscht? Jener kostete 20 Mark, dieser 30. Liegt hier, wo sie eine Sache im Werth von 20 leistet und in baarem Gelde 10, ein Tauschvertrag oder ein Kaufvertrag oder eine Combination von beiden vor? Läßt sich für den Tauschvertrag nicht der Umstand geltend machen, daß der Werth der angegebe-nen Sache mehr beträgt, als die gezahlte Geldsumme?

Wir wollen annehmen, der Kaufmann verweigert den Um-tausch, hat die Köchin eine Klage gegen ihn, oder muß diese von ihrer Herrschaft erhoben werden? Es läßt sich denken, daß dieselbe keine Lust dazu verspürt, z. B. weil die Köchin in-zwischen wegen ungebührlichen Betragens des Dienstes entlassen ist; hier würde es für sie sehr wichtig werden, selber Klage er-heben zu dürfen. Worauf läßt sich dieselbe stützen? Etwa auf den Grundsatz des Rechtserwerbes durch Stellvertreter? Hat die Herrschaft als Stellvertreterin (negotiorum gestrix) der Köchin den Contract abgeschlossen? Oder würden hier die Grundsätze des heutigen Rechts über Abschluß von Verträgen zu Gunsten Dritter in Anzug genommen werden können?

Würde der Kaufmann zum Umtausch noch verpflichtet sein, wenn die Köchin sich erst nach Ablauf eines Monats bei ihm einstellt? Eine Zeitfrist ist bei Abschluß des Contracts nicht verabredet worden, folglich scheint der Kaufmann auch jetzt noch an sein Wort gebunden zu sein. Er selber behauptet, eine Zeitfrist verstände sich ganz von selbst, und zwar seien es die Festtage. Das Geschenk sei ein Weihnachtsgeschenk gewesen, es müßte also innerhalb der Weihnachtszeit umgetauscht werden. Hat er damit Recht? Mußte die Köchin schon in den Festtagen sich zu ihm verfügen, würde es nicht genügen, wenn sie an einem der nächstfolgenden Werktage erscheint?

CIV.

In der Gemeindemarkung Bergheim liegt ein Landsee, der Egelsee genannt. Derselbe ist nur auf einer Seite von Privatgrundstücken begrenzt, im Uebrigen von Staatswald umgeben. Seit dem Jahre 1870 machte sich eine erhebliche Senkung des Wassers bemerkbar und 10 Jahre später war der Wasserspiegel um 50 Fuß von seiner früheren Grenze gewichen. Als die königliche Forstbehörde begann, das frei gewordene Land zu bepflanzen, erhoben die Eigenthümer der Privatgrundstücke Einsprache und schließlich Klage mit dem Gesuch, ihr Eigenthum an dem trocken gewordenen Seeboden nach Verhältniß der Ausdehnung ihrer Ufergrundstücke anzuerkennen und der Forstbehörde jede Einwirkung darauf unter Androhung von Strafe zu untersagen. Zur Begründung der Klage beriefen sie sich auf die bekannten Grundsätze des römischen Rechts vom alveus derelictus, namentlich auf

§ 23 J. de rer. div. 2, 1,

l. 30 § 1 A. R. D. 41, 1.

Der Vertreter des Fiskus bestritt das Eigenthum der Kläger aus einem doppelten Grund.

1. Die Seen seien nicht öffentliche Sachen im Sinne der öffentlichen Flüsse. Am Seeboden finde Privateigenthum statt wie an Privatflüssen.

l. 23 § 1 S. P. R. 8, 3

l. 13 § ult. i. f. de injur. 47, 10.

Dieses Privateigenthum stehe im vorliegenden Fall dem Staat zu, denn

a) gehöre überhaupt aller Grund und Boden innerhalb der Staatsgrenzen, an dem nicht ein Sondereigenthum nachgewiesen werden könne, dem Staat;

b) habe der Staat seit unvordenklicher Zeit das Eigenthumsrecht am See ausgeübt, namentlich durch Verpachtung des Jagd- und Fischereirechts;

c) sei von den Angrenzern das Eigenthum des Staats nie bestritten worden, ein Umstand, der in diesen Verhältnissen ein besonderes Gewicht besitze.

l. 1 § 1 de flumin. 43, 12.

2. in den Quellen finde sich die ausdrückliche Entscheidung, daß die Grundsätze vom alveus derelictus auf Landseen keine Anwendung leiden.

l. 24 § 3 de aqua et aquae pluv. 39, 3.

Die Kläger replicirten

ad 1. Die Ausführung des Beklagten beruhe auf einer Verwechslung zwischen See und Teich. Jener stehe unter den Grundsätzen des flumen publicum, nur dieser werde gleich

ben Privatflüßen behandelt. Außerdem sei die Eigenthums=
begründung des Fiscus völlig verfehlt.

ad 2. Die angezogene Stelle habe nur ein vorübergehen=
des Wachsen und Schwinden des Sees im Auge. Das Gegen=
theil würde zu der unhaltbaren Annahme führen, daß bei
dauernder Ausdehnung des Sees das vom Waßer bedeckte
Land im bisherigen Eigenthumsverhältniß verbleibe, obwohl der
Eigenthümer daran keinen andern Nutzen behalte als die Aus=
ficht, daß in 100 oder mehr Jahren der See wieder auf seinen
früheren Umfang zurückkehren werde. Regelsberger.

CV.

Der Schuhmacher A. Daun verehelichte sich am 1. Juni
1866 mit der ledigen Barbara Hofer. Bald brachen zwischen
den Ehegatten heftige Zwistigkeiten aus, indem der Mann der
Frau vorwarf, sie habe vor der Ehe andern Mannspersonen ihre
weibliche Ehre preisgegeben. Es erfolgte am 20. October des=
selben Jahres die gerichtliche Scheidung. Am darauffolgenden
29. November wurde die geschiedene Daun von einem Knaben
entbunden. Sobald sie sich einigermaßen erholt hatte, benach=
richtigte sie brieflich ihren früheren Ehemann von der Geburt
mit der Aufforderung zum Unterhalt des Kindes bis zum Ein=
tritt der eigenen Erwerbsfähigkeit desselben einen monatlichen
Beitrag von 10 Mark zu leisten. A. Daun verweigerte die
Anerkennung der Vaterschaft. In der Klage stützten sich die
Mutter und der Vormund des Kindes auf die bekannte aus
der Eheschließung entspringende Vermuthung der ehelichen Er=
zeugung. Der Beklagte bestritt die Anwendbarkeit der Ver=
muthung, weil die Ehe zur Zeit der Geburt nicht mehr be=
standen habe und weil das Kind vor Ablauf von 6 Monaten

seit Eingehung der Ehe geboren sei. Ueberdies habe die Klägerin die Bestimmung des Senatusconsultum Plancianum nicht beobachtet. Die Klagspartei widersprach, daß die Geburt nicht innerhalb des gesetzlichen Zeitraums stattgefunden habe. Es sei dies übrigens im vorliegenden Fall gleichgültig; denn die Frist des römischen Rechts, auf welche der Beklagte Bezug nehme, gelte nur für reife Kinder. Der von der Mitklägerin geborene Knabe verdanke aber sein Dasein einer Frühgeburt, hervorgerufen durch die heftigen Gemüthsbewegungen vor und bei der Scheidung. Dafür wird das Gutachten der Sachver=ständigen angerufen. Eine Anzeige der Schwangerschaft wäre sehr überflüssig gewesen, da sie der Beklagte gekannt und zum Gegenstand des beständigen Vorwurfs gemacht habe.

Regelsberger.

CVI.

Der practische Arzt Dr. Fillweber in Darmstadt bestellte bei dem Mechaniker Moser in Frankfurt a. M. für den Handels=mann Rumpf in Zwingenberg ein künstliches Bein, welches bald darauf zur vollkommensten Zufriedenheit geliefert wurde. Nachdem mehr als 2 Jahre verstrichen waren, mahnte Moser den Rumpf an die Berichtigung seiner Schuld, erhielt aber die wenig erfreuliche Antwort, daß über das Vermögen des Rumpf der Concurs ausgebrochen und für die Befriedigung der nicht bevorzugten Chirographargläubiger wenig Aussicht sei. Moser forderte nunmehr von Dr. Fillweber Bezahlung. Es kam zum Proceß zwischen beiden. Der Kläger berief sich darauf, daß Dr. Fillweber die Bestellung bei ihm gemacht. Er habe auch jederzeit den Beklagten als seinen Schuldner angesehen, denn er werde doch einem ihm ganz unbekannten Mann, wie es

Rumpf war, keinen Krebit schenken. Diese Auffassung werde burch ben Bestellbrief vollkommen gerechtfertigt. Hier heißt es:

> „Einer meiner Patienten, ber Handelsmann R. in Z., bem bas rechte Bein amputirt werben mußte, wünscht einen künstlichen Ersatz. Ich ersuche Sie, ein genau passenbes Bein anzufertigen unb in eigener Person anzuproben."

Der Beklagte bestreitet seine Haftbarkeit. Er erinnere sich nicht, sagt er, ben Bestellbrief in ber vom Kläger angegebenen Weise verfaßt zu haben, unb stelle bies vorerst in Abrebe. Wenn aber auch, so gehe baraus zur Genüge hervor, baß er nur als Vertreter bes Rumpf gehanbelt. Auch seine Stellung als Arzt lasse bies entnehmen. Es komme keinem Apotheker bei, bem orbinirenben Arzt bie Rechnung für bie an bie Patienten verabreichten Arzneien zu übersenben. Zubem habe ber Kläger burch bie erste Anforberung ben Moser als seinen Schulbner anerkannt.

Nach burchverhanbelter Sache wies bas Stabtgericht in Darmstabt bie Klage ab unter Bezugnahme auf Art. 14 Abs. 2 bes hessischen Verjährungsgesetzes vom 19. März 1853, wonach berartige Schulbforberungen in zwei Jahren verjähren.

Hiergegen ergriff ber Kläger bie Berufung unb machte geltenb, baß

1. bie Verjährungseinrebe vom Beklagten nicht vorgeschützt sei unb baß

2. bas vorliegenbe Rechtsverhältniß gar nicht unter bas hessische Verjährungsgesetz falle, benn ber Vertrag sei in Frankfurt zur Entstehung gelangt.

Im Collegium bes Berufungsgerichts waren bie Ansichten nicht bloß über bie Beschwerbepunkte, sonbern auch barüber getheilt, wie nach Aufhebung bes erstrichterlichen Urtheils zu

erkennen sei. Ein Theil wollte dem Beklagten den Beweis auf=
erlegen, daß er die Bestellung als offener Vertreter gemacht.
Andere waren der entgegengesetzten Meinung. Dritte wollten
von der Beweisauflage ganz Umgang nehmen, weil schon aus
den Ausführungen des Klägers über die Art der Bestellung
hervorgehe, daß Dr. Fillweller den Vertrag mit Moser auf
den Namen des Rumpf abgeschlossen habe. Auch die Frage
über die Erheblichkeit der Anerkennung wurde verschieden be=
antwortet.

Wie war in allen diesen Punkten zu entscheiden?

Regelsberger.

CVII.

Bei einem lustigen Gelage kaufte der mit Generalvollmacht
versehene 20jährige Sohn des Getreidehändlers Kühn von dem
Landwirth Maler 23 Scheffel Roggen, wobei der Kaufpreis in
der Weise bestimmt wurde, daß der erste Scheffel mit 1 Kreuzer,
der zweite mit 2, der dritte mit 4 und so jeder folgende mit
dem Doppelten des vorhergehenden Preises bezahlt werden
sollte. Maler meldete dem Kühn Vater, daß er zur Ablieferung
des Getreides bereit sei, gleichzeitig aber die Berichtigung des
sich auf 69 905 fl. 3 kr. berechnenden Kaufpreises erwarte.
Kühn verweigerte Annahme und Zahlung und begegnete der
daraufsolgenden Klage des Maler mit nachstehenden Ein=
wenbungen:

1. Sein Sohn habe den Kauf nicht gültig abschließen können,
denn

   a) sei er noch minderjährig und darum auch unfähig
   gewesen, als Stellvertreter zu handeln,

   b) berechtige eine Generalvollmacht nur zu solchen Rechts=
   geschäften, welche dem vermuthlichen Willen des Voll=

machtgebers gemäß sind und innerhalb des gewöhn=
lichen Betriebs eines Handelsgewerbes von der über=
tragenen Art liegen. Das in Frage befindliche Ge=
schäft trage den Stempel des Außergewöhnlichen, um
nicht zu sagen, Abenteuerlichen an der Stirne, und
daß damit nicht im Sinne des Prinzipals gehandelt
sei, bedürfe keiner Ausführung;

l. 60 § 4 mand. 17, 1,

l. 7 pr. de exerc. act, 14 1;

2. habe über den Kaufpreis keine Willensübereinstimmung
bestanden. Denn zu einer solchen genüge nicht, daß nach
Art der Feststellung jeder Vertragstheil die Möglichkeit
habe, den Preis zu berechnen. Es müsse vielmehr jeder
das Ergebniß der mittelbaren Bestimmung zu überschauen
vermögen und sich über die Tragweite seiner Verpflichtung
im Klaren befinden;

l. 52 locati 19, 2;

3. erbringe die Art und Weise des Abschlusses die Ueber=
zeugung, daß das Geschäft nicht ernstlich gemeint war.
Wenigstens habe sein Sohn nicht den Verpflichtungswillen
gehabt, wenn auch der Kläger vielleicht das Interesse,
einen Vertrag dieses Inhalts zu Stande zu bringen;

4. werde die Einrede des Betrugs entgegengesetzt. Der
Kläger habe den Vorschlag zu der eigenthümlichen Be=
stimmung des Kaufpreises gemacht und sei daher mit der
Größe des Rechnungsergebnisses wohl vertraut gewesen.
Er habe dabei auf die Unkenntniß der ihm gegenüber=
stehenden Person gerechnet, wie es sich zeigt, nicht ohne
Erfolg. Es wäre mindestens seine Pflicht gewesen, den
Sohn des Klägers über das Maaß des Kaufpreises auf=

15*

zuklären, statt dessen Unwissenheit und Leichtsinn auszu=
beuten;

5. der Vertrag sei auch wegen in Mitte liegenden entschuld=
baren Irrthums unverbindlich. Ohne Irrthum sei nicht
denkbar, daß ein Mensch mit gesunden Sinnen eine
Waare mit einem Marktpreis von etwa 160 fl. um
einen Preis verkauft, der das Vermögen selbst eines
reichen Mannes zu zerrütten geeignet ist. Entschuldbar
sei der Irrthum, weil nur ein sehr geübter Rechner die
außerordentliche Höhe der Kaufsumme habe ersehen können.

6. müsse sich der Kläger die Auflösung des Kaufes wegen
Verletzung über die Hälfte gefallen lassen und

7. werde schließlich um Wiedereinsetzung in den vorigen
Stand wegen Minderjährigkeit des kaufenden Sohnes ge=
beten. Regelsberger.

Einen ähnlichen Fall, wie den obigen, erinnere ich mich
vor Jahren gehört zu haben. In einer heiteren Gesellschaft
wurde ein Kohlenhändler mit einem Fabrikanten darüber einig,
daß jener diesem so viel Steinkohlen für eine bestimmte runde
Summe liefern solle, als er mit einem Pferde, ohne anzu=
halten, eine Meile weit aus der Stelle bewegen könne. Offen=
bar hatte der Verkäufer hier an den Transport zur Axe ge=
dacht, allein da dies nicht ausdrücklich ausgemacht war, so
glaubte der Käufer daran nicht gebunden zu sein und wählte
den Transport durch einen Frachtkahn auf einem Kanal, wo=
durch es ihm gelang, eine Quantität Kohlen in der vorge=
schriebenen Weise zu transportiren, die das von dem Verkäufer
im äußersten Fall in Aussicht genommene Quantum um ein
Mehrfaches überstieg. Der Käufer klagt auf Lieferung; wie
ist zu erkennen? Der Herausgeber.

CVIII.

Im April 1867 wurde in der Antengasse in Z. zur Errichtung eines städtischen Kanals das Erdreich 14 Fuß tief ausgehoben. In geringer Entfernung vom Hause des Geschäftsagenten Wettstein stieß man auf ein Felsstück, sog. Gletscherblock, der nur durch Sprengung mit Pulver beseitigt werden konnte. Das Wettstein'sche Haus, schon vorher in schlechtem baulichen Zustand, wurde so erschüttert, daß es ohne Gefahr nicht weiter bewohnt werden konnte. Es mußte niedergerissen und neu aufgeführt werden. Wettstein verlangte nun von der Stadt Ersatz der Umbaukosten im Betrag von 27000 Mk. Der von der Stadt zur Ausarbeitung eines Rechtsgutachtens beauftragte Syndicus führt aus, daß die Klage des Wettstein völlig aussichtslos sei aus folgenden Gründen:

1. lasse sich der Anspruch nur aus einem Delict herleiten. Die Stadtgemeinde sei als juristische Person eines Delicts unfähig;

2. habe die Stadt nur in Erfüllung einer ihr durch das neue Baugesetz auferlegten Pflicht gehandelt. Der Kläger mußte sich also an den Staatsfiscus mit seinem Ersatzanspruch wenden, wenn er überhaupt wegen eines gesetzgeberischen Eingriffs damit durchzubringen glaube;

3. könne von einer Rechtsverletzung keine Rede sein, da die Stadt nur Handlungen auf ihrem Grund und Boden vorgenommen habe. Qui jure suo utitur neminem laedit. Uebrigens liege der Grund des Schadens in der Baufälligkeit des Wettstein'schen Hauses. Wäre dasselbe von solider Beschaffenheit gewesen, so würde es durch die Straßenarbeiten so wenig gelitten haben als die andern anstoßenden Gebäude;

4. Die Stadt könne ferner jede Ersatzleistung ablehnen, weil der Kläger ohnebies in kurzer Zeit zum Umbau seines Hauses genöthigt gewesen wäre. Sein Anspruch erstrecke sich bestenfalls auf den Zinsverlust von dem früher als sonst verwendeten Baukapital. Jener Zinsbetrag werde aber vollständig aufgewogen durch den Vortheil, welcher durch die Kanalbauten dem Hause des Klägers zugehe. Früher ungesund und deßhalb nur zu geringen Preisen vermiethbar, werfe es jetzt eine stattliche Rente ab. Diesen Vortheil müsse er sich anrechnen lassen.

l. 10 (11) de negot. gest. 3, 5
l. 42 A. E. V. 19, 1.

Soweit der städtische Rechtsconsulent. Um sicher zu gehen, holte der Stadtrath noch das Gutachten eines dortigen Rechtsgelehrten ein, welcher zu einem andern Ergebniß gelangte. Derselbe ist der Ansicht, daß hier der Gesichtspunkt der Zwangsenteignung maßgebend sei, wonach die Stadt die Entschädigung nicht weigern könne. Auch den im andern Gutachten hervorgehobenen Compensationsanspruch erachtet er nicht für stichhaltig. Wettstein habe bekanntlich gegen die Errichtung des Kanals Einsprache erhoben und genieße übrigens nur, was auch den andern Anwohnern zu Gute komme.

l. 13 § 1 pro socio 17, 2.

Was ist von diesen Rechtsausführungen zu halten?

Regelsberger.

CIX.

Jacob Graun wurde im Jahre 1864 von dem Consumverein in G. als Verkäufer angestellt. Die ihm in dieser Eigenschaft obliegende Caution leistete er durch Verbürgung von Conrad Müller und Johann Zapf. Letzterer starb im Jahre

1873 und an seiner Stelle verbürgte sich Carl Drechsel auf die Dauer von 5 Jahren. Zu dieser Zeit war Graun dem Consumverein bereits 500 Mk. schuldig geblieben. Im Jahre 1878 wurde Graun von seiner Stelle entlassen, nachdem die Rückstände auf 1100 Mk. angelaufen waren. Da der Verein im Concurs des Graun mit seiner Forderung leer ausging, so belangte er den Drechsel auf die Höhe der Bürgschaftssumme (1000 Mk.). Dieser bestritt die Forderung, indem er vorbrachte:

1. Er habe sich für die Erfüllung der Dienstpflicht des Graun verbürgt, welche darin bestand, daß er baar verkaufe und wöchentlich den Erlös abliefere. Wenn der Verein Rückstände habe entstehen lassen, so liege darin eine Kreditgewährung, wofür die Bürgschaft nicht geleistet sei.

2. Der Verein habe auch eine den Bürgen befreiende Novation eingegangen, indem er sich die Rückstände verzinsen ließ; die ursprüngliche Schuld sei damit in ein Darlehen verwandelt worden.

3. Jedenfalls könne er, Drechsel, nur auf die Rückstände aus der Zeit von 1873 an belangt werden, mithin auf 1100 — 500 = 600. Denn es sei nicht gerechtfertigt, daß der Verein die Abschlagszahlungen, welche Graun seit 1873 gemacht habe, auf die ältere Schuld von 500 in Anrechnung bringe.

4. Auch die Zeit seiner Haftung sei abgelaufen; er habe sich nur auf 5 Jahre verbürgt, die Klage gegen ihn stamme erst aus dem Jahre 1879.

5. Stelle der Beklagte auch die exceptio divisionis entgegen, welcher der Umstand nicht hinderlich sei, daß er erst später als Mitbürge eingetreten.

Regelsberger.

CX.

Der Gutsverwalter W. zu G. bestellte bei dem Schuhmacher H. daselbst ein Paar Reitstiefel mit Sporenkasten zum Preise von 30 Mk. unter der Verabredung, daß die Stiefel genau so gefertigt werden sollten, wie ein bei der Bestellung dem H. vorgezeigtes älteres Paar. Nach vier Wochen lieferte H. ein Paar Stiefel, welche dem Musterpaar in manchen Beziehungen nicht entsprachen und deßhalb von W. als vertragswidrig zurückgewiesen wurden. H. versprach hierauf, ein anderes Paar zu machen, und schickte ein solches vier Wochen später. W. paßte dasselbe an, und es stellte sich heraus, daß es ihm zu groß war. Hierauf schickte er es dem H. unter Angabe des Grundes wieder zu und ließ ihm dabei sagen, er sehe jetzt, daß H. ihm überhaupt keine ordentlichen Stiefel machen könne, er danke nun ganz. H. ließ sich hierdurch nicht abhalten, die Stiefel zu ändern und nach 14 Tagen dem W. nochmals zuzusenden. W. stellte sie, ohne sie auch nur anzupassen, zur Seite und kümmerte sich nicht weiter um die Sache, ließ sich vielmehr bei einem andern Schuhmacher ein Paar Stiefel machen, wie er es wünschte.

Nach mehr als einem Jahre verklagt H. den W. auf Zahlung von 30 Mk. als des verabredeten Preises für die gelieferten Stiefel. W. bestreitet den Anspruch. Er führt aus, er sei nach dem zweimaligen mangelhaften Leistungsangebot befugt gewesen, von dem Vertrage zurückzutreten und habe davon Gebrauch gemacht. Die nachher nochmals erfolgte Uebersendung der Stiefel sei als Zusendung unbestellter Waare aufzufassen, um die er sich gar nicht habe zu bekümmern brauchen. Uebrigens biete er Sachverständigenbeweis dafür an, daß die Stiefel ihm jetzt zu klein seien, und stelle sie dem Kläger unversehrt zur Verfügung.

H. dagegen vermeint, wegen erfolglosen Leistungsangebots könne man nicht von einem Vertrage zurücktreten. Er habe daher Recht und Pflicht gehabt, trotz der Ablehnung des Beklagten den an den Stiefeln gerügten Mangel zu verbessern und sie demnächst dem Beklagten wieder zuzustellen. Darauf, daß die Stiefel jetzt zu klein seien, könne Beklagter sich nicht berufen. Es handle sich nicht um Mängel, deren Abwesenheit der Kläger ausdrücklich versprochen habe, noch weniger habe er die Stiefel dolos zu klein gemacht; wenn sie daher wirklich, was er leugnen müsse, zu klein seien, so könne der Beklagte nur den Schutz des ädilicischen Edicts anrufen. Nun aber sei die actio redhibitoria des Beklagten verjährt; die exceptio redhibitoria aber verjähre mit der actio gleichen Schrittes. Schließlich müsse angenommen werden, daß der Beklagte durch das Behalten der Stiefel ohne Rüge dieselben genehmigt habe.

W. erwidert darauf: gegen die Annahme einer stillschweigenden Genehmigung der Stiefel müsse er sich verwahren, und was des Klägers Ausführungen über das ädilicische Recht betreffe, so vergesse der Kläger dabei, daß dieses auf den hier vorliegenden Genuskauf keine Anwendung finde. Er brauche daher auf die Einzelheiten dieser (seiner Ansicht nach irrigen) Ausführungen wohl nicht einzugehen. Es sei offenbar bei der Bestellung von Stiefeln stets, wenn auch stillschweigende, Vertragsclausel, daß die Stiefel passen müßten, es handle sich hier also um Mangel zugesagter Eigenschaften.

Wie ist zu entscheiden?   Kipp.

CXI.

In der Stadt Hannover gelten auf Grund landesherrlicher, im Anschluß an ältere statutarische Bestimmungen ergangener

Verordnungen vom 18. Juni 1830 und 17. October 1856 über das Erbrecht unter Ehegatten folgende Sonderbestimmungen. Unter Ehegatten christlichen Glaubens, welche in Hannover wohnhaft und persönlich der Gerichtsbarkeit der an die Stelle des ehemaligen Stadtgerichts getretenen Gerichte unterworfen sind, vorausgesetzt, daß der Ehemann das Bürgerrecht der Stadt Hannover erworben hat, und die Ehe nicht durch rechtskräftiges Scheidungsurtheil getrennt ist, besteht ein gegenseitiges Intestaterbrecht (nicht Pflichttheilsrecht). Es erbt nämlich der überlebende Ehegatte mit Descendenten des verstorbenen einen Kopf- oder Stammtheil; sind Descendenten nicht vorhanden, so erhält der überlebende Ehegatte den ganzen Nachlaß mit alleiniger Ausnahme des den miterbenden Ascendenten gebührenden Pflichttheils. Das Bundesgesetz vom 3. Juli 1869 hat „alle noch bestehenden aus der Verschiedenheit des religiösen Bekenntnisses hergeleiteten Beschränkungen der bürgerlichen und staatsbürgerlichen Rechte" aufgehoben.

Nach dem Inkrafttreten dieses Gesetzes stirbt der zu Hannover wohnhafte jüdische Bankier X., Bürger der Stadt Hannover, mit Hinterlassung einer Ehefrau gleicher Confession und mehrerer Brüder.

Die Wittwe hat die Erbschaft in Händen, die Brüder verlangen deren Herausgabe.

Die Wittwe meint, alleinige Erbin zu sein, denn nach dem angeführten Bundesgesetze könne nicht zweifelhaft sein, daß die jüdische Ehefrau jetzt genau das gleiche Erbrecht habe, wie die christliche.

Die Brüder sind anderer Meinung. Es handle sich hier nicht um eine Zurücksetzung der Juden gegen die Christen, welche durch das Bundesgesetz aufgehoben sein könne, sondern um eine abweichende Regulirung der Erbfolge, bei deren Befeitigung man den jüdischen Verwandten nehme, was man der jüdischen Ehefrau gebe. Sie könnten es nicht als Aufhebung einer bisherigen Beschränkung bürgerlicher Rechte, sondern müßten es als Neueinführung einer solchen ansehen, wenn man ihr bisheriges Erbrecht ihnen zu Gunsten der Wittwe nehmen wolle. Was ist davon zu halten? Kipp.

CXII.

In dem gerichtlichen Testament des Kaufmanns Schneider zu S. sind dessen beide Neffen zu Erben eingesetzt. Unter anderen Verfügungen enthält dasselbe auch die folgende: „Der Schwester meiner oben bezeichneten Erben, meiner Nichte Frieda, vermache ich ein Legat von Thalern", ohne daß die Summe angegeben wäre. Das Testament ist in der üblichen protocollarischen Form errichtet; das Protocoll trägt den Vermerk „vorgelesen, genehmigt, unterschrieben", darunter die eigenhändige Unterschrift des Testators und die Beglaubigung.

Nach dem Tode des Schneider tritt dessen Nichte Frieda gegen ihre Brüder mit einer Klage auf 2000 Thaler auf. Sie erbietet sich, zu beweisen, daß der Testator diese Summe bei der Testamentserrichtung mündlich als das ihr bestimmte Legat genannt habe, und daß es nur vergessen sei, die Summe in das Protocoll aufzunehmen. Sie führt aus: es bedürfe zur Errichtung des gerichtlichen Testaments überhaupt keines Protocolls, sondern nur des mündlichen Vortrags vor Gericht; folglich schade es auch der Gültigkeit einer einzelnen gehörig vorgetragenen Verfügung nicht, wenn dieselbe im Protocoll nicht oder nur verstümmelt wiedergegeben werde.

Die Beklagten wenden ein: die Protocollirung sei ihrer Ansicht nach nothwendiger Bestandtheil der Errichtung des gerichtlichen Testaments. Wolle man dies aber auch nicht als allgemeingültig anerkennen, so habe doch im vorliegenden Falle der Testator augenscheinlich die Errichtung eines protocollarischen Testaments beabsichtigt, sein Testament sei daher erst mit Abschluß des Protocolls und nur so zu Stande gekommen, wie es protocollirt sei; finde sich also das Legat in dem Protocoll nicht mit der hinlänglichen Deutlichkeit, so gelte es gar nicht. Jedenfalls habe der Testator ausweislich der Schlußclausel des Protocolls dasselbe so genehmigt, wie es protocollirt sei und alles etwa sonst Vorgetragene zurückgenommen. Allenfalls wollten sie nach l. 12 D. de testib. 22, 5 der Klägerin 2 Thaler zugestehen.

Die Klägerin replicirt: wenn man annehme, der von ihr angebotene Beweis, daß der Testator ihr mündlich 2000 Thaler vermacht habe, reiche nicht aus, um die rechtsgültige Errichtung dieses Legats darzuthun, so gehe jedenfalls daraus hervor, daß der Testator dieses Legat habe errichten wollen; es stelle also bei dieser Annahme das Testament wegen der Auslassung im Protocoll sich als nicht zur Vollendung gekommen dar, sei somit arg. l. 25 D. qui test. fac. poss. 28. 1 nichtig, und sie wolle daher, falls ihr nicht das zunächst eingeklagte Vermächtniß zugesprochen werde, ¹/₃ der Erbschaft als Intestatportion in Anspruch nehmen. **Kipp.**

CXIII.

In dem Confectionsgeschäft des Kaufmanns B. zu G. arbeitete die Schneiderin Emma D. gegen Wochenlohn von 20 Mk. In dem schriftlichen Dienstvertrage findet sich folgende Bestimmung:

„Es ist der Arbeiterin bei einer Conventionalstrafe von

30 Mt. untersagt, binnen vier Wochen nach dem Aus
tritt aus dem Geschäft in ein anderes gleichartiges
Geschäft in G. einzutreten."

Die D. wurde eines Tages von der ihr vorgesetzten Direc-
trice wegen schlechter Arbeit getadelt. Sie beschwerte sich darüber
bei B., allein dieser fand den Tadel begründet und sagte
schließlich zu der D.: „Sie arbeiten schon lange schlecht. Wenn
Sie keine Lust zum Arbeiten haben, dann heirathen Sie doch
lieber und gehen ganz fort." Die D. entfernte sich unter
Thränen und kam nicht wieder zur Arbeit, trat vielmehr nach
ein paar Tagen in das Confectionsgeschäft von F. zu G. als
Schneiderin ein.

B. klagt gegen die D. auf Zahlung der Conventionalstrafe
von 30 Mt. Die Beklagte weigert sich, dieselbe zu bezahlen.
Sie will das ganze Strafversprechen für eine unsittliche Beschränkung der persönlichen Freiheit gehalten wissen, meint aber
ferner, es beziehe sich nur auf den Fall freiwilligen Austritts
aus dem Geschäft, während sie entlassen sei, und endlich, es
könne nur auf gute Arbeiterinnen Anwendung finden, welche an
sich zu fesseln der Kläger ein Interesse habe, während der Kläger
ihr, der Beklagten, ja ausdrücklich gesagt habe, sie sei eine
schlechte Arbeiterin.

B. meint, das Versprechen trage nichts Unsittliches an
sich. Er pflege es sich von seinen Arbeiterinnen geben zu
lassen, weil er oft die üble Erfahrung habe machen müssen,
daß unkundige Arbeiterinnen zu ihm kämen und nach ihrer
Ausbildung das Gelernte im Dienste Anderer verwertheten,
auch Muster, Modelle u. s. w., die sein Geheimniß seien, seinen
Concurrenten verriethen. Die übrigen An- und Ausführungen
der Beklagten müsse er als ganz unrichtig bezeichnen.

Ripp.

CXIV.

Der Tanzlehrer Girardelli betrieb in den vierziger Jahren dieses Jahrhunderts sein Gewerbe in dem Städtchen Usbeck, wo er geboren und aufgewachsen war. Seit dem Jahre 1851 aber übte er dasselbe auch noch in Laubenheim aus und zwar so, daß er sich alljährlich je ein halbes Jahr hier wie dort aufhielt. An beiden Orten hatte er eine Wohnung gemiethet — die einzigen im Ort, die zur Abhaltung von Tanzcursen geeignet waren — und behielt sie, um so jede Concurrenz unmöglich zu machen, das ganze Jahr hindurch bei.

Durch leichtsinnige Gesellschaft, in die er geräth, verleitet, ergibt er sich dem Spiel und Trunk und, um ihn vor gänzlichem Ruin zu bewahren, sieht sich seine Schwester veranlaßt, seine Entmündigung wegen Verschwendung beim Gericht zu erwirken. Aus Ingrimm hierüber macht der zum Verschwender Erklärte ein Testament, in dem er seine Haushälterin, Clara Hubert, mit der er im Concubinat lebt, zur Erbin seines Vermögens einsetzt.

Jahre vergehen. Der Entmündigte hat die Kraft wieder gewonnen, sich den leichtsinnigen Genossen zu entziehen, seine Haushälterin zu entlassen und sich seinen Einnahmen entsprechend zu verhalten. Die Entmündigung wird durch das Gericht aufgehoben. Allein das ausschweifende Leben hat ihm seine Lebenskraft geraubt und kurze Zeit, nachdem die Entmündigung aufgehoben, stirbt er, während er gerade in Laubenheim eine Tanzstunde abhält, am Herzschlage.

Der Nachlaß besteht zum Wesentlichen aus einem werthvollen, in Usbeck belegenen Grundstück; denselben nimmt die Schwester des Verstorbenen als einzige Intestaterbin in Besitz. Da tritt die bereits verschollen geglaubte Haushälterin klagend mit dem Anspruch auf Herausgabe der Erbschaft gegen die Schwester auf. Die von einem Winkelconsulenten verfaßte Klagschrift enthält folgende Ausführungen:

1. Klägerin sei durch das Testament Erbin des Tanzlehrers Girardelli geworden. Die Rechtsbeständigkeit desselben könne nicht bestritten werden.

  a) Es kämen zunächst die Grundsätze des in Usbeck geltenden gemeinen Rechtes in Betracht. Da es sich um einen wesentlich aus Grundbesitz bestehenden Nachlaß handele und daher die lex rei sitae zur Anwendung gebracht werden müsse. Nach diesem Recht sei aber die regula Catoniana, welche bei Vermächtnissen die Fähigkeit zur Errichtung bereits im Moment dieser Errichtung fordere, für Testamente ausdrücklich ausgeschlossen:

    Catoniana regula non pertinet ad hereditates (l. 3 D. de reg. Cat. 34, 7).
    Es müsse daher bei ihnen genügen, wenn die zur Zeit ihrer Errichtung fehlende testamentifactio activa zur Zeit des Todes vorhanden sei. Das Testament des Verschwenders sei daher mit der Aufhebung der Entmündigung von selbst zu Kräften gekommen.

  b) Wolle man sich freilich der entgegengesetzten Ansicht, die von Manchen vertreten werde, anschließen und die regula Catoniana auch auf Testamente Anwendung finden lassen, so wäre allerdings das vorliegende Testament nach gemeinem Recht hinfällig. Allein eben deßwegen würde das gemeine Recht keine Anwendung finden dürfen. Denn es gehörten die Testamente zu den s. g. causae favorabiles, d. h. zu denjenigen,

zu deren Gunsten im Zweifel zu interpretiren sei.
(l. 24 [25] D. de reb. dub. 34, 5). Nun enthalten
die Quellen ausdrückliche Bestimmungen über die
Frage, welches von mehreren bei der Beurtheilung
eines Verhältnisses in Betracht kommenden Rechten
zur Anwendung zu bringen sei, nicht; jede Beant=
wortung derselben sei daher zweifelhaft, wie auch
der lebhafte literarische Streit gerade auf diesem Ge=
biete beweise.   Der Richter könne und müsse daher,
wenn es sich um eine causa favorabilis handle,
wie hier um ein Testament, das der Aufrechterhaltung
derselben günstigere Recht zur Anwendung bringen.
Vorliegend aber komme außer der lex rei sitae auch
das Recht des Sterbeorts Laubenheim in Frage. Dies
sei zugleich das der Rechtsbeständigkeit des Testaments
günstigere, denn es enthalte — was richtig ist —
die Bestimmung, daß das von einem Verschwender
errichtete Testament durch die Aufhebung der Ent=
mündigung von selbst in Kraft trete, während es im
Uebrigen rein gemeinrechtliche Normen aufweist.

2. Die Beklagte sei auch nicht etwa berechtigt, das Testament
   wegen Verletzung ihres Pflichttheilsrechtes anzufechten. Denn
   als die Schwester des Erblassers könne sie solches nur
   ansprechen, wenn ihr eine turpis persona vorgezogen
   sei. Nach den maßgebenden Bestimmungen des Römischen
   Rechts aber sei das particularrechtlich freilich meist ge=
   mißbilligte Concubinat ein durchaus erlaubtes Verhältniß:
   concubinatus per leges nomen assumpsit
   (l. 3 § 1 D. de conc. 25, 7, vergl. auch c.
   un. C. de conc. 5, 26).
Niemand aber könne durch den Eintritt in ein rechtlich

gebilligtes Verhältniß mit einer turpitudo behaftet werden. Auch sei durch § 34 des Reichsstrafgesetzbuches das Pflicht-theilsrecht der Geschwister für fortgefallen zu erachten, denn dort seien die Ehrenstrafen und deren Folgen er-schöpfend geregelt, ohne daß jener Zurücksetzung der turpes gedacht sei; damit sei dieselbe als beseitigt anzu-sehen.

Die Beklagte wendet sich an ihren Rechtsbeistand mit der Bitte, die Sachlage zu prüfen und zwar unter besonderer Berücksichtigung der folgenden, ihr von einem mit ihr be-kannten Juristen angegebenen Gesichtspunkte.

1. Die Klägerin führe selber zu ihren Gunsten aus und müsse es daher auch gegen sich gelten lassen, daß das Concubinat nach den hier maßgebenden Grundsätzen als ein rechtlich anerkanntes Verhältniß zu behandeln sei. Wenn dies richtig, so müsse es als ein quasi-eheliches Verhält-niß auch nach Analogie der Ehe betrachtet werden. Ins-besondere müsse die Trennung von der Concubine ana-loge Wirkungen wie die Scheidung der Ehe äußern. Darnach wäre aber vorliegend der Grundsatz zur ent-sprechenden Anwendung zu bringen, daß letztwillige Zu-wendungen des einen Ehegatten an den anderen nach der Scheidung als widerrufen gelten:

> separatio dissolvit legatum (l. 49 § 6 D.
> de leg. III, l. 3 D. de auro 34, 2).

2. Der Erblasser habe das Testament zu Gunsten der Klägerin gemacht in dem Zorn und der Wuth, die ihn erfüllt habe gegenüber der Beklagten wegen des von ihr ge-stellten Antrages auf Entmündigung. Die Rechtsbeständig-keit einer in solcher Aufwallung vorgenommenen Handlung

hänge aber davon ab, daß der Handelnde dauernd bei
der im Zorn gefaßten Willensmeinung beharre:

> Quidquid in calore iracundiae vel fit vel
> dicitur, non prius ratum est, quam si perse-
> verantia apparuit judicium animi fuisse
> (l. 48 D. de reg. iur. 50, 17. l. 3 D. de
> devort. 24, 2).

Daß aber der Erblasser vorliegend bei der Absicht,
Klägerin zur Erbin zu machen, nicht beharrt habe, be=
weise allein schon der Umstand, daß er sich von ihr
demnächst getrennt habe und nichts mehr von ihr habe
wissen wollen.

Sind die Ausführungen der Parteien zutreffend? Falls
nicht, welche anderen Grundsätze sind ihnen gegenüberzustellen,
und wie ist darnach zu entscheiden?

Goldschmidt.

CXV.

Im Jahre 1887 kaufte zu Berlin der hannoversche Guts=
besitzer Herold von dem Russen Tscheregin ein in Rußland be=
legenes Grundstück, um daselbst eine Zuckerfabrik anzulegen.
Der Kaufpreis wird auf 60,000 Rubel vereinbart und in Höhe
von 10,000 Rubeln sofort baar gezahlt, während der Rest von
Herold bei dessen demnächstiger Anwesenheit auf russischem Boden
gegen Uebergabe des Grundstücks geleistet werden soll. Der
Kaufvertrag enthält überdies noch die fürsorgliche Bestimmung,
daß bei etwaigen Streitigkeiten die Grundsätze des gemeinen
Rechts Deutschlands zur Anwendung zu kommen haben. Kurze
Zeit vor Abschluß des Kaufes, jedoch ohne daß es den Parteien
bekannt geworden war oder auch nur hätte bekannt geworden
sein können, war ein russisches Gesetz publicirt worden, inhalts

dessen Ausländern der Eigenthums= oder Besitzerwerb an russischem Grund und Boden untersagt, und die Verträge, welche bezwecken, russischen Grundbesitz in ausländische Hände zu bringen, für nichtig erklärt wurden, und zwar all dies vom Moment der Verkündung des Gesetzes ab.

Wenige Tage, nachdem der Kauf geschlossen, erfährt Herold dies und schreibt darauf umgehend an Tscheregin, daß er bei dieser Sachlage das Geschäft als aufgehoben ansehen müsse und zur Rückgabe der daraufhin geleisteten 10,000 Rubel ersuche. Tscheregin meint im Gegentheil nicht bloß die 10,000 Rubel behalten zu dürfen — dieselben seien von Herold in Erfüllung seiner Verbindlichkeit aus dem Kaufvertrage geleistet; mag eine solche auch von Herold irrthümlicher Weise (d. h. unter Annahme der Rechtsbeständigkeit des nunmehr von ihm als ungültig er= kannten Vertrages) unterstellt sein, so beruhe doch diese Unter= stellung lediglich auf Rechtsirrthum und daher sei ihm die Zurückforderung von 10,000 Rubel verwehrt, da die condictio indebiti nicht auf Rechtsirrthum gestützt werden könne (c. 10, C. de iur. et facti ign. 1, 18, l. 9 § 5 D. eod. 22, 6). Herold sei aber ferner sogar nach dem Satze „periculum est emtoris" trotz der Unmöglichkeit der Gegenleistung, da dieselbe von Tscheregin nicht verschuldet, also als Zufall zu betrachten sei, zur Zahlung des Kaufgelderestes von 50,000 Rubeln ver= pflichtet (l. 7 pr. l. 8 pr. l. 17 [16] D. de per. et comm. 18, 6).

Wie ist zu entscheiden? Würde sich die Entscheidung anders stellen, wenn das fragliche Gesetz erst nach dem Kaufabschluß aber vor der Uebergabe des Kaufobjectes erlassen worden wäre, jedoch mit rückwirkender Kraft.   Goldschmidt.

CXVI.

Der Gastwirth Faltenthal hat sein Leben zu Gunsten seiner unverheiratheten Schwester bei einer Aktiengesellschaft in Höhe von 10,000 Mt. versichert. Auf der Rückseite der ihm ausgehändigten und von ihm seiner Schwester weiter gegebenen Police befindet sich ein Auszug aus den Statuten, welcher die Ueberschrift trägt „Bedingungen, unter denen die Versicherung geschlossen ist", und welcher unter Anderem folgende Bestimmungen enthält:

1. Streitigkeiten zwischen den Versicherungsnehmern und der Gesellschaft aus den Versicherungsverträgen werden unter Ausschluß des Rechtsweges von der Direction (Vorstand) entschieden; gegen diese Entscheidung findet nur die Berufung an die Generalversammlung statt.

2. die Abtretung der Rechte aus der Versicherung an einen Dritten bedarf der Zustimmung der Direction.

3. Die Prämie ist jährlich pränumerando, das erstemal bei Aushändigung der Police zu zahlen. Für den Fall unpünktlicher b. h. nicht innerhalb vier Wochen nach dem Fälligkeitstermin erfolgender Zahlung der Prämie durch den Versicherungsnehmer gilt die Versicherung als mit dem versäumten Fälligkeitstage erloschen; doch kann die Direction die Fortsetzung des Vertragsverhältnisses bewilligen.

Faltenthal hat weder die Statuten, noch die Rückseite der Police eines Blickes gewürdigt, ihm sind diese Bestimmungen völlig unbekannt geblieben.

Nach längerer Zeit geräth Faltenthal in Geldverlegenheiten. Er wendet sich an dem ihm befreundeten Rentner Kranich und erhält von diesem das erbetene Darlehn von 5000 Mt. Zur

Sicherheit für deſſen Rückzahlung tritt er demſelben alle Rechte aus dem von ihm geſchloſſenen Verſicherungsvertrage in Höhe von 5000 Mk. ab, wobei er ſich noch beſonders verpflichtet, die jeweilig fällig werdenden Prämien pünktlich, wie bisher, weiter zu entrichten. Als jedoch der Termin für die Prämien= zahlung wieder einmal herangekommen war, iſt er zu derſelben außer Stande und bittet Kranich, ſolches diesmal für ihn zu thun. Kranich, dem ſonſt das Erlöſchen der Verſicherung und damit der Untergang ſeiner Sicherheit droht, erklärt ſich hierzu bereit und begibt ſich zu dem zur Annahme der Prämien= zahlungen bevollmächtigten Generalagenten der Geſellſchaft, dem er den Sachverhalt wahrheitsgetreu mittheilt. Dieſer im Zweifel, ob die Geſellſchaft die Abtretung aus der Verſicherung an Kranich gutheißen werde, will ſich Friſt zur Einholung einer Aeußerung der Geſellſchaft verſchaffen und ſagt dem Kranich, er habe in Folge irgend welchen Verſehens noch nicht die Quittung — die ſtets von der Direction auszuſtellen war — überſandt bekommen, er würde ſie ſich alsbald einfordern und — die Sache eile ja nicht ſo — ſie dem Kranich zur Zahlung zuſchicken.

Auf die Darlegung der Sachlage Seitens des Agenten er= widerte ihm die Direction, ſie habe ihre beſonderen Gründe, in die Abtretung nicht zu willigen; auch ſolle der Agent, um nicht der Geſellſchaft bei einem etwaigen Proceß zu präjudiciren, keine Zahlung von Kranich annehmen. Der Agent theilt darauf am letzten Tage der vierwöchigen Präcluſivfriſt dem Kranich mit, daß er von ihm, da die Geſellſchaft die zu ſeinen Gunſten er= folgte Abtretung nicht genehmigen wolle, auch keine Prämien= zahlung annehmen könne. Als darauf Falkenthal, von Kranich ſofort über die Sachlage unterrichtet, noch an demſelben Tage ſich ſelber zu dem Agenten begibt, um ihm die Prämie zu zahlen, weigert letzterer auch ihm gegenüber die Annahme der angebotenen Zahlung. Einmal sei die Frist bereits abgelaufen; denn seine Bureaux seien, wie ein Anschlag an ihnen aufweise, nur bis 5 Uhr für das Publikum geöffnet, nicht wie bei anderen Geschäftsleuten bis 6 oder gar 7 Uhr; es sei aber bereits 5 Uhr vorbei und nur Zufall, daß er überhaupt noch im Comptoir anzutreffen sei. Alsdann aber habe Falkenthal das Geld zur Zahlung offenbar von Kranich erhalten, es sei also lediglich eine Umgehung der Statuten beabsichtigt, um so indirect die Abtretung wirksam zu erhalten.

Wenige Stunden darauf stirbt Falkenthal unter Hinterlassung eines Testaments, in dessen § 1 er seine Schwester zur alleinigen Erbin einsetzt und dessen § 2 folgendermaßen lautet:

„Das darnach von mir auf meine Schwester vererbte Vermögen soll dem Zugriffe der Gläubiger derselben entzogen sein."

Trotzdem läßt ein Gläubiger der Schwester, der Kaufmann Stark, sich für eine Forderung, die er wider dieselbe rechtskräftig erstritten hat, den Anspruch derselben aus dem Versicherungsvertrage in Höhe von 6000 Mk. durch das Gericht an Zahlungsstatt überweisen (cediren) und der Gesellschaft den Ueberweisungsbeschluß durch einen Gerichtsvollzieher ordnungsmäßig zustellen. Kurz darauf wird auch die Forderung Kranichs fällig, bleibt aber trotz Mahnung bei der Schwester als Erbin ihres Bruders unbezahlt.

Die Schwester Falkenthals, Kranich und Stark erheben sämmtlich Ansprüche auf die Versicherungssumme, die Gesellschaft hingegen behauptet zur Zahlung derselben überhaupt nicht verpflichtet zu sein.

In Folge letzterer Aeußerung der Gesellschaft werden die Prätendenten bedenklich und wenden sich zusammen an einen

Rechtsanwalt mit der Anfrage, ob und wem von ihnen er zur Klage gegen die Gesellschaft rathen könne. Das darauf ertheilte Gutachten lautet in seinen Grundzügen.

I. Trotz der Bestimmung der Police, daß alle Streitigkeiten aus dem Versicherungsvertrage unter Ausschluß des Rechtsweges durch die Direction entschieden werden sollten, sei die gerichtliche Klage zulässig. Denn einmal habe jene Clausel als Theil des Versicherungsvertrages des Consenses von Falkenthal zu ihrer Rechtsverbindlichkeit bedurft; von einem solchen könne aber vorliegend keine Rede sein, da dieselbe Falkenthal Zeit seines Lebens unbekannt geblieben sei. Alsdann aber sei jene Bestimmung überhaupt ungültig, da der Rechtsweg eine Institution des öffentlichen Rechtes sei, deren Gebrauch nicht durch Privatverträge behindert werden könne: ius publicum privatorum pactis mutari non potest (l. 38 D. de pact. 2, 14); sei es ja sogar ein in die Staatsgrundsätze aufgenommener Fundamentalsatz des heutigen öffentlichen Rechts: Niemand darf seinem gesetzlichen Richter entzogen werden. (Vergl. z. B. Art. 7 der Preußischen Verfassung, auch § 16 Gerichtsverfassungsgesetz.)

II. Die Versicherung sei trotz der innerhalb der Präclusivfrist von 4 Wochen nicht erfolgter Zahlung nicht erloschen. Denn wenn auch die Gesellschaft die ihr von Kranich angebotene Zahlung habe zurückweisen können und, wollte sie ihn nicht als Gläubiger anerkennen, sogar habe zurückweisen müssen, so hätte sie doch die ihr von Falkenthal angebotene Zahlung annehmen müssen, denn die vage Vermuthung, Falkenthal habe das erforderliche Geld von Kranich erhalten, vermöge deren Zurückweisung nicht zu begründen, vielmehr sei dazu der auf einzelne concrete Thatsachen gestützte Beweis, daß Falkenthal mit jener Zahlung einen von den Statuten gemißbilligten Erfolg auf indirectem Wege habe erreichen, also in fraudem ber Statuten habe handeln wollen, erforderlich und, ob die Gesellschaft diesen Beweis führen werde, könne bei seiner überaus großen Schwierigkeit ruhig abgewartet werden. Gelinge ihr dieser Beweis aber nicht, so erscheine sie selbst als an der Nichtzahlung schuld und könne nicht aus diesem rechtswidrigen Verhalten noch den Vortheil der Aufhebung der Versicherung, wobei ihr die gezahlten Prämien ohne Pflicht zur Gegenleistung blieben, ziehen. Die Frist sei auch noch nicht abgelaufen gewesen, denn da es sich um den Verlust eines Rechtes handle, so hätte die Zahlung bis zum Ablauf des letzten Tages, also bis Mitternacht erfolgen können (l. 6 D. de obl. et act. 44, 7, l. 8 D. de fer. 2, 12).

III. Kranich könne den Anspruch in Höhe von 5000 Mk. geltend machen. Das Geschäft, durch das er den Anspruch erworben, sei zwar formell eine Cession, welche ohne Zustimmung der Direction ungültig sei, allein materiell lediglich eine Verpfändung, eine solche aber sei durch das allgemeine Grundsätze abändernde und daher restrictiv zu interpretirende Verbot der Abtretung des Anspruches aus dem Versicherungsvertrage ohne Einwilligung der Direction nicht betroffen. Jene Verpfändung sei daher Seitens des Fallenthal gültig erfolgt. Was die demnächstige richterliche Cession an Stark betreffe, die in Höhe von 1000 Mk. mit dem Anspruche Kranichs collidire, so sei es, da es sich vorliegend nicht um zwei auf einander folgende Cessionen, sondern um eine Verpfändung und eine spätere Cession handle, unerheblich, daß nur letztere, nicht aber erstere der Gesellschaft ordnungsmäßig bekannt geworden sei.

IV. Stark hingegen sei nicht forderungsberechtigt. Der § 2 des Testaments entziehe den Gläubigern der Schwester die

Möglichkeit des Zugriffs in das Erbvermögen. Diese Bestimmung stelle sich dar als eine beschränktere Enterbung aus guter Absicht und sei eben deßwegen, wie diese selbst, rechtsbeständig. Nun habe der Anspruch auf die Versicherungssumme, da bis zum Tode des Fallenthal seine Schwester keine Beitrittserklärung zu dem zu ihren Gunsten geschlossenen Vertrage abgegeben, damals noch, wenn auch als theilweise verpfändeter, zum Vermögen des Fallenthal gehört und sei mit diesem, mithin als Theil des Erbvermögens, also auch mit jener Beschränkung bezüglich des Zugriffs der Gläubiger behaftet, auf die Schwester gekommen. Wolle man aber selbst darin einen von der Erbmasse unabhängigen Erwerb sehen, so sei es doch jedenfalls ein Erwerb aus Anlaß des Todes von Fallenthal, und es sei unbedenklich anzunehmen, daß derselbe mit jener den Zugriff der Gläubiger ausschließenden Bestimmung auch solchen Erwerb habe treffen wollen.

Darnach sei Kranich in Höhe von 5000 Mk., die Schwester in Höhe der weiteren 5000 Mk. klagberechtigt.

Sind die Darlegungen des Gutachtens richtig und erschöpfend, eventuell welche anderen Gesichtspunkte sind maßgebend?   Goldschmidt.

CXVII.

In der Stadt Geisenburg besteht eine städtische Sparkasse. Dieselbe wird nach den von der Regierung genehmigten Statuten durch einen von dem Magistrat zu ernennenden Rendanten geleitet, welcher der Aufsicht durch einen Bürgerausschuß unterliegt. Spareinlagen müssen von jedem Ortseinwohner entgegengenommen werden und sind zu 3 $\frac{1}{2}$ % verzinslich. Die Rückzahlung erfolgt auf Verlangen jederzeit, soweit es der jeweilige Kassenbestand zuläßt; soweit dies aber nicht der Fall, kann die Kasse eine nach (der Höhe der Rückzahlungen verschieden, höchstens aber auf sechs Monate) normirte Rückzahlungsfrist verlangen. Als Sicherheit für die Einlagen ist das gesammte Vermögen der Stadt für verpfändet erklärt. Dieselben sind ferner in pupillarisch sicherer Weise nach Beschluß jenes Ausschusses unterzubringen. Die etwaigen Ueberschüsse sollen nach Beschluß der Stadtverordnetenversammlung für gemeinnützige Zwecke verwandt werden. So sind davon wiederholentlich Aufwendungen zur Anlage von öffentlichen Promenaden gemacht, die in der Stadt bestehenden Vereine gegen Bettelei, für Kostkinder u. a. mit erheblichen Beiträgen unterstützt worden.

Ende des Jahres 1847 hatte der Privatsecretär Ewald eine Einlage von 100 Mk. gemacht. Kurz darauf in die politischen Kämpfe der damaligen Zeit verwickelt, sah er sich, nachdem die Revoluion des Jahres 1848 niedergeschlagen war, genöthigt, zu fliehen und wandte sich nach Amerika. Ein Haus, welches er in Geisenburg besaß, ließ er während seiner Abwesenheit durch einen Verwandten Namens Herzberg verwalten. Seine Einlage beließ er des Weiteren auf der Sparkasse; dieselbe wurde daher in den Büchern derselben fortgeführt, und ihr, wie üblich, alljährlich die aufgekommenen Zinsen zugeschrieben. Dadurch war dieselbe, als Ewald im Jahre 1886 nach Geisenburg zurückkehrt, zu einer nicht unbeträchtlichen Summe angewachsen. Er fordert nunmehr die Auszahlung des Betrages, allein die Sparkassenverwaltung weigert sich dessen, indem sie Verjährung behauptet. Eventuell erklärt sie gegenüber dem Anspruch des Ewald mit rückständigen Steuern, die sie von seinem Grundbesitz zu fordern berechtigt sei, compensiren zu wollen.

Ewald, der nicht Zeit und Neigung hat, sich in einen weit aussehenden Proceß einzulassen, wird mit dem Verwalter

seines Hauses dahin einig, daß dieser für seine noch unberichtigte
Forderung an Gebühren aus der Verwaltung des Hauses in
den letzten zwei Jahren, die sich auf etwa die Hälfte der Summe
belaufen, auf welche die Einlage angewachsen war, jenen Anspruch
Ewalds wider die Sparkasse übernimmt.

Darauf klagt Herzberg den Anspruch gegen die Stadtge=
meinde ein. In dem Proceß schützt die Beklagte außer den
oben erwähnten Einreden noch die fernere Einrede vor, daß sie
schlimmsten Falls nach der lex Anastasiana (c. 22 C. mand.
4, 35) nur die Hälfte des eingeklagten Betrages zu zahlen
brauche. So weit nämlich Kläger Gebühren von Ewalb zu
fordern gehabt, sei die Abtretung des Anspruches gegen die
Sparkasse Kauf, bezüglich des jene Gebühren überschießenden
Betrages aber Schenkung; für die Schenkungsabsicht spräche,
da Ewalb und Herzberg Verwandte seien, nach l. 43 [44],
44 [45] D. de neg. gest. 3, 5, l. 33 [34] D. eod., c.
11 C. eod. 2, 18 [19] die Vermuthung. Auf ein solches
aus Kauf und Schenkung gemischtes Geschäft fänden aber die
Bestimmungen der lex Anastasinana nach c. 23 C. cit.
(4, 35) ebenfalls Anwendung.

Herzberg hält die Verjährungseinrede für unbegründet.
Die Frist für die Verjährung beginne mit dem Moment ex
quo competere (actiones) iure coeperunt, dem Moment
der actio nata (c. 3, c. 7 § 1 C. de praescr. 7, 39); dieser
habe aber nicht eintreten können, bis die Kündigung erfolgt
und darauf die statutarische Kündigungsfrist abgelaufen sei, denn
vorher habe ja Ewalb nicht auf Rückzahlung klagen können.
Jedenfalls aber sei die Verjährung auch schon um deßwillen
nicht abgelaufen, weil seinem Auctor wie allen Sparinteressenten
für seinen Anspruch das Vermögen der Stadt mitverpfändet
gewesen sei und das Bestehen eines Pfandrechts für eine For=

berung bie Berjährung ber letzteren hindere (c. 7 § 5 C. eod. 7, 39). Hingegen ift er felbft zweifelhaft bezüglich ber aus ber lex Anastasiana entnommenen und bezüglich ber Compenfationseinrede.

Wie ift über bie geltend gemachten Einwendungen zu entfcheiben?   Golbfchmibt.

CXVIII.

Die kaiferliche Oberpoftdirection zu Breslau läßt fich, um fich ben unmittelbaren Zugang aus ihren Bureaur zu ben von benfelben burch ein fremdes Grundftück gefchiebenen poftalifchen Lagerräumen zu verfchaffen, von bem Eigenthümer biefes Grundfiücks, bem Gaftwirth Meerholtz, im Jahre 1872 gegen eine geringe einmalige Entfchäbigung bie Servitut beftellen, baffelbe zu jeber Tageszeit burch bie Poftbeamten bes Bezirks, fo oft es ber Poftbetrieb erforbere, betreten laffen zu bürfen. In Folge ber ftetigen Zunahme bes Betriebes wirb es im Jahre 1874 nothwendig, bas Meerholtz'fche Grundftück in weiterem Umfange, wie bisher, insbefonbere auch zum Einftellen bes poftalifchen Fuhrparks u. f. w. zu benutzen. Es fchließt beßhalb bie Poftverwaltung mit Meerholtz einen Miethsvertrag bezüglich feines Grundftückes auf bie Dauer von 10 Jahren, wobei ber Servitut keine Erwähnung gefchieht. Daffelbe wirb auch biefe Zeit hindurch, wie vorbem, von ben Beamten, welche aus ben Bureaur in bie Lagerräume gelangen wollen, begangen, aber auch zur Unterbringung ber Poftwagen u. Ae. benutzt. Zur Zeit bes Ablaufes bes Miethsvertrages wirb bas Grundftück von ber Militärverwaltung erworben. Der Vertreter beffelben fichert ber Oberpoftbirection auf beren Befragen ausbrücklich zu, baß zwar bie fonftige Benutzung bes Grundftücks für poftalifche Zwecke aufhören müffe, ba beabfichtigt würbe, auf bemfelben ein Gebäude für die Geschäfte der Intenbantur zu errichten, daß aber der Hofraum bei dem Neubau so zu liegen kommen solle, daß die bisherige Passage der Postbeamten zu den Lagerräumen ermöglicht bleiben würde.

Dem Oberpostdirector genügt auf Grund einer Rücksprache mit seinem Justitiar diese Erklärung nicht, er wünscht eine ausdrückliche Anerkennung des Rechtes der Postverwaltung, ihre Beamten in der seit dem Jahre 1872 geübten Weise das Grundstück betreten lassen zu dürfen, und erhält dieselbe auch in einem Schreiben vom 3. Februar 1885. Schon im Jahre 1887 wird in Folge der Dislocirung einzelner Truppentheile das Grundstück für die Zwecke der Militärverwaltung über- flüssig und daher zum Verkauf gestellt. Dasselbe wird von dem Particulier Nelson erworben. Nachdem er davon Besitz er- griffen, fällt ihm das häufige Betreten desselben durch die Postbeamten auf. Er bittet bei der Oberpostdirection um An- weisung an die Beamten, dies künftig zu unterlassen und ihren Weg zu den Lagerräumen anderswo zu nehmen. Darauf er- hält er den in energischen Worten gefaßten Bescheid, daß die Postverwaltung kraft des ihr zustehenden servitutischen Rechts befugt sei, ihre Beamten das Grundstück passiren zu lassen, so oft und so viel es das dienstliche Interesse erheische. Nelson, für den das Grundstück unter diesen Umständen wesentlich ent- werthet werden würde, da er beabsichtigt, das von der Militär- verwaltung auf demselben errichtete Gebäude niederreißen und dafür unter Kassirung des von den Beamten zur Passage be- nutzten Hofraums ein großes, auch den letzteren erfüllendes Wohnhaus zu errichten, behauptet schon deßwegen nicht ver- pflichtet zu sein, sich diese Benutzung seines Grundstücks ge- fallen lassen zu müssen, weil ihm beim Verkauf desselben von dem Bestehen einer solchen Last keine Mittheilung gemacht

worden sei. Auch sei die etwa vorhanden gewesene Servitut
jedenfalls untergegangen. Und zwar einmal durch Confusion.
Die Persönlichkeit des Fiscus sei eine einheitliche; hieran
ändere nichts, daß die Verwaltung des Staatsvermögens verschiedenen Kassen zustehe, m. a. W. die verschiedenen statio-
nes fisci hätten keine gegen einander selbständige Persönlichkeit:

> liberari fideiussores, quotiens fiscus tam credi-
> tori quam debitori, licet diversis statio-
> nibus, succedit, ius certum est (c. 2 C. de solut.
> 8, 42 [43]).

Darnach sei durch den Erwerb des Meerholz'schen Grundstückes Seitens der Militärverwaltung das Eigenthum an dem
dienenden und dem — der Postverwaltung gehörigen —
herrschenden Grundstück in der Hand einer Person, nämlich
des Fiscus, vereinigt gewesen und damit die Servitut untergegangen:

> servitutes praediorum confunduntur, si idem
> utriusque praedii dominus esse coeperit (l. 1 D.
> quemadm. serv. amitt. 8, 6).

Sie sei aber ferner auch untergegangen durch zehnjährigen
Nichtgebrauch. Zwar habe auch nach Abschluß des Miethsvertrages mit Meerholz die Postverwaltung das Grundstück, wie
vordem auf Grund ihres servitutischen Rechts, zur Passage für
Dienstzwecke benutzt, allein diese Benutzung habe sich nun doch
nicht mehr als Ausübung der Servitut, sondern des ein viel
weiter gehendes Benutzungsrecht konstituirenden Miethrechtes
dargestellt. Bei der gewichtigen inhaltlichen wie systema-
tischen Verschiedenheit beider Rechte könne unmöglich eine und
dieselbe Handlung zugleich als Ausübung beider Rechte gemeint
sein und, daß von der Postverwaltung während der zehnjährigen
Dauer des Miethverhältnisses die Ausübung des letzteren, nicht

der Servitut beabsichtigt gewesen, zeige sich in der Unterbringung der Postwagen auf dem Grundstück, zu welchem die Verwaltung ja nur auf Grund jenes, nicht auch auf Grund dieser befugt gewesen wäre.

Wie ist zu entscheiden?

Goldschmidt.

CXIX.

Der städtische Musikdirector Halborg zu Gandersberg wird eines Tages unter dem Verdacht des Betruges verhaftet. Die Musiker seiner Capelle versuchen unter Leitung ihres Concertmeisters Klenze die für die Saison angekündigten Concerte weiter zu geben. Allein das Publikum will sich dazu nicht einfinden und so sieht sich die Gesellschaft, da der vermögens- und einkommenslose Halborg ihr nichts zukommen lassen kann, bald genöthigt, den Ort zu verlassen und auswärts nach Engagements zu suchen. Dies gelingt auch insbesondere dem Concertmeister. Kurz darauf wird Halborg, da sich die Denunciation, auf Grund deren seine Verhaftung erfolgte, als eine völlige grundlose, ja frivole herausstellt, freigelassen. Er nimmt mit einer neuen Capelle alsbald seine Concertthätigkeit wieder auf, und es liegt ihm viel daran, Klenze, der sich auch als Solist großer Beliebtheit in Gandersberg erfreute, zurückzuerhalten. Er schreibt ihm daher einen Brief, in dem er darauf hinweist, daß ihr Contract ja noch ein Jahr lang zu laufen habe, und ihn ersucht, sich umgehend zu erklären, ob er bereit sei, zu ihm zurückzukehren. Klenze erklärt sich gern dazu erbötig, sofern er sich dadurch keines Vertragsbruchs gegen seinen neuen Chef schuldig machen würde, zumal sich die ihm bei Halborg wieder in Aussicht stehende Gage im Monat auf 30 Mk. mehr beläuft, als er in seiner jetzigen Stellung erhält. Halborg fragt einen

Advocaten in Ganbersberg um Rath und dieser erklärt, daß zweifellos Halborg mit seinem Anspruch aus dem alten Vertrage vorgehe:

In operis duobus simul locatis convenit priori conductori ante satisfieri (l. 26 D. locati 19, 2).

Daher könne auch von keinem Vertragsbruch die Rede sein, wenn Klenze zu Halborg zurückkehre. Dies theilt Halborg dem Klenze mit. Allein letzterer hat sich bereits seinerseits an einen anderen Advocaten gewandt und eine entgegengesetzte Auskunft erhalten; er fürchtete daher in die für den Fall des Contract-bruches vorgesehene Conventionalstrafe zu verfallen und erklärt deßhalb Halborg, daß er in seinem jetzigen Engagement ver-bleiben wolle. Halborg sieht darin eine von dem neuen Chef Klenze's, mit dem er schon seit Jahren verfeindet ist, veranlaßte Rancune und fordert daher in energischer Vorstellung Klenze zur sofortigen Rückkehr auf, indem er ihm sonst Klage androht auf

a) die in dem zwischen ihnen noch bestehenden alten Ver-trage ebenfalls stipulirte Conventionalpōn,

b) Ersatz des Schadens, den er durch Klenze's Weigerung, seinen Vertragspflichten während der noch laufenden Contractzeit ihm gegenüber nachzukommen, erleiden würde.

Klenze erwidert auf den bezüglichen Brief nach Rücksprache mit seinem Rechtsbeistand, Halborg solle nur ruhig klagen; falls er dies thäte, solle ihn die Sache recht theuer zu stehen kommen. Denn da es sich hier um eine locatio conductio operis handle und Halborg locator sei, so habe letzterer die Gefahr des Ver-trages zu tragen, also den Schaden, der ihm (Klenze) durch die in Folge der Verhaftung Halborg's eingetretene Nothwendigkeit, sich eine andere Stellung zu suchen, entstanden sei. Auch sei Halborg um beßwillen zum Ersatz dieses Schadens verpflichtet,

weil er die während seiner Haftzeit fällig gewordenen Honorar-
raten nicht gezahlt habe, also in **mora** gewesen sei, — eine
Mora, die ihn (Klenze), wollte er nicht verhungern, gezwungen
hätte, ein anderweites Engagement zu suchen. Sein Schaden
setze sich aber zusammen aus den Kosten der Uebersiedelung von
Gandersberg nach seinem jetzigen Domcil und der monatlichen
Mindereinnahme von je 30 Mt.

Wie sind die sämmtlichen in Betracht kommenden Fragen
zu beurtheilen?   Goldschmidt.

CXX.

Der Fabrikant Erkner ist seit dem Jahre 1873 ver-
heirathet. Seine Ehefrau hat ein Vermögen von 90,000 Mt.
in die Ehe gebracht; dasselbe besteht zum Wesentlichen aus
Hypothekenforderungen. Ein Ehevertrag ist nicht geschlossen,
jedoch thatsächlich das gesammte Vermögen der Frau von dem
Manne verwaltet worden. So hat er regelmäßig die Hypotheken-
zinsen vereinnahmt und für den Unterhalt seiner Familie und
für Geschäftszwecke mitverwandt. Als sein Geschäftsbetrieb an
Umfang zunahm und daher auch größere Mittel erforderte, hat
er sogar die Hypothekenkapitalien bei ihrer jeweiligen Fälligkeit
eingezogen und sie, wenn auch ohne ausdrückliche Einwilligung,
so doch mit Kenntniß und ohne Widerspruch seiner Ehefrau für
seinen Fabrikbetrieb verwandt, insbesondere zu wichtigen Ver-
besserungen an den Maschinen, welche die fortschreitende Technik
erheischte und die er, um concurrenzfähig zu bleiben, einführen
mußte. So hat Erkner im Jahre 1884 bereits das gesammte
Vermögen seiner Frau in Händen.

Das Geschäft nimmt in Folge seiner Tüchtigkeit und Rührig-
keit einen solchen Aufschwung, daß Erkner im Jahre 1886
daran denken kann, sich ein eigenes Haus für seine Geschäfts-

zwecke anzuschaffen. Und es trifft sich gerade gut. Ein bis-
heriger Concurrent von ihm, Namens Maske, will sich zur
Ruhe setzen und ist daher gern bereit, sein Fabrikgebäude an
Erkner zu überlassen. Der Kaufpreis wird auf 180,000 Mk.
verabredet, die Hälfte desselben soll bei der Uebergabe des
Grundstücks baar bezahlt werden, der Rest kreditirt bleiben. Zur
Sicherheit für diesen Kaufgelderrest von 90,000 Mk. bestellt
Erkner in dem Kaufvertrage zugleich eine Hypothek an dem er-
kauften Grundbesitz. Gegen Baarzahlung von 90,000 Mk.
tradirt darauf Maske das Grundstück an Erkner.

In Folge unglücklicher Speculationen gehen die Verhältnisse Erkner's rapide zurück. Trotz aller Anstrengungen vermag
er sich nicht zu halten, es kommt zum Concurs über sein Vermögen und zur Zwangsversteigerung seiner Fabrik. Letztere ergibt einen Erlös von 90,000 Mk., der also gerade die Maske'sche
Hypothek deckt. Frau Erkner beansprucht jedoch diesen Erlös
für sich. Sie wolle gar nicht davon reden, daß, als die
Maske'sche Hypothek bestellt wurde, der Hypothekbesteller noch
gar nicht Eigenthümer des Pfandobjects gewesen sei, also auch
nicht gültig habe verpfänden können. Denn sie könne, selbst
die Gültigkeit der Maske'schen Hypothek einmal unterstellt, das
Vorrecht vor derselben ansprechen. Dadurch, daß sie stillschweigend die Einziehung ihrer Hypothekenkapitalien und deren
Verwendung durch den Ehemann geduldet, seien dieselben —
durch stillschweigenden, formlosen Vertrag — dotal geworden.
Sie hätte daher bezüglich derselben auch die Dotalprivilegien,
insbesondere ein Pfandrecht an dem Vermögen ihres Mannes,
also auch an dem hier fraglichen Grundstück erlangt; dieses
Pfandrecht ginge (abgesehen von einigen hier nicht in Frage
kommenden fiscalischen) allen anderen Hypotheken vor (c. 12
pr. § 1 C. qui pot. 8, 17 [18], § 29 J. de act. 4, 6,

nov. 91 c. 1, nov. 97 c. 2); auch sei ihr Pfandrecht das ältere.

Maßke hingegen meint, daß, da das Vermögen der Ehefrau dem Manne nicht ausdrücklich zur Dos bestellt sei, es auch nicht dotalen Charakter angenommen habe — es gäbe keine dos praesumpta oder tacita — und daher könne auch keine Rede sein von der Anwendbarkeit der Dotalprivilegien.

Wie ist der Fall zu entscheiden?   Goldschmidt.

CXXI.

Der Bankdirector Haasemann will sich ein Haus bauen und bespricht sich deßhalb mit einer Anzahl Freunden, mit denen er des Abends am Stammtisch zusammen kommt. Darunter befindet sich auch der Architekt Stölting. Haasemann fragt ihn besonders wegen der Höhe des Preises. Stölting macht einen ungefähren Ueberschlag, bemerkt jedoch dabei, daß zu einer zuverlässigen Angabe eingehende Messungen und Untersuchungen nothwendig wären; insbesondere sei der Baugrund in seinen tieferen Schichten in den einzelnen Stadttheilen so verschiedenartig, daß es umfassenderer Nachgrabungen bedürfe, um zu erkennen, ob guter oder schlechter Baugrund da sei; solche Untersuchung könne eine ganze Menge Geld kosten. Einige Wochen später treffen sich beide zufällig auf der Straße und Haasemann erklärt, er habe sich nun definitiv zum Bau entschlossen und zwar auf einem ihm von seiner Frau in die Ehe gebrachten Grundstück, sofern der Bau selbst nicht über 60,000 Mk. kosten würde. Um letzteres festzustellen, bäte er Stölting, die erforderliche Untersuchung des Baugrundes vorzunehmen und ihm danach einen Kostenanschlag zu fertigen. Stölting lehnt zunächst ab, da er zur Zeit mit Arbeiten überhäuft sei, versteht sich aber schließlich dazu, nachdem Haasemann an seine Freundschaft appellirt hatte: „er müsse dies schon um ihrer alten Freundschaft willen ihm zu Liebe thun". Die Untersuchung ergibt, daß wenigstens 90,000 Mk. für den Bau nothwendig wären.

Haasemann will deßhalb von dem Bau abstehen, allein seine Frau weiß ihn zu bestimmen, ehe er den Gedanken endgültig aufgebe, noch von einem anderen Fachmann einen Kostenanschlag aufstellen zu lassen. Der dieserhalb angegangene Maurermeister Hoffner kommt zu dem Resultat, daß ein für die Bedürfnisse Haasemann's ausreichender Bau zu dem von ihm in Aussicht genommenen Preis von 60,000 Mk. sehr wohl herzustellen sei, und erhält hierfür den Bau in Verding unter der Verabredung, daß die Zahlung der 60,000 Mk. in Raten von je 3000 Mk. je nach Fortschreiten der Arbeiten erfolgen solle. So hat Haasemann an Hoffner bereits etwa 40,000 Mk. gezahlt, als er von dem von einer längeren Reise zurückgekehrten Stölting folgenden Brief erhält:

„Wer Schaden hat, darf für den Spott nicht sorgen, zumal, wenn er den Schaden durch ein durchaus unfreundschaftliches Benehmen sich selbst zugezogen hat. Ihren Schaden aber sollen Sie sogleich besehen. Zunächst muß ich, da Sie mein Urtheil dem des p. Hoffner gegenüber für minderwerthig erachtet haben, darauf verzichten des Weiteren nähere Beziehungen zu Ihnen zu pflegen und darf annehmen, daß es Ihnen peinlich sein wird unter diesen Umständen in meiner Schuld zu sein. Um Ihnen die Möglichkeit einer Begleichung derselben zu gewähren, übersende ich Ihnen anbei die Rechnung über das mir für die Anfertigung des Kostenanschlages zustehende Honorar. Ferner aber will ich ihnen noch mittheilen, daß Sie der Bau — selbst bei der leichten, von Hoffner beliebten Bauart — immer noch auf mindestens

75,000 Mk. zu stehen kommen wird; nur falls Sie auch mit einem Haus ohne Bodenräume und Dach vorlieb nehmen wollten, könnte Hoffner sein Versprechen wahr machen, Ihnen für 60,000 Mk. ein Haus halbwegs nach Wunsch herzustellen."

Haasemann, hierdurch beunruhigt, erfährt auf Befragen von competenter Seite, daß letztere Schätzung durchaus zutreffend wäre, und Hoffner selbst muß es auf einbringlichen Vorhalt schließlich zugeben. Er habe sich in dem Baugrund getäuscht. Doch könne er nichts dafür; er habe zu dessen Prüfung einen besonders tüchtigen Fachmann zugezogen und nach dessen Urtheil seinen Kostenanschlag aufgestellt. Haasemann erklärt darauf, das ginge ihn Alles nichts an, das Haus dürfe ihn keinesfalls über 60,000 Mk. kosten, er möge sich einrichten, worauf ihm Hoffner auf die Schulter klopfend sagt, sie würden schon zusammen kommen. Der Bau schreitet weiter und Haasemann hat bereits 60,000 Mk. gezahlt, als thatsächlich, wie Stölting voraus= gesagt hat, noch Bodenräume und Dach fehlen. Haasemann erklärt, ehe er noch weitere 15,000 Mk. hergebe, den Bau lieber herunter reißen zu lassen, und verweigert dem Hoffner die Zah= lung weiterer Raten. Hoffner, selbst fast mittellos, ist dadurch in die Unmöglichkeit versetzt, den Bau noch längere Zeit weiter zu führen und fordert von Haasemann weitere Ratenzahlungen entsprechend dem Fortschreiten des Baues. Denn da ihn bei seinem Vorgehen kein Verschulden träfe, stelle sich das Ueber= schreiten des Anschlagspreises als ein Zufall dar, der Haase= mann als locator träfe. Letzterer hingegen hält Hoffner für verpflichtet, den einmal begonnenen Bau weiter zu führen und zwar für den verabredeten Preis. Denn wie aus der raten= weisen Bezahlung sich ergebe, läge hier keine locatio conductio operis vor, sondern eine l. c. operarum d. h. derjenigen einzelnen Handlungen, die je bei Fälligkeit der einzelnen Raten geleistet waren; darnach sei aber Hoffner locator und habe die Gefahr zu tragen, wie überhaupt im Zweifel gegen diesen, nicht gegen den conductor zu entscheiden sei:

> Veteribus placet pactionem obscuram vel am-
> biguam venditori et qui locavit, nocere (l. 39
> D. de pact. 2, 14).

Da verschiedene Vergleichsversuche scheitern, sieht sich Haase-mann schließlich veranlaßt, Klage zu erheben und auf Grund des dargelegten Thatbestandes principaliter zu beantragen

> den Hoffner zu verurtheilen, den Bau in der Art, wie er bisher intendirt war, zu vollenden und sich wegen seiner Gegenforderung durch die bereits erhaltenen Geldbeträge für befriedigt zu erklären.

Falls das Gericht diesem Antrage nicht sollte stattgeben wollen, so beantragt er eventuell

> den Hoffner zu verurtheilen, den Bau auf seine Kosten nieder-zureißen und ihm (dem Kläger) das Baugrundstück in dem Zustande zurück zu gewähren, in dem es sich vor Beginn des Baues befunden.

Kaum hat Haasemann diese Klage erhoben, so erhält er seinerseits eine solche von Stölting wegen der unbeglichenen Rechnung über die Anfertigung des ersten Kostenanschlages. Haasemann hält sich zur Bezahlung derselben nicht für ver-pflichtet. Denn da kein Lohn für die Anfertigung des Anschlages ausbedungen sei, könne Stölting seinen Anspruch nicht etwa auf eine locatio conductio operarum stützen, sondern nur etwa auf einen Innominatcontract (cf. l. 1/3, l. 22 D. de praescr. verb. 19, 5). Bei solchen stände aber den Parteien ein Reurecht zu; er wolle von demselben Gebrauch machen, indem er Stölting den ihm übersandten Kostenanschlag zurücksende.

Sind die erhobenen Ansprüche und die Ausführungen der Parteien begründet? Ist es insbesondere bezüglich des Stölting'schen Anspruches von Erheblichkeit, daß Stölting zur Zeit der Aufstellung des Kostenanschlages zu Haasemann's Freunden gehörte, und eventuell, wie wäre sein Anspruch zu beurtheilen, wenn Haasemann zu ihm als einem Fremden herangetreten wäre mit dem Ersuchen, ihm einen Kostenanschlag für einen Hausbau zu fertigen, welchen er, falls die Kosten nicht zu bedeutende wären, in Verding erhalten solle, woraus aber dann eben wegen der unerwarteten Höhe der Kosten nichts geworden ist?

Wie, wenn er ohne jeden ersichtlichen Grund den Bau einem Anderen übertragen hätte?

Goldschmidt.

CXXII.

Der Student der Rechte Auer hat sich zur Anfertigung seiner Examensarbeit eine Anzahl Bücher aus der königlichen Universitätsbibliothek geliehen. Für die aus dem Entleihen der Bücher der Bibliotheksverwaltung gegen den Entleiher etwa erwachsenden Ansprüche hatte der Docent Staake schriftlich die Bürgschaft übernommen. Unter den entliehenen Büchern befindet sich ein vielverlangtes Werk. Dasselbe wird kurz, nachdem es an Auer ausgeliehen ist, von dem Referendar Tillmann verlangt. Da es bloß in dem einen — an Auer verliehenen — Exemplar vorräthig ist, so erklärt der das Ausleihegeschäft besorgende Bibliotheksbeamte Schwendener dem Referendar, daß er das Buch, da es anderweit verliehen, nicht erhalten könne. Allein Tillmann, der sich im Assessorexamen befindet, bedarf des Werkes dringend und bittet den Beamten, ihm doch zu sagen, wer der Entleiher sei; er wolle sich dann unmittelbar an diesen wenden, um wenigstens auf ein paar Stunden das Werk einsehen zu können. Der Beamte erklärt zwar zunächst, er bedauere, dies nicht thun zu können, seine Instruction verbiete es ihm; durch das private Weiterverleihen von Büchern, die aus der Bibliothek entnommen, sei die Verwaltung in Gefahr nicht zu wissen, wo sich ihre Bücher jeweilig befänden. Dies habe zu bösen Unzu= träglichkeiten geführt und deßwegen der Oberbibliothekar verfügt, daß der Name der Entleiher nicht bekannt gegeben würde; sobald das Buch an die Bibliothek zurückkehre, solle er als der Erste es erhalten. Tillmann bittet jedoch den Beamten einbringlich, bei ihm einmal eine Ausnahme zu machen; wenn er das Buch nicht noch heute erhalte, müßte er seine Arbeit verfallen lassen, da morgen die Frist für die Ablieferung derselben verstreiche. Diesen inständigen Bitten vermag Schwendener nicht zu wider= stehen und nennt ihm Auer als den Entleiher. Tillmann ist sehr erfreut, um so mehr als Auer ein guter Bekannter von ihm ist, der ihm sicher den Gefallen erweisen dürfte, ihm das Buch für kurze Zeit zu überlassen. Er begibt sich sofort nach Auer's Wohnung, erfährt aber von dessen Wirthsleuten, daß Auer bis Abends verreist sei. Tillmann in seiner Examens= bedrängniß will versuchen, ob nicht Auer, wie in dem kleinen Ort allgemein Uebung, sein Zimmer unverschlossen gelassen habe, und wirklich findet er dasselbe offen. Er tritt ein, sucht und ent= deckt das ersehnte Buch und nimmt es unter Zurücklassung eines Zettels an sich, der Auer über den Sachverhalt aufklärt. · In der Nacht brennt das Haus, in dem Tillmann wohnt, ab, er rettet nur das nackte Leben; insbesondere ist auch das Buch verloren.

Die Verwaltung der Bibliothek will sich, wenn nöthig, im Wege des Processes Ersatz für ihren Verlust verschaffen. Sie glaubt zu diesem Zweck sich folgender Klagen bedienen zu können:

1. Gegen ihren Ausleihebeamten Schwenbener der actio legis Aquiliae. Das Feuer, welches das Buch zerstört hätte, erscheine zwar an sich als casus. Allein daß dieser casus jenes Buch betroffen, sei nur dadurch herbei=geführt, daß Schwenbener wider die ausdrückliche Be=stimmung seiner Instruction, also unter Verletzung seiner amtlichen Pflichten dem Referendar Tillmann den Namen des Entleihers genannt habe. Es läge also ein mit culpa gemischter casus, ein f. g. casus mixtus vor, für den Schwenbener verantwortlich sei (l. 21 [22] D. de neg. gest. 3, 5, l. 3 § 4 D. comm. 13, 6). Darnach sei der Thatbestand der lex Aquilia, eine durch culpa herbeigeführte widerrechtliche Vernichtung einer fremden Sache, gegeben. Ja, wenn nicht Schwenbener aus einem moralisch billigenswerthen Beweggrund, näm=lich um Tillmann vor dem Verfallen seiner Examens=arbeit zu schützen, also aus misericordia gehandelt hätte, so würde sogar die actio doli gegen ihn zustehen (l. 7 pr. D. dep. 16, 3, l. § 7 § D. de. d. m. 4, 3).

2. Gegen den Bürgen Staake: Das Geschäft, welches Auer mit der Bibliothek geschlossen, charakterisire sich als Pre=carium. Hierbei hafte der Precarist für culpa (lata), nicht für Zufall. Als solcher stelle sich für Auer sowohl der Brand, als auch die (von ihm nicht vorauszusehende) Pflichtwidrigkeit Schwenbener's dar. Daher könne Jener nicht in Anspruch genommen werden, wohl aber sein Bürge Staake. Denn Zweck und Bestimmung jeder Bürgschaft sei gerade, den Gläubiger gegen den Schaden sicher zu stellen, den er aus dem durch dieselbe gesicherten Vertragsverhältniß erleiden, und dessen Ersatz er von dem Hauptschuldner nicht erlangen könnte.

3. Gegen den Referendar Tillmann: Dieser hafte ihr aus zwei Gründen

a) mit der rei vindicatio bezw. Publiciana actio, die nun nach Untergang ihres eigentlichen Objects — des Buches — auf Ersatz seines Werthes gehe;

b) mit der condictio furtiva auf das gesammte Interesse, da die Handlungsweise Tillmann's sich als wissentlich widerrechtliche Aneignung des der Verwaltung gehörigen Buches Zwecks Benutzung, also als furtum usus darstelle.

Ist dieser Versuch der Begründung von Ersatzansprüchen der Verwaltung für gelungen zu erachten? Falls nicht, gegen wen und auf welche Weise läßt sich ein Ersatzanspruch begründen? Goldschmidt.

CXXIII.

Dem Justizrath Ballermann ist im Jahre 1886 eine eben fällig gewordene Forderung von 10,000 Mk. gegen den Baumeister Gerold von dem Güterdirector Kleinmichel abgetreten und Gerold von dieser Cession noch in demselben Jahre ordnungsmäßig benachrichtigt worden. Da Gerold bei Fälligkeit trotz mehrfacher Mahnungen nicht freiwillig zahlt, sieht sich Ballermann zur Klage gegen ihn genöthigt. Gerold erhebt gegen die Klage folgenden Einwand:

Die fragliche Forderung sei aus einem Darlehn entstanden, das seiner Zeit Kleinmichel ihm gewährt habe. Das hierzu erforderliche Geld habe sich Kleinmichel aber seinerseits erst verschaffen müssen. Der Kaufmann Jenke, an den er sich dieserhalb gewandt, habe sich jedoch zur Hergabe des erbetenen Betrages nur unter der Bedingung bereit finden lassen, daß eine ihm als sicher bekannte Persönlichkeit die Bürgschaft übernehme.

Hierzu habe sich auch der mit Kleinmichel eng befreundete Bruder Gerolds verstanden, worauf Jenke den erbetenen Betrag auf Kleinmichels Namen an den Beklagten unmittelbar gezahlt habe. Im Jahre 1885 sei aber der Bürge in Concurs gerathen und da dem Beklagten aus verschiedenen Gründen daran gelegen, die Passivmasse seines Bruders möglichst klein erscheinen zu lassen, habe er Jenke bewogen, von der Anmeldung seiner Bürgschafts= forderung zum Concursverfahren Abstand zu nehmen, eine zwei= jährige Stundung bis Michaelis 1887 erwirkt und als Gegen= leistung hierfür neben seinem Bruder, dem Concursifer, die Bürgschaft übernommen. Ende des Jahres 1887 sei Klein= michel im Interesse seiner Gesundheit auf Reisen ins Ausland gegangen und unterdeß der Beklagte aus seiner Mitbürgschaft für die Kleinmichelsche Schuld von Jenke in Anspruch genommen worden, worauf er zur Vermeidung eines aussichtslosen und kostspieligen Processes dem Gläubiger die ganze Schuld bezahlt habe. Durch diese Zahlung habe er einen Ersatzanspruch gegen den Hauptschuldner Kleinmichel und bezw. jetzt dessen Successor, den Kläger, erworben, den er hiermit zur Compensation stelle. Dazu sei er um so mehr berechtigt, als er sich zu aller Sicher= heit einige Tage nach der Zahlung von Jenke alle Ansprüche habe cediren lassen, die derselbe an Kleinmichel aus dem Ge= schäft gehabt, für welches Beklagter Mitbürge geworden sei.

Kläger entgegnet, daß es mit der Compensationseinrede schon deßwegen nichts sei, weil Beklagter die Bürgschaft seinem Bruder zu Liebe, also, wie bei so nahen Verwandten nach l. 33 [34], l. 43 [44] D. de neg. gest. 3, 5 c. 11 C. eod. 2, 18 [19] ohne Weiteres anzunehmen, in Schenkungs= absicht eingegangen sei; die Zahlung auf Grund der Bürgschaft stelle sich danach als Erfüllung eines Schenkungsversprechens dar, und es sei unerfindlich, wie aus dieser Erfüllung einer rechtlichen Pflicht dem Erfüllenden ein Regreßrecht erwachsen sein solle (l. 9 § 3 D. de SC. Mac. 14, 6). Zum Andern sei die Abtretung einer Forderung, nachdem dieselbe gezahlt, ein Unding, denn durch die Zahlung sei selbige getilgt und etwas nicht Existirendes könne nicht mehr Rechtsobject sein.

Endlich habe sich die Bürgschaft des Beklagten auf eine Schuld erstreckt, die materiell seine eigene gewesen sei, nämlich die Schuld, die entstanden sei, um ihm seiner Zeit das erbetene Darlehn zu verschaffen. Die Erfüllung solcher Bürgschaftsschuld sei aber öconomisch Erfüllung eigener Schuld und auch aus diesem Grunde gar kein Raum für ein Regreßrecht:

> si fideiussor in rem suam spopondit, hoc casu
> fideiussor pro reo accipiendus est et pactum
> cum eo factum cum reo factum esse videtur
> (l. 24 D. de pact. 2, 14).

Gerold meint dem gegenüber mit einer duplicatio doli durchzubringen; denn da er die nach den eigenen Ausführungen des Klägers mit der jetzt eingeforderten materiell identische Schuld bereits als accesorisch Verpflichteter habe leisten müssen, wäre es im höchsten Grade dolos, wenn diese Schuld unter Ausbeutung formaler Rechtsbehelfe von ihm nochmals in anderer juristischer Erscheinung beigetrieben würde.

Wie ist zu entscheiden?

Goldschmidt.

CXXIV.

Die Henne des Gutsbesitzers Haller wird von dem Hahn seines Nachbarn Wachsmuth befruchtet. Auf dem Grundstück eines anderen Nachbarn, des Oekonomen Schlote, legt sie das Ei und läuft fort. Das zurückgebliebene Ei findet demnächst Schlote, welcher, in der Meinung, es sei von einer seiner Hennen

gelegt, daſſelbe aufhebt und in ſeinen Hühnerſtall bringt, wo er
es einer Henne zum Ausbrüten unterlegt. Aus dem Ei kriecht
demnächſt ein Weſen von äußerſt monſtröſen Formen, das
phyſiologiſch überaus intereſſant iſt. Haller erfährt den Sachverhalt und, da er einen Schwager hat, der Zoologe iſt, und
dem er daher dies intereſſante Object gern zukommen laſſen
möchte, fordert er Schlote zur Herausgabe deſſelben auf.

Schlote erwidert ihm: da das Weſen von ſeiner Henne
ausgebrütet ſei, gehöre es ihm, und verweigert die Auslieferung.
Am nächſten Markttage, an dem Schlote zum Verkauf ſeiner
Producte in die nahe Univerſitätsſtadt fährt, nimmt er auch
jenes Monſtrum mit und zeigt es dem ihm bekannten Director
des zoologiſchen Cabinets. Derſelbe bietet dem Schlote einen
verhältnißmäßig hohen Preis, wird mit ihm handelseins und
erhält das Thier. Der Schwager von Haller, dem letzterer
hiervon umgehend Mittheilung macht, ſchreibt dieſem, es läge ihm
ſehr viel daran, daſſelbe zu erlangen. Haller begibt ſich daraufhin zu dem Director und richtet an ihn das Geſuch um Herausgabe. Der Angeſprochene hält ſich hierzu nicht für verpflichtet,
es kommt zu einer ernſten Auseinanderſetzung, und Haller will
nun im Wege Rechtens vorgehen.

Er befragt einen Advocaten, ob er zunächſt von dem
Director das Thier herausverlangen event. ob er von Schlote den
gelöſten Kaufpreis beanſpruchen könne.

Der befragte Advocat hält erſteres für zweifellos, da der
Käufer nicht Eigenthümer geworden ſei. Denn dafür ſei Voraus-
ſetzung Eigenthum ſeines Auctors Schlote. Letzteres könnte aber
vorliegend nur etwa durch Specification entſtanden ſein, allein
dieſelbe ſetze als Eigenthumserwerbsgrund bona fides voraus
(l. 12 § 3 D. ad exhib. 10, 4, l. 13. D. de cond. furt.
13, 1, l. 4 § 20 D. de usuc. 41, 3). Nun ſei Schlote zwar

vielleicht bei der Unterlegung des Eies in gutem Glauben gewesen, allein späterhin und zwar jedenfalls vor dem vorliegend allein maßgeblichen Moment des Verkaufs und der Uebergabe an den Institutsdirector habe er ihn dadurch, daß er die Herkunft des Eies erfahren, verloren; nach kanonischem Recht aber, welches hier wie in mancherlei anderen Punkten zu einer Modification der Römischen Rechtssätze geführt habe, sei, wo überhaupt bona fides Voraussetzung für eine Veränderung in Rechtszuständen sei, dauernde Gutgläubigkeit erforderlich oder, wie es gewöhnlich ausgedrückt werde, schade mala fides superveniens (c. 20 c. 5 X. de praescr. 2, 26).

Gegen Schlote hält der Befragte auch die condictio furtiva auf das Interesse, das hier mindestens in dem Ersatz des von ihm gelösten Kaufpreises bestehe, für begründet. Denn hätte Schlote, als er den wahren Sachverhalt erfahren, aus demselben die richtigen juristischen Consequenzen gezogen, so hätte er sich überzeugt, daß er, wie eben dargethan, Nichteigen= thümer des Monstrum sei. Wer aber eine fremde Sache ver= kaufe, begehe ein furtum (c. 16 C. de furt. 6, 2) und hafte mit der condictio furtiva. Diese an sich gegen ihn begründete Klage könne er nicht dadurch elidiren, daß er sich auf den Irrthum bezüglich der Eigenthumsverhältnisse an dem Thiere berufe; denn derselbe habe lediglich in der Unkenntniß der Gesetze seinen Grund, erscheine also als error iuris und könne daher, wie allgemein anerkannt und unbestreitbar sei, nicht zur Entschuldigung vorgeschützt werden. Vielmehr sei jeder Thatbestand, bei welchem ein Rechtsirrthum mitunterge= laufen sei, rechtlich so zu beurtheilen, wie wenn ein solcher nicht vorläge, hier also, wie wenn Schlote die Ueberzeugung vom Eigenthum Haller's im Moment des Verkaufes und der

Tradition gehabt hätte (vergl. tit. D. 22, 6, tit. C. 1, 18: de iur. et facti ignoranti).

Sind diese Ausführungen zutreffend oder, welche anderen sind ihnen entgegenzusetzen? Hat der Institutsdirector, falls er das Wesen herausgeben muß, Ersatzansprüche und gegen wen? Kann endlich nicht vielleicht gar Wachsmuth Ansprüche bezüglich des Monstrum erheben?

Goldschmidt.

CXXV.

Der Commissionär Simon ist von dem Obersten Haeberlin, dessen fianzielle Angelegenheiten er seit langen Jahren besorgte, um ein Darlehn von 500 Mk. auf drei Monate ersucht wurden. Da Simon selbst den gewünschten Betrag augenblicklich nicht flüssig hat, bittet ihn Haeberlin unter Inaussichtstellen einer guten Provision, sich, jedoch mit strengster Geheimhaltung seines Namens, umzuthun, ob er sich nicht die Summe anderswoher verschaffen könne. In der That glückt es auch Simon in seinem Vetter, dem Rentner Schäffel, eine zur Hergabe des Geldes bereite Person zu finden. Allein derselbe wünscht eine reale Sicherheit. Simon theilt dies dem Obersten mit und bemerkt dabei, daß Schäffel ein etwas übervorsichtiger Mann sei, der wohl noch Schwierigkeiten aller Art machen dürfte, ehe er wirklich das Geld hergeben werde. Der Oberst übergibt darauf an Simon einen von seiner Mutter auf ihn vererbten Dimantschmuck mit dem Hinzufügen: „Arrangiren Sie die Sache, wie Sie wollen, die Hauptsache ist mir, daß ich das Geld schleunigst erhalte. Er kann doch schließlich nicht mehr wie eine gute Sicherheit verlangen."

Nach langem Zureden Seitens Simon's versteht sich Schäffel enblich gegen Empfang des Diamantschmuckes zur Hergabe der 500 Mk. auf drei Monate gegen 30 Mk. Zinsen, jedoch nur nachdem ihm Simon folgende, ihm von Schäffel wörtlich dictirte Urkunde ausgestellt hat:

Kaufvertrag.

Der Commissionär Simon verkauft an den Rentner Schäffel zur Sicherheit für ein baares Darlehen von 500 Mk. einen (näher beschriebenen) Diamantschmuck für den Kaufpreis von ebenfalls 500 Mk. Dieser Kaufpreis ist durch Aufrech= nung gegen die gleich hohe Darlehnsforderung berichtigt. Dem Verkäufer steht es für die Dauer der nächsten drei Monate frei, das Kaufobject für den Preis von 530 Mk. zurückzukaufen. Macht der Verkäufer von dieser Befugniß keinen Gebrauch, so soll der Käufer unbeschränkt über das= selbe, insbesondere auch durch Weiterverkauf verfügen dürfen.
Aarburg, den 10. September 1876.

(Unterschriften.)

Simon händigt darauf das Geld, das er von Schäffel er= halten, dem Obersten ein.

Zur Verfallzeit vermag Haeberlin die Schuld nicht zu be= zahlen, und in Folge davon sieht sich auch Simon außer Stande, seinen Gläubiger Schäffel zu befriedigen. Letzterer hat einige Zeit Geduld mit ihm, endlich aber verklagt er ihn auf Rückzahlung der geliehenen 500 Mk. nebst 30 Mk. Zinsvergütung und erlangt beim Ausbleiben des Beklagten ein obsiegliches Versäumnißurtheil. Als Simon auch daraufhin noch nicht zahlt, entschließt sich Schäffel zu dem Verkauf seines Pfandes, um sich aus dessen Erlös zu befriedigen. Er wendet sich zu diesem Zweck an den ihm als Liebhaber solcher Sachen bekannten Landesrath von Kolbe, dem er unter Vorlegung der oben aufgeführten Vertragsurkunde den Schmuck zum Kauf anbietet. Kolbe versteht sich nach längerem Verhandeln auch zu dem Ankauf für den angemessenen Kaufpreis von 450 Mk.

Als Oberst Haeberlin erfährt, daß Schäffel zum Verkauf des ihm verpfändeten Schmuckes geschritten, und daß der Käufer desselben von Kolbe sei, geräth er in die höchste Erregung. Nicht nur, daß dadurch ein durch Generationen in der Familie fort-geerbtes Stück in fremde Hände gerathen, so sei noch überdies Kolbe der einzige Mensch auf Erden, dem er in der Seele Feind sei. Unter keinen Umständen dürfe das Familienerbstück in dessen Händen verbleiben. Ein von ihm um Rath angegangener Advocat erklärt auch, daß er berechtigt sei, den Schmuck von Kolbe heraus zu verlangen. Er habe Simon bloß den Auftrag ertheilt, denselben zu verpfänden, nicht ihn zu verkaufen. Daher sei der von Simon mit Schäffel abgeschlossene Vertrag als Kauf-vertrag, als welcher er sich äußerlich gebe, nichtig. Allein derselbe sei auch in Wirklichkeit gar nicht als Kaufvertrag gemeint. Es heiße darin ausdrücklich, daß der Verkauf Zwecks Sicherstellung ge-schehe; ein Verkauf zur bloßen S i c h e r s t e l l u n g sei aber ein Widerspruch in sich; ein solches Geschäft könne nur als Pfand-vertrag gemeint sein und nur als solcher aufrecht erhalten werden. Darnach stelle sich auch der Verkauf an Kolbe als Ver-lauf Zwecks Realisirung eines Pfandrechtes dar. Derselbe sei aber als solcher ungültig, da die zweijährige Wartezeit nicht inne-gehalten worden sei (c. 3 § 1 C. de iure dom. impetr. 8, 33). Daß Haeberlin zur Rückforderung des Schmuckes berechtigt sein müsse, ergebe schon die einfache Erwägung, daß er sonst das von Simon erhaltene Darlehn doppelt bezahlen müßte, einmal an Simon, dem er persönlich verpflichtet sei, die empfangene Darlehnssumme von 500 Mk. baar zurückzuzahlen, und alsdann durch die Opferung des Diamantschmuckes von fast gleich hohem Werth. Kolbe müsse sich wegen seines Schadens an seinen Verkäufer Schäffel halten.

Auch letzterer meint in einer Unterredung mit Simon, daß der von ihm mit Simon geschlossene Vertrag nur als Pfand= vertrag gemeint sei, erachtet aber den auf Grund desselben vor= genommenen Verkauf des Schmuckes an Kolbe für gültig und sich sogar für berechtigt, sich wegen seines Ausfalls von 80 Mk. eventuell sogar, da er soeben von Simon erfahren, daß die ganze Action Simon's im Auftrage und Interesse Haeberlin's geschehen, mit einer actio quasi institoria oder einer condictio sine causa an den Obersten zu halten. Auch erachtet er, falls der Oberst mit seinem Anspruche auf Herausgabe des Schmuckes gegen Kolbe durchbringen sollte, nicht sich, sondern Simon als den Verpfänder dem Kolbe gegenüber für ersatzpflichtig (l. 38, l. 74 § 1 D. de evict. 21, 2, l. 12 § 1 D. de distr. pign. 20, 5).

Simon hält Haeberlin nicht für verpflichtet, etwas an Schäffel zu zahlen; derselbe habe den Schmuck gekauft; was er bei dem Weiterverkauf desselben weniger gelöst, als er selbst dafür gegeben, sei sein, wie jedes Käufers, Schaden oder, wie es die Quellen ausdrückten: periculum est emtoris. Hin= gegen vermeint Simon selbst von Haeberlin außer der in An= sicht gestellten Provision noch 500 Mk. beanspruchen zu können. Denn aus dem Darlehn, das er demselben gewährt, sei er, wie Haeberlin's Rechtsbeistand selbst anerkenne, an sich zur Rückfor= derung der Darlehnssumme von 500 Mk. berechtigt. Daraus aber, daß Schäffel durch den Verkauf des Schmuckes Haeberlin's

450 Mt. gelöst, könne letzterer ihm (Simon) gegenüber jedenfalls keine Compensationseinrede herleiten; denn compensatio fieri nequit ex persona tertii.

Was für Rechtsverhältnisse liegen vor, und wie sind die erhobenen Ansprüche und die Ausführungen der Parteien zu beurtheilen? Goldschmidt.